PERIPLUS

POCKET
MANDARIN
CHINESE
DICTIONARY

Chinese–English
English–Chinese

SECOND EDITION

Compiled by Philip Yungkin Lee
Revised and Updated by Jiageng Fan

PERIPLUS

Published by Periplus Editions (HK) Ltd.

www.periplus.com

Copyright © 2017 Periplus Editions (HK) Ltd.

ISBN: 978-0-7946-0775-3

Printed in China

Distributed by:

North America, Latin America & Europe
Tuttle Publishing
364 Innovation Drive
North Clarendon, VT 05759-9436 U.S.A.
Tel: 1 (802) 773-8930
Fax: 1 (802) 773-6993
info@tuttlepublishing.com
www.tuttlepublishing.com

Japan
Tuttle Publishing
Yaekari Building, 3rd Floor, 5-4-12 Osaki
Shinagawa-ku, Tokyo 141 0032
Tel: (81) 3 5437-0171
Fax: (81) 3 5437-0755
sales@tuttle.co.jp
www.tuttle.co.jp

Asia Pacific
Berkeley Books Pte Ltd
61 Tai Seng Avenue #02-12
Singapore 534167
Tel: (65) 6280 1330
Fax: (65) 6280 6290
inquiries@periplus.com.sg
www.periplus.com

21 20 19 18 17
10 9 8 7 6 5 4 3 2 1
1611RR

Contents

Introduction   iv

Pronunciation   vi

Chinese–English Dictionary   1

English–Chinese Dictionary   65

Introduction

This Pocket Dictionary is an indispensable companion for visitors to China and for anyone in the early stages of learning Chinese. It contains all the 12,000 or so Chinese words that are most commonly encountered in colloquial, everyday speech.

For the sake of clarity, only the common Chinese equivalents for each English word have been given. When an English word has more than one possible meaning, with different Chinese equivalents, each meaning is listed separately, with a clear explanatory gloss. The layout is clear and accessible, with none of the abbreviations and dense nests of entries typical of many small dictionaries.

The language represented in this dictionary is Modern Standard Chinese, which is also commonly known in English as Mandarin, and in China as **Putonghua** (literally "Modern Standard Chinese") and Taiwan as **Guoyu** (literally "national speech").

The People's Republic of China has a population of over 1.35 billion people, more than 90% of whom are ethnically Chinese. They speak a large number of related languages, often collectively referred to as "Chinese dialects." Many of these are mutually unintelligible in their spoken forms, although they are united by a common system of writing (see further below).

The main language groups are Mandarin, spoken in a broad area across the north and west of the country, Kan, Xiang, Wu, Northern Min, Southern Min, Hakka, and Cantonese. Most of these also contain within them a wide range of dialectal variation, especially as regards pronunciation and elements of vocabulary.

Modern Standard Chinese is based on the northern Mandarin dialects of the area surrounding the capital Beijing, and the standard pronunciation is that traditionally used in Beijing. Its use has been widely promoted as an instrument of national unity since the overthrow of the Manchu monarchy by the native Han Chinese in 1912, and especially since the founding of the PRC in 1949. Nowadays most people in China have a good knowledge of it even if they do not commonly speak it in daily life.

The written form of Chinese does not relate directly to the sounds of the language. Instead it makes use of a very large number of characters representing different syllables, to each of which is linked both a meaning and a sound. The meaning attached to each character is the same for each of the Chinese languages and dialects, although the way it is pronounced may well be different. In this way writing can serve as a means of communication between Chinese from geographically separated regions who would not be able to understand each other's everyday speech.

The characters derived initially from the stylized representation of concrete objects, to which the abstract meanings needed for the expression of the whole language have been added by processes of combination and metaphor. The earliest written records of Chinese date back to the second millennium BCE, in the form of marks scratched on bones and shells used in a system of divination. The shapes of these characters are very different from the modern forms, but the development of the script from a directly representational system is already well advanced.

Classical Chinese literature dates from around 1500 BCE, and there has been some development of the characters over the succeeding centuries. Since the 1950s the government of the PRC has promoted the simplification of a number of characters that are complex in formation or contain a large number of strokes, and the reform has also been adopted in Singapore. All the Chinese words and phrases in this dictionary are written in these simplified characters. In Taiwan and Hong Kong the traditional forms of the characters are mostly still used, but the simplified forms are also readily understood.

In this dictionary every Chinese word and phrase is also given in the Roman alphabet, following the official system of transcription promulgated in 1958 and known as Hanyu Pinyin. A guide to the pronunciation of the romanized forms is given on the following pages.

Chinese is a tonal language, and it is extremely important to use the correct tone in pronouncing each syllable. In this dictionary the tones are indicated by diacritical marks over the vowels.

The words and phrases in the Chinese–English section of the dictionary are arranged in English alphabetical order using the letters and diacritical marks of the Hanyu Pinyin system of romanization. Words that have the same spelling but different tones are listed in order of their tones: first, second, third, fourth and neutral tone. For example, "**ǎi** 矮 short" comes before "**ài** 爱 to love." Words that have the same spelling and the same tone are listed according to the complexity of the Chinese characters. For example, "**gān** 干 dry" with three strokes comes before "**gān** 肝 liver" with seven strokes.

Although the writing system and pronunciation of Chinese may be daunting for English speakers, grammatically it is not too problematic. There are no inflections as such (distinctions such as tense and number being indicated by various particles) and the word order is generally the same as in English.

Pronunciation

The imitated pronunciation should be read as if it were English, bearing in mind the following main points:

Consonants

b, **d**, **f**, **g**, **h**, **k**, **l**, **m**, **n**, **p**, **s**, **t**, **w**, **y** as in English

c   like English **ts** in i**ts**

j   like English **j** in **j**ee

q   like English **ch** in **ch**eer, with a strong puff of air

r   like English **ur** in leis**ur**e, with the tongue rolled back

x   like English **see** (whole word)

z   like English **ds** in ki**ds**

ch like English **ch** in **ch**urch, with the tongue rolled back and a strong puff of air

sh like English **sh** in **sh**e, with the tongue rolled back

zh like English **j**, with the tongue rolled back

Vowels

a   like English **ar** in f**ar**

e   like English **er** in h**er**

i   like English **ee** in f**ee**

o   like English **or** in f**or**

u   like English **ue** in s**ue**

ü   like French **u**

Tones

A tone is a variation in pitch by which a syllable can be pronounced. In Chinese, a variation of pitch or tone changes the meaning of the word. There are four tones each marked by a diacritic. In addition there is a neutral tone which does not carry any tone marks. Below is a tone chart which describes tones using the 5-degree notation. It divides the range of pitches from lowest (1) to highest (5). Note that the neutral tone is not shown on the chart as it is affected by the tone that precedes it.

Tone chart

— 5 High pitch

— 4 High pitch

— 3 Middle pitch

— 2 Mid-low

— 1 Low pitch

The first tone is a high-level tone represented by a level tone mark (¯). The second tone is a high-rising tone represented by a rising tone mark (´). The third tone is a low-dipping tone represented by a dish-like tone mark (ˇ). The fourth tone is a high-falling tone represented by an falling tone mark (`). The neutral tone is pronounced light and soft in comparison to other tones and is not marked by any tone mark. A syllable is said to take on a neutral tone when it forms part of a word or is placed in various parts of a sentence.

List of Abbreviations

ADJ	adjective	INTERJ	interjection
ADV	adverb	N	noun
COMMAND	command	NUM	numeral
CONJ	conjunction	PHR	phrase
EXCLAM	exclamation	PL	plural
GR	greeting	PREP	preposition
IDIOM	idiomatic expression	V	verb

A

Āfùhàn 阿富汗 N Afghanistan
Āfùhàn zhànzhēng 阿富汗战争 N Afghan War
ǎi 矮 ADJ short (not tall)
ài 爱 V to love
Ài'ěrlán 爱尔兰 N Ireland
Ài'ěrlánde 爱尔兰的 ADJ Irish (in general)
Ài'ěrlánrén 爱尔兰人 N Irish (people)
àiguó zhǔyì 爱国主义 N patriotism
àihào 爱好 N hobby
àihù 爱护 V to care for, love
àiqíng 爱情 N love
àizībìng 艾滋病 N AIDS
àn 暗 ADJ dark
àndǐ 案底 N criminal record
ànfàn 案犯 N criminal
ángguì 昂贵 ADJ costly
ānjiāfèi 安家费 N settling-in allowance
ànjiē dàikuǎn 按揭贷款 N mortgage loan
ànjiē gòufáng 按揭购房 V to mortgage a house
ānjìng 安静 ADJ quiet
ānlèsǐ 安乐死 N euthanasia
ànliàn 暗恋 N unrequited love
ānlǐhuì 安理会 N Security Council
ànlíng 按铃 V to ring a bell
ànmó 按摩 V to massage
ānpái 安排 V, N to organize, to arrange; arrangements, planning
ānquán 安全 ADJ secure, safe
ānquánqī 安全期 N safe period
ānquántào 安全套 N condom
ānwèijiǎng 安慰奖 N consolation prize
ānzhuāng 安装 N, V to install; installment
Àodàlìyà 澳大利亚 N Australia
Àodàlìyàde 澳大利亚的 ADJ Australian (in general)
Àodàlìyàrén 澳大利亚人 N Australian (people)

Àolínpǐkè Yùndònghuì 奥林匹克运动会 N Olympics
Àolínpǐkè jīngshén 奥林匹克精神 N Olympic spirit
Àomén 澳门 N Macau
Àomén tèbié xíngzhèng qū 澳门特别行政区 N the Macau Special Administration Region (SAR)
Àosīkǎ 奥斯卡 N Oscar Award
Àowěihuì 奥委会 N Olympic Committee
Àoyùnhuì 奥运会 N Olympics
Àozhōu 澳洲 N Australia
Àozhōude 澳洲的 ADJ Australian (in general)
Àozhōurén 澳洲人 N Australian (people)
āQ jīngshén 阿Q精神 N self-deception
āsīpǐlín 阿司匹林 N aspirin

B

... ba ... 吧 PARTICLE let's (suggestion)
bā 八 NUM eight
bǎ 把 V with regard to (object marker)
bǎ ... jiāo gěi 把 ... 交给 V to leave behind for safekeeping
bàba 爸爸 N father
bàgōng 罢工 V to go on strike
báhé 拔河 N tug-of-war
bǎi 百 NUM hundred
bái jiàngyóu 白酱油 N soy sauce (salty)
bǎi zhuōzi 摆桌子 V to lay the table
bàibǎ xiōngdì 拜把兄弟 N sworn brothers
báibān 白班 N day shift
báicài 白菜 N (Chinese) cabbage
bǎifēnbǐ 百分比 N percentage
bǎifēnzhī ... 百分之... ADJ percent
bǎihuò shāngdiàn 百货商店 N department store
báijīn 白金 N platinum
báijīn chàngpiān 白金唱片 N platinum record

B

Báijīn hàngōng 白金汉宫 N Buckingham Palace

bàijīn zhǔyì 拜金主义 N money worship

bǎikē quánshū 百科全书 N encyclopedia

báilǐng 白领 N white-collar

báimǎ wángzǐ 白马王子 N Prince Charming

Bǎimùdà sānjiǎo 百慕大三角 N Bermuda Triangle

bàinián 拜年 v to pay a New Year call

báisè 白色 N white

bǎishìkělè 百事可乐 N Pepsi

báitiān 白天 N daytime

bǎituō 摆脱 v rid: get rid of

bǎiwàn 百万 N million

bǎiwén bùrú yījiàn 百闻不如一见 IDIOM Seeing is believing.

báixuě gōngzhǔ 白雪公主 N Snow White

báiyè 白页 N white pages

báiyī tiānshǐ 白衣天使 N nurse

bālěi 芭蕾 N ballet

bān 搬 v to move from one place to another

bàn 半 ADJ half

bàn 瓣 N cloves

bàn juésài 半决赛 N semifinals

bàn shuāiqī 半衰期 N half-life

bànchàng gēshǒu 伴唱歌手 N backup singer

bānchē 班车 N shuttle bus

bàn'gōngshì 办公室 N office

bàngdàkuǎn 傍大款 v (of a girl) to find a sugar daddy; be a mistress for a rich man

bāng dào máng 帮倒忙 v to try to help but causes more trouble in the process

bǎng jià 绑架 v to kidnap

bāngmáng 帮忙 v to help

bǎngyé 膀爷 N topless guy

bāngzhu 帮助 v, N to assist; assistance

bānjī 班机 N flight

bānjiā 搬家 v to move house

bānjīhào 班机号 N flight number

bànlǚ 伴侣 N partner (spouse)

bānmǎxiàn 斑马线 N zebra crossing; intersection

bǎnquánfǎ 版权法 N copyright law

bànshúde 半熟的 ADJ rare (uncooked)

bàntuō 半托 N day care (for kids)

bànwénmáng 半文盲 N, ADJ semi-literate

bāo 包 v to pack, wrap

bào 报 N newspaper

bāochē 包车 v, N to charter a vehicle; chartered vehicle

bàofāhù 暴发户 N new rich; upstart

bǎofèi 保费 N insurance premium

bàogào 报告 N report

bāogōngtóu 包工头 N labor contractor

bàoguān 报关 v to declare (customs)

bàoguāng 曝光 v to make public, expose

bāoguǒ 包裹 N package, parcel

bǎohù 保护 v to guard

bǎohù guānshuì 保护关税 N protective duty/tariff

bǎohùsǎn 保护伞 N protective umbrella

bāojī 包机 v, N to charter a plane; chartered plane

bǎojiàn ànmó 保健按摩 N therapeutic massage

bǎojiànpǐn 保健品 N health care products

bǎojiànshì 保健室 N clinic

bǎojiàn shípǐn 保健食品 N health care food

bāokuò 包括 v included, including

bǎolěi 堡垒 N fortress

bàolì piàn 暴力片 N violent movie

bǎolíngqiú 保龄球 N bowling

bǎoliú 保留 N reservation

bǎoliúdì 保留地 N reserve (for animals)

bǎomì 保密 v to keep a secret

bāopí 剥皮 v to peel

bàoqiàn 抱歉 EXCLAM sorry!

bǎoshì 保释 N bail

bǎowèi 保卫 v to defend (in war)

bàoxǐ bú bàoyōu 报喜不报忧 v to report only the good but not the bad

bǎoxiǎn 保险 N insurance

bàoxiāo 报销 v to apply for reimbursement

bàoyuàn 抱怨 v to complain

bǎozhèng 保证 N guarantee

bǎozhì qī 保质期 N shelf (storage) life; guarantee period

bāozhuāng 包装 v to pack

bāshí 八十 NUM eighty

bāshì 巴士 N bus
bǎshǒu 把手 N handle
bātái 吧台 N bar counter
Bāyuè 八月 N August
bèi 背 N back (part of body)
bèi 被 ADV by (*passive voice marker*)
bèidòng xīyān 被动吸烟 N passive smoking, second-hand smoking
bèifèn 备份 V to back up (computer)
bēihēiguō 背黑锅 V to become a scapegoat
bèijiàn 备件 N spare parts
bèi jìnzhǐ de 被禁止的 ADJ forbidden
bèi shāohuǐ 被烧毁 ADJ burned down, out
bèi xiàzhe 被吓着 ADJ frightened
bēi'āi 悲哀 N sorrow
běibiān 北边 N north
Běijīng 北京 N Beijing
bèináng 背囊 N backpack
bèirù 被褥 N bedding
bèitóu 背投 N rear projection (TV)
bèixīn 背心 N vest, undershirt
bèiyòng zījīn 备用资金 N reserve fund
běiyuē 北约 N NATO (the North Atlantic Treaty Organization)
bēizi 杯子 N cup, glass (for drinking)
bèn 笨 ADJ stupid
bēn xiǎokāng 奔小康 V to strive for a relatively comfortable life
bèng 泵 N pump
bèngchuáng 蹦床 N trampoline
bēngdài 绷带 N bandage
bèngdí 蹦迪 N disco dancing
bèngjí 蹦极 N bungee jumping
běnlěidǎ 本垒打 N home run
běntǔhuà 本土化 N localization
bǐ 比 CONJ than
biānchéng 编程 N programming (computer)
biàndāng 便当 N, ADJ lunch box; handy
biànhǎo 变好 V to get better (improve)
biànhù 辩护 V to defend (with words)
biànhuài 变坏 ADJ spoiled (of food)
biānjiè 边界 N boundary, border
biànlùn 辩论 V to argue
biànmì 便秘 N constipation
biànsèlóng 变色龙 N chameleon; opportunist
biàntiáo 便条 N note (written)

biànwèide 变味的 ADJ spoiled (of food)
biànxiàn 变现 V to liquidate
biànxiéshì diànnǎo 便携式电脑 N laptop; notebook computer
biànxìngrén 变性人 N transsexuals
biānyuán 边缘 N border, edge
biānyuán kēxué 边缘科学 N fringe science
biānzào 编造 V to make up, invent
biǎnzhí 贬值 V, N to devalue, depreciate; depreciation
biānzhì 编制 V to weave
biǎo 表 N watch (wristwatch)
biǎogé 表格 N form (to fill out)
biǎomiàn 表面 N surface
biǎoshì 表示 V to express, state
biǎoshì bùmǎn 表示不满 V to frown (express dissatisfaction)
biāotí 标题 N title (of book, film)
biǎoxiàn 表现 V to behave
biǎoyǎn 表演 N show (live performance)
biǎoyǎnsài 表演赛 N exhibition match
biǎoyáng 表扬 V to praise
biāozhì 标志 N sign, symbol
biāozhǔn 标准 N level (standard)
bié zài zhèyàng 别再这样 COMMAND stop it!
biéde 别的 ADJ anything else, other
bìguān zhèngcè 闭关政策 N closed-door policy
bǐjiào 比较 V, ADV to compare; rather, fairly
bǐjiào hǎo 比较好 ADJ better
bǐjìběn 笔记本 N notebook
bǐjīní 比基尼 N bikini
bìjuàn 闭卷 N closed-book exam
bíkǒng 鼻孔 N nostril
bìlù diànshì 闭路电视 N CCTV, close-circuit television
bīn'guǎn 宾馆 N guesthouse, hotel
bīng 冰 N ice
bìng 病 N illness
bīngdiāo 冰雕 N ice sculpture
bīngdòng 冰冻 ADJ frozen
bǐnggān 饼干 N biscuit
bīnghú 冰壶 N curling (sport)
bīngjīlíng 冰激凌 N ice cream
bìngle 病了 ADJ sick, ill
bīngmǎyǒng 兵马俑 N terracotta warriors and horses
bīngqílín 冰淇淋 N ice cream

B

bīngqiú 冰球 N ice hockey

bìngrén 病人 N patient (sick person)

bīngshàng bālěi 冰上芭蕾 N ice ballet

bīngshàng yùndòng 冰上运动 N ice sports

bīngxiāng 冰箱 N refrigerator

bīngzhèn 冰镇 ADJ chilled

bǐrú 比如 CONJ for example

bǐsài 比赛 N match, game, competition

bīshàng liángshān 逼上梁山 V be driven to drastic alternatives

bìshuì 避税 V to evade tax

bìxián 避嫌 V to avoid doing anything that may arouse suspicion

bìxū 必须 V must, to need

bìxū 必需 N necessary

bìyè shèjì 毕业设计 N graduation design

bǐyì 笔译 V to translate

bìyùn 避孕 N contraceptive

bìyùntào 避孕套 N condom

bìyùnyào 避孕药 N contraceptive pill

bìzhǐ 壁纸 N wall paper

bízi 鼻子 N nose

bō diànhuà 拨电话 V to dial the telephone, make a phone call

bóbo 伯伯 N uncle (father's older brother)

bōcài 菠菜 N spinach

bócǎiyè 博彩业 N lottery industry

bódǎo 博导 N Ph.D. supervisor

bófù 伯父 N uncle (father's older brother)

bōlàng 波浪 N wave (in sea)

bōli 玻璃 N glass (material)

bōluó 菠萝 N pineapple

bómǔ 伯母 N aunt (wife of father's older brother)

bōpǔ wénhuà 波普文化 N pop culture

bōpǔ yìshù 波普艺术 N pop art

bóshì hòu 博士后 N post-doctoral

bóshìshēng 博士生 N Ph.D. candidate

bówù 薄雾 N mist

bówùguǎn 博物馆 N museum

bōyīn 播音 V to broadcast

bózi 脖子 N neck

bù 不 ADV not

bù 布 N cloth

bù 步 N step

bù chāochū qínglǐ zhīwài 不超出情理之外 PHR within reason

bù cuò 不错 ADJ 1 correct, right 2 (*response to a question*) Yes! 3 pretty good, not bad

bù gāoxìng 不高兴 ADJ unhappy

bù jígé 不及格 V to fail

bùkě kànglì 不可抗力 N force majeure; sth not anticipated or stoppable

bù kěnéng 不可能 ADJ impossible

bú kèqi 不客气 INTERJ don't mention it! you're welcome!

bú kèqi de 不客气的 ADJ impolite

bùkě zàishēngzīyuán 不可再生资源 N non-renewable resources

bú zhèngquè 不正确 ADJ wrong (incorrect)

búbài jìlù 不败记录 N clean record, spotless record

búdàn ... érqiě 不但 ... 而且 CONJ not only ... but also

búdàodédé 不道德的 ADJ wrong (morally)

bùduì 部队 N troops

bùfen 部分 N part (not whole)

búgù 不顾 V to ignore

búguì 不贵 ADJ reasonable (price)

bùhǎoyìsi 不好意思 ADJ embarrassed

bǔhuò 捕获 V to capture

bújiànle 不见了 ADJ gone, finished

bùjiǔ 不久 ADV soon

bùliáng dàikuǎn 不良贷款 N non-performing loan

bùliào 布料 N fabric, textile

bùluò 部落 N tribe

bùmén 部门 N department

bùmián zhīyè 不眠之夜 N white night (a night without sleep)

bùmíng fēixíngwù 不明飞行物 N UFO

bú pà yīwàn jiù pà wànyī 不怕一万就怕万一 IDIOM It's always wise to play safe

bùrán 不然 ADV else: or else

bùrě shìfēi 不惹是非 V to stay out of trouble

bǔrǔshì 哺乳室 N nursing room

búshì 不是 ADV no, not (*with verbs and adjectives*)

búsù zhī kè 不速之客 N gate-crasher

bùtóng 不同 N difference (in quality)

bùtóngde 不同的 ADJ another (different)

búxìng 不幸 N misfortune

bùxíngjiē 步行街 N pedestrian street

bùxíng tiānqiáo 步行天桥 N pedestrian overpass

bùxǔ 不许 v to forbid

búyào 不要 EXCLAM don't!

búyè chéng 不夜城 N sleepless city, ever-bright city

bùyí yúlì 不遗余力 v to do one's best

bùzú 不足 ADJ lacking

bùzúde 不足的 ADJ scarce

C

cāi 猜 v to guess

cáichǎn 财产 N property

cáichǎnshuì 财产税 N property tax

càichǎng 菜场 N food market

càidān 菜单 N menu

cáifù wǔbǎiqiáng 财富五百强 N Fortune 500

cǎiguāng 采光 N day lighting

cáijiǎn rǒngyuán 裁减冗员 v to lay off redundant staff

cáijūn 裁军 N disarmament

cǎikuò 彩扩 N color film processing

cáiliào 材料 N material, ingredient

càiniǎo 菜鸟 N rookie, green hand

cáinǚ 才女 N talented female scholar

cǎinuǎn 采暖 N heating

cǎipiào 彩票 N lottery

cáiwù 财物 N belongings

cáiwù bàobiǎo 财务报表 N financial statement

cáizhèng chìzì 财政赤字 N financial deficit

cáizhèng niándù 财政年度 N fiscal year

cáizhèng shōurù 财政收入 N fiscal revenue

cáizhèng shuìshōu 财政税收 N revenue tax; fiscal levy

cáizǐ jiārén 才子佳人 N gifted scholars and beautiful ladies

cāliàng 擦亮 v to polish

cān 餐 N meal

cán'àohuì 残奥会 N the Paralympics Games

cángqǐlái 藏起来 v to hide

cānguān 参观 v to go around, visit

cāngyíng 苍蝇 N fly (insect)

cānjiā 参加 v to attend, join, go along

cánjírén 残疾人 N handicapped person

cānjīnzhǐ 餐巾纸 N napkin

cǎnjù 惨剧 N tragedy

cánrěn 残忍 ADJ cruel

cānyìyuán 参议员 N senator

cānyìyuàn 参议院 N the Senate

cānyǔ 参与 v to go along, join in

cānzhuō zhuǎnpán 餐桌转盘 N lazy Susan

cǎo 草 N grass

cāobàn 操办 v to make arrangements

cǎogēn gōngyè 草根工业 N grass-root industry

cǎoyào 草药 N herbal medicine

cáozáde 嘈杂的 ADJ noisy

cáozáshēng 嘈杂声 N noise

cāozuò xìtǒng 操作系统 N operating system (computer)

cāwǎngqiú 擦网球 N netball

cāxǐ 擦洗 v to scrub

cèjì 侧记 N sidelights

céng 层 N story (building), layer, floor

céng 曾 ADV ever, have already

cèshìbǎn 测试版 N beta version (of software/program)

cèsuǒ 厕所 N bathroom, toilet

cèyàn 测验 v to test

chá 查 v look up (find in book)

chá 茶 N tea

chābié 差别 N difference (discrepancy in figures)

chádào 茶道 N sado (tea ceremony)

chāhuā 插花 N ikebana (Japanese flower arrangements)

cháhuàhuì 茶话会 N tea party

chāi dōngqiáng bǔ xīqiáng 拆东墙补西墙 IDIOM rob Peter to pay Paul

cháiyóu 柴油 N diesel

chán 禅 N Zen

cháng 长 ADJ long (size)

cháng 尝 v to taste, sample

chángbǐngsháo 长柄勺 N ladle, dipper

chángcháng 常常 ADV often

chángdí 长笛 N flute

chángdù 长度 N length

chángfāngxíng 长方形 N rectangle

chángfù nénglì 偿付能力 N solvency

chànggē 唱歌 v to sing

chángguī cáijūn 常规裁军 N conventional disarmament

chángjiàn wèntí 常见问题 N FAQ

chángjiāng sānjiǎozhōu 长江三角洲 N Yangtze River delta

C

chǎngnèi jiāoyìrén 场内交易人 N floor trader

chángpǎo 长跑 N long-distance running

chǎngpéngchē 敞蓬车 N open car, convertible

chàngpiān 唱片 N album (music)

chángqī guózhài 长期国债 N long-term government bonds

chángshè guójì fǎtíng 常设国际法庭 N permanent international tribunal

chángshì 尝试 V to attempt

chángtú 长途 ADJ long-distance

chángtú diànhuà 长途电话 N long-distance call

chángwèi 尝味 V to taste (salty, spicy)

chángwěihuì 常委会 N standing committee

chángwù dǒngshì 常务董事 N executive director

chángwù lǐshì 常务理事 N executive member of the council

chàngyìshū 倡议书 N written proposal

chángzhì jiǔ'ān 长治久安 N prolonged political stability

chángzhù dàibiǎo 常驻代表 N permanent representative

chángzhù jìzhě 常驻记者 N resident correspondent

chángzhù liánhéguó dàibiǎo 常驻联合国代表 N permanent representative to the United Nations

chángzhù shǐjié 常驻使节 N permanent envoy

chǎnjià 产假 N maternity leave

chǎnpǐn jīyā 产品积压 N overstocked products

chǎnyè bù jǐngqì 产业不景气 N industrial depression

chǎnyè shēngjí 产业升级 N upgrade of industries

cháo 朝 PREP to, toward (a place)

chāobiān rényuán 超编人员 N excess personnel

chāochū 超出 V to go beyond

chāodǎo yuánsù 超导元素 N superconducting elements

chāoduǎnbō 超短波 N ultrashort wave

chāoduǎnqún 超短裙 N mini-skirt

chāofùhè yùnzhuǎn 超负荷运转 N overloaded operation

chǎohuì 炒汇 V to speculate in foreign exchange

chāojí shìchǎng N 超级市场 supermarket

chǎojià 吵架 V to argue, quarrel

chāopiào 钞票 N bill, paper money

chāoqián xiāofèi 超前消费 N excessive consumption

chāoqián yìshí 超前意识 N superior consciousness

chāoshì 超市 N supermarket

cháoshī 潮湿 ADJ damp, humid

chāowénběn chuánsòng xiéyì 超文本传送协议 N hypertext transfer protocol (HTTP)

cháoxī diànzhàn 潮汐电站 N tidal power stations

Cháoxiǎn 朝鲜 N North Korea

Cháoxiǎnde 朝鲜的 ADJ North Korean (in general)

Cháoxiǎnyǔ 朝鲜语 N Korean (language)

chāoxiě 抄写 V to copy

chāozài guòmù 超载过牧 V to overgraze

chāozhīhù 超支户 N household living perpetually in debt

cháshì 茶室 N teahouse

chātóu 插头 N plug (electric)

chāyì 差异 N difference (in quality)

chāzi 叉子 N fork

chāzuò 插座 N socket (electric)

chē 车 N vehicle

chēdào 车道 N lane (of a highway)

chèdǐ 彻底 ADJ complete (thorough)

chēfáng 车房 N garage (for parking)

chējiǎn 车检 N vehicle test

chēkù 车库 N garage (for parking)

chēkuàng 车况 N vehicle conditions

chéncí làndiào 陈词滥调 N cliché

chēng 称 V to weigh

chéng 乘 V times (multiplying)

chèng 秤 N scales

chéng yīzhíxiàn 成一直线 V to line up

chéngbāo 承包 V to contract with

chéngběn 成本 N cost

chéngběn fēntān 成本分摊 N sharing costs

chéngběn xiàoyì 成本效益 N cost-effectiveness

chéngchē 乘车 V to ride (a vehicle)

chéngchū 称出 V to weigh out

chéngdù 程度 N degree, level

chénggōng 成功 N success

C

chénggōng 成功 v to succeed

chénghuólù 成活率 N survival rate

chéngjì lièchē 城际列车 N inter-city train

Chéngjí sīhán 成吉思汗 N Genghis Khan

chéngjiàn 承建 v to contract to build

chéngjiào 成教 N adult education

chéngkè 乘客 N passenger

chèngpán 称盘 N scales

chéngrén 成人 N adult

chéngrén diànyǐng 成人电影 N adult movie

chéngrèn 承认 v to admit, confess

chéngsè 橙色 N orange (color)

chéngshì 城市 N city

chéngshíde 诚实的 ADJ honest

chéngshìde 城市的 ADJ urban

chéngshì guīhuà 城市规划 N urban planning

chéngshì hézuò yínháng 城市合作银行 N urban cooperative bank

chéngshì jiànshè 城市建设 N urban construction

chéngshì jǐngguān 城市景观 N townscape

chéngshì jīngjìxué 城市经济学 N urban economics

chéngshì lājī 城市垃圾 N city refuse

chéngshì lùdì 城市绿地 N urban green land

chéngshì lùhuà 城市绿化 N urban landscaping

chéngshì měiróngshī 城市美容师 N urban environmental worker

chéngtào yǐnjìn 成套引进 N package import

chéngwéi 成为 v to become

chéngwùyuán 乘务员 N attendant in a vehicle; conductor

chéngyào 成药 N patent medicine

chéngyuán 成员 N member

chéngzhèn shèhuì bǎozhàng tǐxì 城镇社会保障体系 N urban social security system

chéngzǔ jìshù 成组技术 N group technology

chénjiù 陈旧 ADJ worn out (clothes, machine)

chénliàn 晨练 N morning exercise

chénliè 陈列 v to display

chénmènde 沉闷的 ADJ dull (person), oppressive (weather), depressed (spirit, mood)

chénmò chéngběn 沉没成本 N sunk cost

chénmòde 沉默的 ADJ silent

chénmòquán 沉默权 N right of silence

chèn-rè-dǎ-tiě 趁热打铁 IDIOM strike while the iron is hot

chènshān 衬衫 N shirt

chényī 晨衣 N dressing gown

chényún 尘云 N dust clouds

chēpái 车牌 N number plate

chēpí 扯皮 v to pass the buck

chēxiǎn 车险 N car insurance

chī 吃 v to eat

chī huángliáng 吃皇粮 v to receive salary from the government

chī láobǎo 吃劳保 v to live on labor insurance allowance

chī lǎoběn 吃老本 v to bask in one's past glory

chī piānfàn 吃偏饭 v to enjoy special privileges

chī wǎnfàn 吃晚饭 v to eat dinner

chī wǔfàn 吃午饭 v to eat lunch

chī xiánfàn 吃闲饭 v to stay idle

chī xiǎokuī zhàn dàpiányí 吃小亏占大便宜 IDIOM take small losses for the sake of big gains

chī zǎofàn 吃早饭 v to eat breakfast

chìbǎng 翅膀 N wing

chībǎo 吃饱 ADJ full, eaten one's fill

chī-bǎo-chuān-nuǎn 吃饱穿暖 IDIOM have enough to eat and wear

chíbì dàigòu 持币待购 v to wait to buy with cash in hand

chìcháo 赤潮 N red tides (in the ocean)

chīcù 吃醋 v to get jealous

chǐcùn 尺寸 N measurements

chídào 迟到 ADJ late

chījīng 吃惊 ADJ astonished

chīkuáng 痴狂 ADJ be crazy about

chīmízhě 痴迷者 N addict (person)

chìpín rénkǒu 赤贫人口 N people living in absolute poverty

chípíng 持平 v to hold the line

chīsùde 吃素的 ADJ vegetarian

chíxù 持续 ADV last (endure)

chīxiāng 吃香 ADJ be very popular

chóngbài 崇拜 v to worship

chōngdiàn 充电 v to recharge batteries; update one's knowledge

chōngdòngxìng gòumǎi 冲动性购买 N impulse buying

C

chóngfù 重复 v to repeat

chǒnghuàide 宠坏的 ADJ spoiled (of children)

chónghūn 重婚 N bigamy

chōngjì 冲剂 N medicinal granules

chōnglàng 冲浪 N surfing

chōnglàngbǎn 冲浪板 N surfboard

chōnglàngtǐng 冲浪艇 N surfboat

Chóngqìng 重庆 N Chongqing

chōnglàng 冲浪 v, N to surf; surfing

chǒngwù 宠物 N pet (animal)

chǒngwùdiàn 宠物店 N pet shop

chǒngwùrè 宠物热 N pet craze

chǒngwù shípǐn 宠物食品 N pet food

chǒngwù yīyuàn 宠物医院 N pet clinic

chōngxǐ 冲洗 v to develop film

chóngyáng mèiwài 崇洋媚外 N worship and blind faith in things foreign

chōngzhàng 冲帐 v to strike a balance (accounting)

chōngzhíkǎ 充值卡 N rechargeable card

chóngzi 虫子 N insect

chǒu 丑 ADJ ugly

chóubàn 筹办 v to arrange

chóu èi wěiyuánhuì 筹备委员会 N preparatory committee

chóuhèn 仇恨 N hatred

chōujiǎn 抽检 N spot check

chòuqì 臭气 N odor, bad smell

chōushuǐ mǎtǒng 抽水马桶 N flush toilet

chōutī 抽屉 N drawer

chòuwèi 臭味 N smell, bad odor

chōuyān 抽烟 v to smoke (tobacco)

chòuyǎngcéng 臭氧层 N ozone

chòuyǎngcéng kōngdòng 臭氧层空洞 N ozone hole

chōuyàng diàochá 抽样调查 N sample survey

chóuzī 筹资 N, v fundraising; to raise fund

chóuzī qúdào 筹资渠道 N fundraising channels

chù 触 v to touch

chú yú 除于 v divided by

chū zhǔyi 出主意 v to advise

chuān 穿 v to put on (clothes)

chuán 船 N boat, ship

chuānbàn 穿扮 v to get dressed

chuáng 床 N bed

chuángdān 床单 N bedsheet

chuángdiàn 床垫 N mattress

chuānghu 窗户 N window (in house)

chuāngkǒu 窗口 N window (for paying, buying tickets)

chuànglì 创利 v to generate profit

chuānglián 窗帘 N curtain

chuàngyè jīngshén 创业精神 N enterprising spirit

chuàngyèzhě 创业者 N entrepreneur

chuàngyì 创意 N, v to create new ideas or concepts; new concepts

chuàngzào 创造 v to create

chuàngzuò 创作 v to create

chuánméi 传媒 N media

chuánméi dàhēng 传媒大亨 N media tycoon

chuánrǎn de 传染的 ADJ contagious

chuànròuqiàn 串肉扦 N skewer

chuánshuō 传说 N legend

chuānsuō wàijiāo 穿梭外交 N shuttle diplomacy

chuántǒng 传统 N tradition

chuántǒng chǎnyè 传统产业 N conventional industries

chuántǒngde 传统的 ADJ traditional

chuánxùn 传讯 v to call, summon

chuántǒng wénhuà 传统文化 N traditional culture

chuánwù gōngsī 船务公司 N shipping service company

chuánxiāo 传销 N pyramid sales; multi-level marketing

chuān xiǎoxié 穿小鞋 PHR make trouble for

chuánzhēn 传真 N fax (message)

chuánzhēnjī 传真机 N fax (machine)

chuānzhēn yǐnxiàn 穿针引线 v to act as a go-between

chūbǎn 出版 v to publish

chǔbèi jījīn 储备基金 N reserve funds

chǔbì dàigòu 储币待购 v to save for purchases

chúcǎojì 除草剂 N weed killer

chūchù 出处 N source

chūfā 出发 N departure

chùfàn 触犯 v to offend

chúfáng 厨房 N kitchen

chúfēi 除非 CONJ unless

chū fēngtou 出风头 v to show off

chūguórè 出国热 N craze for going abroad

chūhàn 出汗 v to perspire

chuízhíde 垂直的 ADJ vertical

chuízhí guǎnlǐ 垂直管理 N vertical management

C

chūjiā 出家 v to become a nun or monk

chūjìng qiānzhèng 出境签证 n exit visa

chūkǒu 出口 v, n to export; export, exit

chūkǒu chuànghuì nénglì 出口创汇能力 n capacity to earn foreign exchange through exports

chūkǒu chuànghuìxíng chǎnyè 出口创汇型产业 n export-oriented industry

chūkǒujiā gōngqū 出口加工区 n export processing zones

chūkǒu tuìshuìlǜ 出口退税率 n export rebate rate

chūkǒu zhuǎnnèixiāo 出口转内销 n domestic sales of commodities originally produced for exports

chúle ... yǐwài 除了...以外 conj apart from, besides, except

chǔlǐ 处理 v to handle, manage

chǔlǐ cúnhuò 处理存货 n sell-off

chǔlǐ jiàgé 处理价格 n bargain price; reduced price

chūlóng 出笼 v to appear

chūlù 出路 n way out

chūmíng 出名 adj famous

chùmōpíng 触摸屏 n touch screen

chǔn 蠢 adj stupid

chúndé 纯的 adj pure

chúnjìngshuǐ 纯净水 n purified water

chǔnǚ háng 处女航 n maiden voyage

chǔnǚ zuò 处女作 n maiden work, first publication

chūnyùn 春运 n passenger transport around the Chinese lunar new year

chūntiān 春天 n spring (season)

chūqìtǒng 出气筒 n punching bag

chūqínlǜ 出勤率 n attendance rate

chūqù 出去 v to go out, exit

chūqù zǒuzou 出去走走 v go for a walk/stroll

chūrù píng'ān 出入平安 phr Safe trip wherever you go!

chūshēng 出生 v to be born

chūshēng rìqí n 出生日期 date of birth

chúshī 厨师 n cook (person)

chūshòu 出售 v for sale

chūtái 出台 v to unveil (new policy, etc.)

chūxiàn 出现 v to appear, become visible

chǔyùn 储运 n storage and transport

chǔzáng 储藏 v to store

chūzūchē 出租车 n taxi

cí 词 n word

cìchuān 刺穿 v to pierce, penetrate

cìdàlù 次大陆 n subcontinent

cīde 雌的 adj female

cídiǎn 词典 n dictionary

cí-jiù-yíng-xīn 辞旧迎新 idiom bid farewell to the old and usher in the new

cíkǎ diànhuà 磁卡电话 n magnetic card telephone

cípán 磁盘 n diskette (computer)

cìqīng 刺青 n tattoo

cǐwài 此外 conj in addition

cìxiù 刺绣 n embroidery

cìxù 次序 n sequence, order

cíxuánfú lièchē 磁悬浮列车 n Maglev train (one that runs by electro-magnetic force)

cìyào de 次要的 adj minor (not important)

cóng 从 prep from

cóng ... yàngzi kànlái 从...样子看来 adv by way of

cónglái méiyǒu 从来没有 adv never

cónglín 丛林 n jungle

cóng líng kāishǐ 从零开始 v to start from scratch

cōngmíng 聪明 adj clever, smart, wise

cóngzhòng xīnlǐ 从众心理 n group psychology

còufènzi 凑份子 v to club together

cù 醋 n vinegar

cūfàng jīngyíng 粗放经营 n extensive operation

cuīcù 催促 v to urge, push for

cuīhuǐ 摧毁 adj destroyed, ruined

cuīlèidàn 催泪弹 n tear gas

cūjiāgōng chǎnpǐn 粗加工产品 n low-graded product

cūlǔde 粗鲁的 adj rough (not gentle)

cūlüède 粗略地 adv roughly, approximately

cún 存 v to save, keep

cúnchǔ nénglì 存储能力 n storage capacity

cúnfàng 存放 v to deposit (leave behind with someone)

cúnkuǎn 存款 v to deposit (put money in the bank)

cúnkuǎn bǎozhèngjīn 存款保证金 n guaranty money for deposits

C

cúnkuǎndān 存款单 N certificate of deposit

cúnxīn 存心 N intention

cúnzài 存在 V to exist

cūnzhuāng 村庄 N village

cuòde 错的 ADJ wrong (mistaken)

cuòwù 错误 N error, mistake

cùxiāo 促销 N promotion (sale)

D

dǎ 打 V to hit, strike

dà 大 ADJ big, large

dà bùfèn 大部分 ADV mostly

dà chūxuè 大出血 V to make a big markdown

dǎ diànhuà 打电话 V to make a phone call

dà ér quán 大而全 N large and comprehensive

dǎ fángyìzhēn 打防疫针 N vaccination

dǎ hēqiàn 打呵欠 V to yawn

dà hōngdòng 大轰动 N blockbuster

dà huánjìng 大环境 N the overall situation

dà jiǎngsài 大奖赛 N grand prix

dà jiǎnjià 大减价 N markdown sales

dà jiànmài 大贱买 N sale (reduced prices)

dà lǎocū 大老粗 N uneducated person

dǎ májiàng 打麻将 V to play mahjong

dà mǎnguàn 大满贯 N grand slam

dǎ pēntì 打喷嚏 V to sneeze

dà shuǐguàn 大水罐 N pitcher, jug

dǎ yóujī 打游击 V to fight a guerrilla warfare; work as a seasonal labor

dǎ zhāohu 打招呼 V to greet

dà'àn yàoàn 大案要案 N major cases (legal)

dǎbài 打败 V to defeat

dǎbàn 打扮 V to get dressed

dǎbǎo piào 打保票 V to vouch for somebody; guarantee something

dǎbāo 打包 V to use doggy bags to take food home

dábiāo 达标 V to be up to the standard

dàbiàn 大便 V to defecate

dàbó 大伯 N brother-in-law (husband's older brother)

dàchóubīn 大酬宾 V to give a large discount to one's customers

dǎchū wángpái 打出王牌 V to play one's trump card

dádào 达到 V to attain, reach

dǎfān 打翻 ADJ overturned

dǎfān shēnzhàn 打翻身战 V to fight to change for the better

dáfù 答复 V, N to reply; response

dàgài 大概 ADV about (approximately), probably

dǎgōng 打工 V to work for others

dǎgōngmèi 打工妹 N young female worker

dǎgōngzǎi 打工仔 N young male worker

dàguīmó shāshāngxìng wǔqì 大规模杀伤性武器 N weapon of mass destruction

dǎhēi 打黑 V to crack down on yakuza (organized crime syndicate)

dǎhuǒjī 打火机 N lighter

dài 带 V to carry

dài wènhǎo 代问好 V to say hello

dàifu 大夫 N doctor

dàigǎng 待岗 ADJ waiting for job/employment

dàigōu 代沟 N generation gap

dàilǐ fúwùqì 代理服务器 N proxy server (Internet)

dàitì 代替 V to replace

dàixīn jiàqī 带薪假期 N paid holidays

dàixuéjīn 贷学金 N student loan

dàiyè 待业 ADJ job-waiting

dàiyè rényuán 待业人员 N people on job-waiting

dàiyùn mǔqīn 代孕母亲 N surrogate mother

dāizhàng 呆帐 N bad debt

dàizi 袋子 N bag

dǎjī 打击 V to strike, hit

dǎjī bàofù 打击报复 V to retaliate

dǎjiǎ 打假 V to crack down on counterfeit goods

dǎjià 打架 V to fight (physically)

dǎjiǎo 打搅 V to bother, disturb

dàjīng xiǎoguàide 大惊小怪的 ADJ fussy

dǎkāi 打开 V to open

dǎkāi tiānchuāng shuōliànghuà 打开天窗说亮话 V to speak frankly

dàkāi yǎnjiè 大开眼界 be an eye-opener

dǎkǎjī 打卡机 N punch machine

dàkuǎn 大款 N rich man, tycoon

Dálài lǎma 达赖喇嘛 N Dalai Lama

dǎléi 打雷 N thunder

dàlì kòushā 大力扣杀 V to smash (a ball)

dàlìshén 大力神 N Hercules

dàlóu 大楼 N building

dàlù 大陆 N continent

dàmá 大麻 N marijuana

dàmén 大门 N gate (main entrance)

dàmǐ 大米 N rice (uncooked grains)

dànǎo sǐwáng 大脑死亡 N cerebral death

dàn'gāo 蛋糕 N cake, pastry

dān'ge 耽搁 V to delay

dānbǎo 担保 V to guarantee

dānbiān zhǔyì 单边主义 N unilateralism

dàndào dǎodàn 弹道导弹 N ballistic missile

dāndāo fùhuì 单刀赴会 V to start a solo run

dānchéngpiào 单程票 N one-way ticket

dānchúnde 单纯的 ADJ plain (not fancy)

dāndiào 单调 ADJ bland

dāndú 单独 ADJ alone

dǎngjiànpái 挡箭牌 N excuse; pretext

dāngjīn 当今 ADV nowadays

dāngqián yònghù 当前用户 N active user

dāngrán 当然 ADV of course

dāngrán kěyǐ 当然可以 EXCLAM certainly!

dǎngzhèng jīguān 党政机关 N Party and government organizations

dāngzhōng 当中 ADV be in the middle of doing

dàngzuò ěrbiān fēng 当作耳边风 V to turn a deaf ear to something

dànjì 淡季 N off season

dānqīng jiātíng 单亲家庭 N single-parent family

dānshēn 单身 ADJ single (not married)

dānshēn guìzú 单身贵族 N single (not married)

dānshēn mǔqīn 单身母亲 N single mother

dànshì 但是 CONJ but, however

dànshuǐ èhuà 淡水恶化 N freshwater degradation

dāntiāo 单挑 V to fight one-on-one

dānxiàng shōufèi 单向收费 N one-way charge (fees)

dānxīn 担心 V to worry

dānxún huánzhì 单循环制 N single round-robin system

dānyī 单一 ADJ single (only one)

dānyī jīngjì 单一经济 N single product economy

dānyī zhǒngzhí 单一种植 N monoculture

dǎo 岛 N island

dào 到 V to arrive

dào 倒 V to pour

dǎo jiānghú 捣浆糊 V to act restlessly

dào ... lǐ 到...里 PREP into

dàobǎn 盗版 ADJ pirate (copy illegally)

dǎodàn fāshèchǎng 导弹发射场 N missile launching site

dàobié 道别 V to say goodbye

dàochù 到处 ADV everywhere

dàodá 到达 N arrival

dàodé fǎtíng 道德法庭 N court of ethics

dāodòu 刀豆 N kidney beans

Dàojiào 道教 N Taoism

dǎojìshí 倒计时 N countdown

dǎomǎi dǎomài 倒买倒卖 N profiteering

dǎoméi 倒霉 N bad luck

dǎoméide 倒霉的 ADJ unlucky

dàoqiàn 道歉 V to apologize

dàotián 稻田 N rice fields

dǎotuì 倒退 V to reverse, to back up

dǎoxiàlái 倒下来 V to fall over

dàoxiè 道谢 ADV to say thank you

dǎoyé 倒爷 N profiteer

dàoyòng gōngkuǎn 盗用公款 N embezzlement

dǎoyóu 导游 V to guide someone somewhere

dǎozhuàn 倒转 ADJ upside down

dāozi 刀子 N knife

dàozi 稻子 N rice (plant)

dàpái 大牌 N celebrity

dàpáidàng 大排档 N food stall

dǎpò jiāngjú 打破僵局 V to break the deadlock

dǎpòle 打破了 ADJ broken, shattered

dǎrǎo 打扰 V to bother, disturb

dàrénwù 大人物 N VIP

dàshēng 大声 ADJ loud

dàshèng 大胜 N great victory (sports)

dàshǐ 大使 N ambassador

D

dàshǐguǎn 大使馆 N embassy
dāshòu 搭售 N tie-in sale
dǎsī 打私 v to crack down on smuggling
dāsòng 搭送 N throw in
dàsuàn 大蒜 N garlic
dǎsuàn 打算 v to intend, plan
dǎsuàn ... yòng de 打算...用的 ADJ intended for
dàtóuzhēn 大头针 N pin
dàtuǐ 大腿 N thigh
dàwàn 大腕 N big shot
dǎwènhào 打问号 v to have some question or doubt
dàxiàng 大象 N elephant
dàxiǎo 大小 N size
dǎxiǎo bàogào de rén 打小报告的人 N squealer, whistle-blower
dáxiè yànhuì 答谢宴会 N return banquet
dàxué 大学 N university
dàyī 大衣 N coat, overcoat
dǎyìn 打印 v to print (computer)
dāyìng 答应 v to promise
dàyuē 大约 ADV around (approximately)
dǎzhàng 打仗 v to make war
dàzhāosì 大昭寺 N Jokhang Temple
dǎzhēn 打针 N injection
dàzhòng chuánméi 大众传媒 N mass media
dàzhuān 大专 N junior college
dàzhuānshēng 大专生 N junior college student
dǎzì 打字 v to type
dàzuò wénzhāng 大做文章 v to make a big fuss about something
... de shíhou ... 的时候 ADV when, at the time
dédào 得到 v to get, receive
Déguó 德国 N Germany
Déguóde 德国的 ADJ German (in general)
Déguórén 德国人 N German (people)
děi 得 v have to, must
dēng 灯 N light (lamp)
děng 等 v to wait for
děng yīxià 等一下 ADV in a moment, just a moment
dēnggé rè 登革热 N dengue fever
dēngshàng 登上 v to go up, climb
Dèngxiǎopíng lǐlùn 邓小平理论 N Deng Xiaoping Theory
dēngyuècāng 登月舱 N lunar module

dèngzi 凳子 N stool
Déwén 德文 N German (language)
Déyǔ 德语 N German (language)
dézuì 得罪 v to offend
dī 低 ADJ low
dǐ 底 N bottom (base)
dì 地 N land
dì'èr 第二 ADJ second (in sequence) ordinal number
dì'èr chǎnyè 第二产业 N secondary industry
diàn 电 N electricity
diǎn(zhōng) N 点(钟) o'clock
diǎncài 点菜 to order (food)
diāndǎo 颠倒 ADJ upside down
diàndòng lóutī 电动楼梯 N escalator
diànfēngshàn 电风扇 N fan (electrical)
diànhuà 电话 N telephone
diànhuà hàomǎ 电话号码 N telephone number
diànhuà huìyì 电话会议 N conference call, teleconference
diànhuà liúyán 电话留言 N voicemail
diànhuà liúyánjī 电话留言机 N answering machine
diǎnlǐ 典礼 N ceremony
diànliú 电流 N electricity
diǎnmíngcè 点名册 N roll book
diànnǎo 电脑 N computer
diànnǎo bìngdú 电脑病毒 N computer virus
diànnǎo kōngdiān 电脑空间 N cyberspace
diànnǎo mí 电脑迷 N mouse potato
diànnǎománg 电脑盲 N computer illiterate
diànqì 电器 N electrical appliance
diǎnqiú 点球 N penalty kick
diànshì 电视 N television
diànshì huìyì 电视会议 N video conference
diànshìjī 电视机 N TV set
diànshì zhíxiāo 电视直销 N TV home shopping
diàntī 电梯 N lift, elevator
diǎnxíngde 典型的 ADJ typical
diànyǐng 电影 N film, movie
diànyǐngyuàn 电影院 N cinema, movie theater
diànzhǔ 店主 N shopkeeper
diànzi 电子 ADJ electronic
diànzi 垫子 N table mat

diànzǐ chūbǎn 电子出版 N electronic publishing

diànzǐ cídiǎn 电子词典 N electronic dictionary

diànzǐ gōnggàopái 电子公告牌 N bulletin board service (BBS)

diànzǐ gōngsī 点子公司 N consultancy company

diànzǐ shāngwù 电子商务 N e-commerce

diànzi yóujiàn 电子邮件 N email (message)

diāo 雕 V to engrave

diàochá 调查 V to research

diàodàishān 吊带衫 N tank-top

diàojià 掉价 V to fall in price; degrade oneself

diàojiǔshì 调酒师 N bartender

diāokèpǐn 雕刻品 N carving

diàoqiú 吊球 N drop shot (sports)

diāosù 雕塑 N, V sculpture; to sculpt

diàowèikǒu 吊胃口 V to tempt (someone with something)

diàoxià 掉下 V to fall

diāoxiàng 雕像 N statue

diàoyú 钓鱼 V to fish

dìcíbào 地磁暴 N geomagnetic storm

dìdi 弟弟 N brother (younger)

dīdiào 低调 ADJ low keyed

díduì 敌对 ADJ hostile

díduì shìlì 敌对势力 N hostile forces

dìfang 地方 N place, space

dìfāng bǎohù zhǔyì 地方保护主义 N regional protectionism

dīgǔ 低谷 N trough

dījià 低价 ADJ low-cost

dījià zhùfáng 低价住房 N low-cost housing

dīkōng fēixíng 低空飞行 N low-altitude flying

dīlíng 低龄 ADJ juvenile (age)

dìmèi 弟妹 N sister-in-law (wife of husband's younger brother)

dìmiǎn 抵免 N offset

dìmiàn 地面 N ground, earth

dǐng 顶 N top

dìng diàozi 定调子 V to set the tone

dǐngduān 顶端 N end (tip)

dǐngfēng 顶峰 N peak, summit

dìnggòu 订购／定购 V to order (placed for goods)

dìnghūn 订婚／定婚 ADJ engaged (to be married)

dīngkè 丁克 N DINK (Double Income No Kids)

dìngqī 定期 ADJ regular, normal

dìngxiàng péixùn 定向培训 N, V training; to train for specific posts

dìngxīnwán 定心丸 N mind relief (tablets)

dīngzi 钉子 N nail (spike)

dìqín rényuán 地勤人员 N ground crew

dìqiú 地球 N Earth, the world

dìqiúcūn 地球村 N global village

dìqū 地区 N area, region

dìqū chāyì 地区差异 N regional disparity

díquè 的确 ADV quite (very)

dírén 敌人 N enemy

dìrè zīyuán 地热资源 N geothermal resources

dìsān 第三 N third (in a series) ordinal number

dìsān chǎnyè 第三产业 N tertiary industry; service sector

dísīní lèyuán 迪斯尼乐园 N Disneyland

dìtǎn 地毯 N carpet

dìtiězhàn 地铁站 N subway station

dìtú 地图 N map

diū-jū-bǎo-shuài 丢车保帅 V to sacrifice sth minor to save sth major

diūshī 丢失 V to lose, mislay

diūxià 丢下 V to leave behind by accident

dìwèi 地位 N rank, station in life

dìwèi gāo de 地位高的 ADJ high ranking

dìxí 地席 N mat

dìxí 弟媳 N sister-in-law (wife of husband's younger brother)

dìzhèn 地震 N earthquake

dìzhǐ 地址 N address

dǒng 懂 V to understand

dòng 洞 N hole

dōngběi 东北 N, ADJ northeast

dōngbiān 东边 N east

dònggǎn 动感 ADJ dynamic

Dōngméng zìyóu màoyìqū 东盟自由贸易区 N ASEAN Free Trade Area

dōngnán 东南 N, ADJ southeast

Dōngnányà guójiā liánméng 东南亚国家联盟 N ASEAN (Association of South-East Asian Nations)

dòngqiānhù 动迁户 N households to be relocated

13

D

dǒngshìzhǎng 董事长 N director (of company)

dōngtiān 冬天 N winter

dòngwù 动物 N animal

dòngwùyuán 动物园 N zoo

dōngxi 东西 N object, thing

dòngzuò 动作 N movement, motion

dōu 都 ADV all

dòu 豆 N bean

dòuchǐ 豆豉 N black beans

dòufu 豆腐 N tofu, beancurd

dù 度 N degrees (temperature)

duǎn 短 ADJ short (concise)

duànkāi 断开 ADJ, V broken off

duǎnkù 短裤 N shorts (short trousers)

duǎnnèikù 短内裤 N shorts (underpants)

duànmǎ 断码 ADJ short in size

duǎnqī zhàiwù 短期债务 N floating debt

duānwǔjié 端午节 N the Dragon Boat Festival

duǎnzàn 短暂 N a short time, a moment

duǎnzànde 短暂的 ADJ brief

dǔbó 赌博 V, N to gamble; gamble

dùchuán 渡船 N ferry

duì 队 N team

duì 对 PREP correct; toward (a person)

duì ... zhòu méitou 对 ... 皱眉头 V to frown

duìbuqǐ 对不起 EXCLAM sorry!

duìchōng jījīn 对冲基金 N hedge fund

duìdài 对待 V to treat (behave towards)

duìfù 对付 V to deal with

duìhuàn 兑换 V to change, exchange (money)

duìhuànlǜ 兑换率 N exchange rate

duìjiǎngjī 对讲机 N walkie talkie

duìjiǎode 对角地 ADV diagonally

duìjiǎoxiàn 对角线 N diagonal

duìlìde 对立的 ADJ opposed, in opposition

duìmiàn 对面 N opposite (facing)

duì-niú-tán-qín 对牛弹琴 IDIOM cast pearls before swine

duìshǒu 对手 N rival, opponent

duìwài zhāoshāng 对外招商 V to attract foreign investment

duìxiàn 兑现 V to cash a check

duìzhǎng xiùbiāo 队长袖标 N armband on a captain/skipper

dùjì 妒忌 V to be jealous

dúlìde 独立的 ADJ on one's own

Dūnhuáng shíkū 敦煌石窟 N Dunhuang Grottoes

duō 多 ADJ much, many

Duō cháng? 多长? how long?

Duō dà suìshù? 多大岁数? how old?

Duō dà niánjì? 多大年纪? how old?

duō yīdiǎnr 多一点儿 ADV more (comparative)

Duō yuǎn? 多远? how far?

duóbiāo 夺标 V to win the championship

duóguàn 夺冠 V to win the championship

duōguó wéichí hépíngbùduì 多国维持和平部队 N multinational peacekeeping force

duōjí shìjiè 多极世界 N multipolar world

duōjíhuà 多极化 N multipolarization

duōméitǐ 多媒体 N multimedia

Duōshao qián? 多少钱? how much?

duōyuán shèhuì 多元社会 N pluralistic society

duōyuánhuà 多元化 ADJ pluralistic

duōyúde 多余的 ADJ unnecessary

duōyún 多云 ADJ cloudy, overcast

duōzhǒng jīngyíng 多种经营 N diversified economy

dúpǐn 毒品 N drug (recreational)

dúshēng zǐnǚ 独生子女 N only child

dúxiāo 毒枭 N drug trafficker

dúyào 毒药 N poison

dùzi 肚子 N stomach, belly

E

é 蛾 N moth

é 鹅 N goose

é 额头 N forehead

è 饿 ADJ hungry

È'ěr nínuò xiànxiàng 厄尔尼诺现象 N El Nino phenomenon

èpíng 恶评 N unfavorable comments

èr 二 NUM two (numeral)

ěrduo 耳朵 N ear

ěrhuán 耳环 N earrings

èr jìngōng 二进宫 V to go to jail/ prison the second time

èr jìnzhì 二进制 N binary (computer)

érkē yīshēng 儿科医生 N pediatrician

èrnǎi 二奶 N mistress of a married man

érqiě 而且 CONJ moreover

èrshí 二十 N twenty

èrshǒu shāngpǐn 二手商品 N second-hand goods

èrshǒu yān 二手烟 N second-hand smoking

èrshǒufáng 二手房 N second-hand house

èryǎnghuàtàn 二氧化碳 N CO$_2$ (carbon dioxide)

èryuè 二月 N February

ěryú wǒzhà 尔虞我诈 N mutual deception and rivalry

èrzhàn 二战 N World War II

érzi 儿子 N son

éwàide 额外的 ADJ extra

èxìng tōnghuò péngzhàng 恶性通货膨胀 N hyperinflation

èxìng xúnhuán 恶性循环 N vicious circle

F

fā ànlǜ 发案率 N incidence (of criminal cases)

fā báirìmèng 发白日梦 V to daydream

fā chuánzhēn 发传真 V to fax

fā diànzi yóujiàn 发电子邮件 V to email

fā yīmèir 发依妹儿 V to email

fāchòu 发臭 V to stink

fādá guó jiā 发达国家 N developed countries

fǎdìng huòbì 法定货币 N legal tender

fādòng 发动 V to start

fādòngjī 发动机 N engine

fādǒu 发抖 V to shiver

Fǎguó 法国 N France

Fǎguóde 法国的 ADJ French (in general)

Fǎguórén 法国人 N French (people)

fákuǎn 罚款 N fine (punishment)

fāliàng 发亮 ADJ shiny

fǎlǜ 法律 N laws, legislation

fāmíng 发明 V, N to invent: invention

fǎn dàndàodǎodàn tiáoyuē 反弹道导弹条约 N Anti-ballistic Missile Treaty (ABM)

fǎnbài wéi shèng 反败为胜 V to turn the tables

fān'guòlái 翻过来 V to turn over

fàncài 饭菜 N dish (particular food)

fāndǎo 翻倒 V to turn over

fǎnduì 反对 V to object, protest

fàng 放 V to put, place

fángbàosǐ xìtǒng 防抱死系统 N ABS (anti-lock braking system)

fāngbiàn 方便 ADJ convenient

fāngbiàn shípǐn 方便食品 N instant food

fāngbiànmiàn 方便面 N instant noodles

fángchǎn gūjiàshī 房产估价师 N real estate evaluator

fángchē 房车 N camper, RV

fángdàomén 防盗门 N security door

fángdìchǎn 房地产 N real estate

fángdìchǎn shìchǎng 房地产市场 N real estate market

fángdú miànjù 防毒面具 N gas mask

fāngfǎ 方法 N way, method

fānggéde 方格的 ADJ checked (pattern)

fànggāoqiú 放高球 V to lob (sports)

fángguǎn 房管 N real estate management

fángjiān 房间 N room (in hotel)

fàngqíngle 放晴了 ADJ clear (of weather)

fángshàiyóu 防晒油 N sunscreen lotion

fàngshēng 放生 V to free wildlife from captivity

fàngshèxìng 放射性 ADJ radioactive

fàngshèxìng fèiliào 放射性废料 N radioactive waste

fángshǒu fǎnjī 防守反击 N counterattack (sports)

fàngsōng 放松 V to relax

fànguǎn 饭馆 N restaurant

fǎngwèn 访问 V to pay a visit

fāngxiàng 方向 N direction

fāngxíngde 方形的 ADJ square (shape)

fāngyán 方言 N dialect

fǎngzàode 仿造的 ADJ patterned

fángzhǎn 房展 N property exhibition

fángzi 房子 N house

fǎnhé rénshì 反核人士 N anti-nuclear activists

fǎnhé yùndòng 反核运动 N anti-nuclear campaign

fǎnkǒng 反恐 N anti-terrorism

F

fǎnkǒng zhànzhēng 反恐战争 N anti-terrorist war

fānliǎngfān 翻两番 v to quadruple

fánmèn 烦闷 ADJ upset, unhappy

fánnǎode 烦恼的 ADJ troublesome

fánrǎo 烦扰 N bother, disturbance

fànwéi 范围 N area

fǎnwùzhì 反物质 N anti-matter

fǎnxiàngde 反向的 ADJ reversed, backwards

fānyì 翻译 v, N to translate; translator, interpreter

fǎnyìng 反应 v, N to react; reaction, response

fǎnyìng 反映 v to reflect

fāpiào 发票 N invoice

fǎrén dàibiǎo 法人代表 N legal representative

fāshāo 发烧 N fever

fāshāoyǒu 发烧友 N enthusiastic fan

fāshēng 发生 v to happen, occur

fāshēng shénme shì 发生什么 what happened?

Fǎwén 法文 N French (language)

fāxiàn 发现 v to discover

fāyīn 发音 v to pronounce

Fǎyǔ 法语 N French (language)

fāzhǎn 发展 N development

fāzhǎnzhōng guójiā 发展中国家 N developing countries

fēi 飞 v to fly

fèi 肺 N lungs

fēicháng 非常 ADV really (very)

fēichǔ fāngyào 非处方药 N OTC medicine

fēidiǎn 非典 N SARS

fèidiànchí 废电池 N used batteries

fēifǎ 非法 ADJ illegal

fèihuà 废话 N nonsense

fēijī 飞机 N aeroplane, airplane

fēijīchǎng 飞机场 N airport

Fēilǜbīn 菲律宾 N the Philippines

Fēilǜbīnde 菲律宾的 N Filipino (in general)

Fēilǜbīnrén 菲律宾人 N Filipino (people)

Fēilǜbīnyǔ 菲律宾语 N Filipino (language)

fēiqiángzhìde 非强制的 ADJ optional

féiwòde 肥沃的 ADJ fertile

fèiyòng 费用 N cost (expense)

féizào 肥皂 N soap

fēizhèngtǒng yīnyuè 非正统音乐 N alternative music

fēizhǔliú 非主流 ADJ alternative

fēn (zhōng) 分(钟) N minute

fēnfā 分发 v to hand out

fēng 风 N wind, breeze

féng 缝 v to sew

fēngbào 风暴 N storm

fēnggé 风格 N style

fēngjǐng 风景 N view, panorama

fēngkuángde 疯狂的 ADJ insane, crazy

fēngmì 蜂蜜 N honey

fēngniúbìng 疯牛病 N mad cow disease

fēngshuǐ 风水 N feng shui, geomancy

fēngsuǒ 封锁 ADJ closed (road)

fēngwèi fàncài 风味饭菜 N cooking, cuisine

fēngxiǎn fángfàn jīzhì 风险防范机制 N risk prevention mechanism

fēngxiǎn jījīn 风险基金 N VC funds

fēngxiǎn tóuzī 风险投资 N venture capital

fēnháng 分行 N branch

fěnhóngsè 粉红色 N, ADJ pink

fēnjī 分机 N extension (telephone)

fēnkāi 分开 v to divide, split up

fēnkāile 分开了 ADJ broken off

fēnlíde 分离的 ADJ separate

fěnlǐng 粉领 N pink-collar

fénmù 坟墓 N grave

fènnù 愤怒 N anger

fènnù de xiǎoniǎo 愤怒的小鸟 N Angry Birds (game)

fēnqī fùkuǎn 分期付款 N installment (pay)

Fójiào 佛教 N Buddhism

Fójiàode 佛教的 ADJ Buddhist (in general)

Fójiàotú 佛教徒 N Buddhist (people)

fǒuzé 否则 CONJ else; or else

fǔbài 腐败 ADJ corrupt

fùběn 副本 N copy

fùbù 腹部 N abdomen

fúcóng 服从 v to obey

fúcóngde 服从的 ADJ obedient

fùdāndeqǐ 负担得起 v to afford

fúdònggōngzī 浮动工资 N floating wages

fùguìbìng 富贵病 N rich man's disease (that needs expensive treatments and long recuperative period)

fúhé biāozhǔn 符合标准 ADJ up to standard

fùjìn 附近 ADJ, N nearby
fǔlànde 腐烂的 ADJ rotten
fúlì cǎipiào 福利彩票 N welfare lotteries
fúlì fēnfáng 福利分房 N welfare-oriented public housing distribution system
fùmǔ 父母 N parents
fúpín 扶贫 N poverty relief
fùqián 付钱 v to pay
fùqin 父亲 N father
fūren 夫人 N madam (term of address)
fùshì zhùzhái 复式住宅 N duplex apartment
fúshǒuyǐ 扶手椅 N armchair
Fútè 福特 v to Ford (car)
fúwù 服务 N service
fúwù hángyè 服务行业 N service industry
fúwù tèsè 服务特色 N selling point
fúwùyuán 服务员 N waiter, waitress
fùxìn 复信 v to reply (in writing)
fǔyǎng 抚养 v to raise (children)
fùyìn 复印 v, N to photocopy; photocopy
fùyìnjiàn 复印件 N photocopy
fùyǒude 富有的 ADJ wealthy
fùyù 富裕 ADJ well-off, wealthy
fùyùde 富裕的 ADJ rich
fùzá 复杂 ADJ complicated
fùzé 负责 v to take care of, be responsible
fúzhuāng 服装 N costume

G

gài 盖 v to build; to cover
gǎibiàn 改变 v to change (conditions, situations)
gǎibiàn zhǔyì 改变主意 v to change one's mind
gàiniàn 概念 N concept
gàizhāng 盖章 N stamp (ink)
gǎizhèng 改正 v to correct
gàizi 盖子 N lid
gān 干 ADJ dry
gān 肝 N liver
gàn 干 v do
gǎn xìngqù 感兴趣 ADJ interested in
gānbái 干白 N dry white wine
gānbēi 干杯 EXCLAM cheers!
gǎnchū 赶出 v to chase away, chase out

gǎndào jīngyà 感到惊讶 ADJ astonished
gǎndào xīngfèn 感到兴奋 ADJ excited
gǎndào yíhàn 感到遗憾 v to regret
Gǎng'àotái 港澳台 N Hong Kong, Macao and Taiwan
gāngbǐ 钢笔 N pen
gāngcái 刚才 ADV just now
gǎngkǒu 港口 N harbor
gāngmén 肛门 N anus
Gǎngtái 港台 N Hong Kong and Taiwan
gāngtiě 钢铁 N steel
gǎngwèi péixùn 岗位培训 N on-the-job training
gànhóng 干红 N dry red wine
gǎnjī 感激 ADJ grateful
gānjìng 干净 ADJ clean
gǎnjué 觉觉 N feeling
gānjúshùde 柑橘属的 ADJ citrus
gǎnkuài! 赶快 COMMAND hurry up!
gǎnmào 感冒 N cold, flu
gǎnqíng 感情 N emotion
gānshī 干尸 N mummy (wrapped up corpse)
gànxìbāo 干细胞 N stem cell
gǎnxiè 感谢 v to thank
gānzào 干燥 ADJ dry (weather)
gānzhè 甘蔗 N sugarcane
gāo 高 ADJ high, tall
gāo'ěrfūqiú 高尔夫球 N golf
gāodù 高度 N level (height)
gāofēn dīnéng 高分低能 N, ADJ high scores and low abilities (students)
gāofēng 高峰 N peak time
gāofēng lùntán 高峰论坛 N summit (forum)
gāogàn 高干 N high-ranking official; senior cadre
gāojià gōnglù 高架公路 N elevated highway
gāojià qīngguǐ 高架轻轨 N elevated railway
gāokǎo 高考 N university entrance examination
gāokējì bǎnkuài 高科技板块 N high-tech sector
Gāomián 高棉 N Cambodia
Gāomiánde 高棉的 ADJ Cambodian (in general)
Gāomiánrén 高棉人 N Cambodian (people)
Gāomiányǔ 高棉语 N Cambodian (language)

G

gāonándù dòngzuò 高难度动作 N stunt

gāoqīng xīdù 高清晰度 N high definition

gāoshǒu 高手 N master, expert

gàosu 告诉 V to let someone know

gāosù gōnglù 高速公路 N motorway

gāowán 睾丸 N testicles

gāoxīn 高薪 N high salary

gāoxīng 高兴 ADJ glad, pleased, happy

gāoyǎ 高雅 ADJ elegant

gāoyuán fǎnyìng 高原反应 N altitude sickness

gē 割 V to cut

gē 歌 N song

gèshì-gèyàng 各式各样 N every kind of

gè jiù gè wèi 各就各位 On your marks! (running)

gèbié 个别 ADJ different, other

gēbo 胳膊 N arm

gēge 哥哥 N brother (older)

gègǔ 个股 N individual share

gěi 给 V to give

gěi ... kàn 给 ... 看 V to show

gěi rén shēnkè yìnxiàng 给人深刻印象 V to make an impression

gěi rén shēnkè yìnxiàng de 给人深刻印象的 ADJ impressive

Gélièfó yóujì 格列佛游记 N Gulliver's Travels

gēmí 歌迷 N music fans

gēn 根 N root (of plant)

gēn 跟 CONJ with

gēn ... bǐjiào 跟 ... 比较 V compared with

gēn ... liánxì 跟 ... 联系 V to contact, get in touch with

gēn ... shāngliang 跟 ... 商量 V to consult, talk over with

gènghǎo 更好 ADJ better

gèngduōde 更多的 ADJ more of (things)

gènghuàile 更坏了 ADJ worse

gèngkuài gènggāo gèngqiáng 更快更高更强 ADJ Citius, Altius, Fortius (= Faster, Higher, Stronger—which may refer to the Olympic motto)

gèngshǎode 更少的 ADJ less (smaller amount)

gēnjù 根据 ADV based on, according to

gēnpìchóng 跟屁虫 N tag-along; flatterer

gēnsuí 跟随 ADJ following

gēnzhe 跟着 V to follow behind

gèrén suǒdé shuì 个人所得税 N personal income tax

gèrén xìnyòng zhìdù 个人信用制度 N credit rating system

gèrén yǎnchànghuì 个人演唱会 N solo concert

gètǐ jīngjì 个体经济 N private economy

gōng'ānjú 公安局 N police station

gōngbǐ 工笔 N traditional Chinese realistic painting

gōngcè 公厕 N public toilet

gòngchǎndǎng 共产党 N the communist party

gōngchǎng 工厂 N factory

gōngchéng gōngsī 工程公司 N engineering company

gōngchǐ 公尺 N meter (measurement)

gōngdào 公道 ADJ reasonable (price)

gōngdiàn 宫殿 N palace

gōngfèi lǚyóu 公费旅游 N junket (trip)

gōngfèi yīliáo 公费医疗 N free medicare

gōngfū 功夫 N gongfu

gōnggòng 公共 N public

gōnggòngqìchē 公共汽车 N bus

gōngguān 公关 N public relations (PR)

gōngjī 攻击 V to attack (in war)

gōngjījīn 公积金 N public reserve funds

gōngjiàng 工匠 N craftsperson

gōngjīn 公斤 N kilogram

gōngjù 工具 N tool

gōngkuǎn chīhē 公款吃喝 N recreational activities using public funds

gōnglǐ 公里 N kilometer

gōngmín 公民 N citizen

gōngpíng 公平 ADJ just, fair

gōngshāngjú 工商局 N industrial and commercial bureau

gōngshí 工时 N man-hour

gōngsī 公司 N company, firm

gōngwénbāo 公文包 N briefcase

gōngwùyuán 公务员 N civil servants; governmental employees

gōngxǐ fācái 恭喜发财 PHR May you be prosperous! (said usually in the Lunar New Year period)

gōngxīn jiēcéng 工薪阶层 N salaried group; those who are paid wages

gōngxiū 公休 N public holidays

gōngyèyuán qū 工业园区 N industrial park

gōngyì huódòng 公益活动 N public welfare activities

gōngyù 公寓 N apartment, flat

gōngyuán 公园 N garden, park

gōngzī 工资 N wages, salary

gōngzī shuì 工资税 N payroll tax

gōngzī xuējiǎn 工资削减 N pay-cut

gōngzuò 工作 N job, work

gōngzuò rényuán 工作人员 N staff

gōngzuòrì 工作日 N working day of the week

gǒu 狗 N dog

gòumǎilì 购买力 N purchasing power

gòuwù 购物 V to shop, go shopping

gǒuzǎiduì 狗仔队 N paparazzi

gǔ shíhou 古时候 N, ADV (in) olden times

guā 瓜 N melon

guà 挂 V to hang

guā húzi 刮胡子 V to shave

guǎfù 寡妇 N widow

guàhào 挂号 V to register

guàhàoxìn 挂号信 N registered post

guàkào 挂靠 ADJ be attached or affiliated to

guān'guāng 观光 N sightseeing

guān hāng 官商 N state-operated commerce

guānbì 关闭 V to shut

guànfàn 惯犯 N repeated offender

guānfū 鳏夫 N widower

guǎngbō 广播 V, N broadcast

guǎngchǎng 广场 N square, town square

guāngdié 光碟 N CD

guǎnggàocí 广告词 N jingle (advertising)

guǎnggàorén 广告人 N advertising man; ad man

guānggǔ 光谷 N optical valley

guǎngjiāohuì 广交会 N Canton Fair; Guangzhou Fair

guǎngkuòde 广阔的 ADJ broad, spacious

guāngpán 光盘 N CD

guāngpán yuèdúqì 光盘阅读器 N CD-ROM

guāngtōngxùn 光通讯 N optical communication

guāngtūde 光秃的 ADJ bald

guānguāng bāshì 观光巴士 N tour bus

guānguāng diàntī 观光电梯 N sight-seeing lift

guǎngyùwǎng 广域网 N wide area network (WAN)

Guǎngzhōu 广州 N Guangzhou (Canton)

Guǎngzhōuhuà 广州话 N Cantonese

guànjūn 冠军 N champion

guānkàn 观看 V to view, look at, watch

guānle 关了 ADJ off (turned off)

guǎnlǐ 管理 V to manage, succeed

guānmén 关门 ADJ closed (door/shop)

guānshàngle 关上了 ADJ closed

guānshuì 关税 N duty (import tax)

guānshuì bìlěi 关税壁垒 N tariff barrier

guānshuì pèié 关税配额 N tariff quota

guàntóu 罐头 N can, tin

guānxìwǎng 关系网 N network

guānyú 关于 CONJ concerning

guānyuán 官员 N officials (government)

gǔběn 股本 N share capital

gǔdài 古代 ADJ ancient

gùdìngde 固定的 ADJ regular, normal

gūdú 孤独 ADJ lonely

gǔfèn yǒuxiàn gōngsī 股份有限公司 N limited liability company

gǔfēnzhì 股份制 N shareholding system; joint-stock system

gǔgàn qǐyè 骨干企业 N key enterprise

gūgu 姑姑 N aunt (father's younger sister)

guǐ 鬼 N ghost

guì 贵 ADJ costly, expensive

guìbīn 贵宾 N guest of honor, VIP (Very Important Person)

guīdìngde 规定的 ADJ compulsory

guīgǔ 硅谷 N Silicon Valley

guīhuán 归还 V to return; to give back

guījiù 归咎 V to blame

guījù 规矩 N rules

guījùde 规矩的 ADJ well-behaved

guìtái 柜台 N counter (for paying, buying tickets)

guīyī sānbǎo 皈依三宝 V to become a Buddhist

guìzi 柜子 N cupboard

gǔjì 古迹 N remains (historical)

gǔmín 股民 N stockholder

gūmǔ 姑母 N aunt (father's older sister)

gùn 棍 N stick, pole

gūniang 姑娘 N girl

guō 锅 N pan

guò 过 V to cross, go over

guò yīhuìr 过一会儿 ADV later

guóbǎo 国宝 N national treasure

guòcuò 过错 N fault

guòde kuàihuó 过得快活 V to enjoy oneself

guòdù kāikěn 过度开垦 N excess reclamation

guòfèn 过分 ADJ too much, excessive

guójí 国籍 N nationality

guójì 国际 ADJ international

guójì àowěihuì 国际奥委会 N International Olympic Committee (IOC)

guójì biāozhǔnhuà zǔzhī 国际标准化组织 N ISO (International Organization for Standardization)

guójì guànlì 国际惯例 N international practice

guójì hǎiyù 国际海域 N international waters

guójì huòbì jījīn zǔzhī 国际货币基金组织 N IMF (International Monetary Fund)

guójì láogōng zǔzhī 国际劳工组织 N ILO (International Labor Organization)

guójì rìqībiàn gēngxiàn 国际日期变更线 N International Date Line (IDL)

guójì xiàngqí 国际象棋 N chess

guójì zhǔyì 国际主义 N internationalism

guójiā 国家 N country (nation)

guójiā jítèshū jīntiē 国家级特殊津贴 N special state allowance

guójiā kònggǔ gōngsī 国家控股公司 N state-controlling company

guójiā pǔtōnghuà shuǐpíng kǎoshì 国家普通话水平考试 N National Proficiency Test of Putonghua

guójiāduì 国家队 N national team

guójiǎo 国脚 N player of the national football team

guǒjiàng 果酱 N jam

guókùquàn 国库券 N treasury bonds

guòláosǐ 过劳死 N karoshi; death from overwork

guómín jīngjì zhīzhù chǎnyè 国民经济支柱产业 N pillar industries in national economy

guómín shēngchǎn zǒngzhí 国民生产总值 N gross national product (GNP)

guómíndǎng 国民党 N Kuomintang

guónèi shēngchǎn zǒngzhí 国内生产总值 N gross domestic product (GDP)

guóqìng 国庆 N national day

guóqiú 国球 N table tennis (national sport of China)

guòqùde 过去的 ADJ past, former

guòshānchē 过山车 N roller coaster

guòshī zérèn 过失责任 N liability of fault

guówài 国外 ADV abroad

guówáng 国王 N king

guòyè 过夜 V to stay overnight

Guóyǔ 国语 N Mandarin (language) (Taiwan and Hong Kong)

guǒzhī 果汁 N juice

gùshi 故事 N story (tale)

gùtǐde 固体的 ADJ solid

gǔtou 骨头 N bone

gǔwán 古玩 N antiques

guóyǒugǔ 国有股 N state-owned shares

gūzhàng 姑丈 N uncle (husband of father's sister)

H

hǎi 海 N sea

hái méiyǒu 还没有 CONJ yet: not yet

hǎi/lù yóujì 海／陆邮寄 N surface mail

hǎigǎng 海港 N port

háiguī 海龟 N turtle (sea)

hǎimián 海绵 N sponge

hàipà 害怕 ADJ scared

hǎitān 海滩 N beach

hǎiwài 海外 ADV abroad

hǎiwān 海湾 N bay

hǎixiá 海峡 N strait

hǎixiān 海鲜 N seafood

hǎiyáng 海洋 N ocean

háizi 孩子 N child (offspring)

hǎn 喊 V to cry out

hàn 汗 N sweat

hángkōng mǔjiàn 航空母舰 N aircraft carrier

hángkōng yóujiàn 航空邮件 N airmail

hángmǔ 航母 N aircraft carrier

hángtiān fēijī 航天飞机 N spacecraft

H

Hánguó 韩国 N South Korea
Hánguóde 韩国的 ADJ South Korean (in general)
Hánguórén 韩国人 N South Korean (people)
hángxíng 航行 V to sail
hánhúde 含糊的 ADJ vague
hànkù 汗裤 N shorts (underpants)
hánqiān qìyóu 含铅汽油 N leaded petrol
hànshān 汗衫 N T-shirt
Hánwén 韩文 N Korean (language)
Hányǔ 韩语 N Korean (language)
Hànyǔ 汉语 N Chinese (language)
hànzāi 旱灾 N drought
Hànzì 汉字 N character (Chinese)
háo 蚝 N oyster
hǎo 好 ADJ well (good), nice, fine (okay)
hǎochī 好吃 ADJ delicious, tasty
háodǔ 豪赌 N unrestrained gambling
háohuáde 豪华的 ADJ luxurious
hǎojíle 好极了 ADJ wonderful
hǎokàn 好看 ADJ beautiful (of things)
Hǎoláiwū 好莱坞 N Hollywood
Hǎoláiwù dàpiàn 好莱坞大片 N Hollywood blockbuster
hǎole shāngbā wàngle téng 好了伤疤忘了疼 IDIOM once on shore, one prays no more
hàomǎ 号码 N number
háomǐ 毫米 N millimeter
hǎoqiú 好球 N strike (baseball)
hǎowánr 好玩儿 N fun
hǎoxiàng 好象 V to resemble
hǎoxiào 好笑 ADJ funny
hǎozhuǎn 好转 V to get better (sickness)
hàozi 耗子 N rat
hē 喝 V to drink
hé 河 N river
hé 和 CONJ and
hé'àn 河岸 N bank (of river)
hébàozhà 核爆炸 N nuclear explosion
héchéngde 合成的 ADJ synthetic
hédàntóu 核弹头 N nuclear warhead
héfǎ 合法 ADJ legal
héfàn 盒饭 N lunch box
héfǎn yìngduī 核反应堆 N nuclear reactor
héfú 和服 N kimono
héhuǒrén 合伙人 N partner (in business)
hēi'àn 黑暗 ADJ dark

hēichē 黑车 N illegal taxi
hēidòng 黑洞 N black hole
hēi hújiāo 黑胡椒 N pepper (black)
héjūn huǒkù 核军火库 N nuclear arsenal
hēi jiàngyóu 黑酱油 N soy sauce (sweet)
hēikè 黑客 N hacker
hēisè 黑色 ADJ black
hēi shèhuì 黑社会 N Mafia-style organizations
hélándòu 荷兰豆 N snowpeas
hěn 很 ADV very, extremely
hèn 恨 V to hate
hěnduō 很多 ADJ a lot, many, much
hénéng 核能 N nuclear energy
héngguò 横过 PREP across
hěnkuàide 很快地 ADV quickly
hěnshǎo 很少 ADV seldom
hépíng 和平 N peace
hépíngde 和平的 ADJ peaceful
héqì shēngcái 和气生财 IDIOM Harmony brings wealth
héqiántǐng 核潜艇 N nuclear submarine
héqínglǐde 合情理的 ADJ sensible
hèsè 褐色 N, ADJ brown
héshí 何时 ADV when
héshì cídài 盒式磁带 N cassette
héshìde 合适的 ADJ suitable, fitting, compatible
hésuàn 核算 V to count, calculate
hèsuìpiàn 贺岁片 N New Year's film/movie
hétóng 合同 N contract
héwǔqì 核武器 N nuclear weapon
hézi 盒子 N box (cardboard)
hézī qǐyè 合资企业 N joint venture
hēzuì 喝醉 V to be drunk
hóng bái xǐshì 红白喜事 N wedding and funeral
hóng pútaojiǔ 红葡萄酒 N red wine
hóngbāo 红包 N red paper containing money as a gift, bonus
hóngchóugǔ 红筹股 N red chip stocks
hóngményàn 鸿门宴 N feast or meeting set up as a trap
hōngkǎo 烘烤 ADJ roasted, grilled, toasted
hóngsè 红色 N, ADJ red
hóngshí zìhuì 红十字会 N the Red Cross

hóngshuǐ 洪水 N flood

hóngshùlín 红树林 N mangrove

hòu 厚 ADJ thick (of things)

hòuhuǐ 后悔 v to feel regretful/ remorseful

hòulái 后来 CONJ afterwards, then

hòulái jū shàng 后来居上 v to catch up from behind

hóulóng 喉咙 N throat

hòumiàn 后面 N back, rear, tail

hóushé 喉舌 N spokesperson

hòutiān 后天 N day after tomorrow

hòuyì 后裔 N descendant

hóuzi 猴子 N monkey

hú 壶 N jug, pot

hú 湖 N lake

huā 花 N flower

huà 画 v to draw

huábǎnchē 滑板车 N kick scooter

huábiǎo 华表 N marble pillar (Chinese)

huācài 花菜 N cauliflower

huādiàn 花店 N florist

huàgōngchǎng 化工厂 N chemical plant

huàhuàr 画画儿 v to paint a picture

huái 踝 N ankle

huài 坏 ADJ bad

huàile 坏了 ADJ broken, does not work, off (gone bad)

huáiyí 怀疑 v to suspect

huáiyùn 怀孕 ADJ pregnant

huàn 换 v to change, switch (clothes)

huánbǎo diànchí 环保电池 N environment-friendly battery

huángdǔdú 黄赌毒 N pornography, gambling, drug abuse and trafficking

huángguā 黄瓜 N cucumber

huánghūn 黄昏 N dusk

huángjīn shíduàn 黄金时段 N prime time

huángsè 黄色 N, ADJ yellow

huángyóu 黄油 N butter

huánjìng 环境 N surroundings, environment

huánjìng bǎohù 环境保护 N environmental protection

huánrǎo 环绕 v to go round, around

huánràolì tǐshēng 环绕立体声 N surround (sound)

huànshèn 换肾 N kidney transplantation

huánsú 还俗 v to resume secular life

huántàipíngyáng dìqū 环太平洋 地区 N Pacific Rim

huānyíng 欢迎 v to greet; EXCLAM welcome, welcome!

huāpíng 花瓶 N vase

Huāqí yínháng 花旗银行 N Citibank

huāqián 花钱 v to spend (money)

huàr 画儿 N painting

huāshēngmǐ 花生米 N peanut

huāyàng yóuyǒng 花样游泳 N synchronized swimming

huāyuán 花园 N garden, yard

huāyuán chéngshì 花园城市 N garden city

huàzhōnghuà 画中画 N picture-in-picture (PIP)

huàzhuāngpǐn 化妆品 N cosmetics

húdié 蝴蝶 N butterfly

hùdòng guǎnggào 互动广告 N interactive advertisement

hùdòng yǎnshì 互动演示 N interactive demonstration

hūhǎn 呼喊 v to shout

huìbào 汇报 v to report

huīchén 灰尘 N dust

huídá 回答 v, N to answer, respond (spoken); reply, response

Huìfēng yínháng 汇丰银行 N Hongkong and Shanghai Banking Corporation, HSBC

huīfù 恢复 v to recover, resume

huìhuà 会话 N conversation

huìhuà 绘画 N painting

huíjiā 回家 v to go home

huíkòu 回扣 N kickback, rake-off

huílái 回来 v to come back

huīlǐng 灰领 N gray-collar

huíqù 回去 v to return, go back

huīsè 灰色 N, ADJ gray

huítóu jiàn 回头见 PHR see you later!

huítóukè 回头客 N regular customer

huíyì 回忆 N memories

huìyì 会议 N meeting

hūjiào děngdài 呼叫等待 N call waiting

hūjiào zhuǎnyí 呼叫转移 N call forwarding

hūlāquān 呼啦圈 N hula hoop

hùliánwǎng fúwù tígōngshāng 互联网服务提供商 N ISP (Internet Service Provider)

húluóbo 胡萝卜 N carrot

J

hùnhé 混合 v to mix

hùnhéde 混合的 ADJ mixed

hūnjièsuǒ 婚介所 N dating agency, marriage agency

hūnlǐ 婚礼 N wedding

hùnluàn 混乱 ADJ confused (in a mess)

hūnnèi qiángjiān 婚内强奸 N marital rape

hùnnítǔ 混泥土 N concrete

hūnqián xìngxíngwéi 婚前性行为 N premarital sex

hūnshā shèyǐng 婚纱摄影 N wedding photo

hūnwàiliàn 婚外恋 N extramarital affair

hùnxiáo 混淆 v to confuse

hūnyīn zìyóu 婚姻自由 N freedom of marriage

huǒ 火 N fire

huò duō huò shǎo 或多或少 ADV more or less

huǒbàn 伙伴 N partner (spouse)

huǒchái 火柴 N matches

huǒchē 火车 N train

huǒchēzhàn 火车站 N train station

huódòng 活动 N activity

huǒjiàn 火箭 N rocket

huǒshān 火山 N volcano

hùshēn fǎbǎo 护身法宝 N amulet

huòshèngzhě 获胜者 N winner

hútòng chuànzǐ 胡同串子 N peddler

huóxiàlái 活下来 v to survive

huǒxīng 火星 N Mars

huózhe 活着 v, ADJ to live (be alive); alive

huòzhě 或者 CONJ or

hūshì 忽视 v to ignore

hùshi 护士 N nurse

hútu 糊涂 ADJ confused (mentally)

húxū 胡须 N beard

hùzhào 护照 N passport

J

jī 鸡 N chicken

jǐ 几 ADJ several

jì 系 v to tie

jì 寄 v to post, mail

jì bù ... yòu bù ... 既不 ... 又不 CONJ neither ... nor

Jǐ ge? 几个? how many?

jǐ shí 几十 N tens of, multiples of ten

jiā 加 v to add

jiā 家 N home, family

jiǎ dòngzuò 假动作 N feint (sports)

jiā xiāngliào de 加香料的 ADJ spicy

jiābān 加班 N, v overtime; to work overtime

jiābīn 嘉宾 N honored guest, VIP

jiǎchàng 假唱 N lip-synch

jiǎde 假的 ADJ false (not true)

jiǎdìng 假定 v to suppose

jiàgé 价格 N cost (price), tariff

jiàgé tīngzhènghuì 价格听证会 N public price hearings

jiāgōng chùlǐ 加工处理 ADJ processed (food)

jiǎgǔwén 甲骨文 N oracle bone inscriptions

jiājù 家具 N furniture

jiāmì píndào 加密频道 N encoded channel

jiāmì 加密 v, ADJ to encrypt; encrypted

jiǎmào wěiliè chǎnpǐn 假冒伪劣产品 N counterfeit and shoddy products

jiǎmàode 假冒的 ADJ false (imitation)

jiān 煎 v to fry

jiǎn 减 v to minus

jiàn 件 N piece, item

jiàn 建 v to build

jiàn 键 N key (computer)

jiānbǎng 肩膀 N shoulder

jiǎnchá 检查 v to inspect, examine

jiǎncǎi 剪彩 N, v ribbon-cutting ceremony; to cut the ribbon

jiānchí 坚持 N to stick to

jiǎndān 简单 ADJ simple (uncomplicated, modest)

jiǎndāo 剪刀 N scissors

jiāndìng 坚定 ADJ firm (definite)

jiāndū bùmén 监督部门 N watchdog

jiānduān 尖端 N end (tip), point

jiǎnduǎn 简短 ADJ brief

jiǎnféi 减肥 v to lose weight

jiǎnfù 减负 v to alleviate burdens on sb

jiāng 姜 N ginger

jiǎng 讲 v to speak; to tell (a story)

jiǎnghuà 讲话 N speech

jiàngjià 降价 v to reduce (price)

jiǎngjià 讲价 v to bargain

jiānglái 将来 ADV in future

jiǎngshī 讲师 N lecturer (at university)

jiàngxī 降息 v to reduce interest (finance)

J

jiāngyào 将要 MODAL V shall, will

jiàngyóu 酱油 N soy sauce

jiǎngzuò 讲座 N lecture

jiāniánhuá 嘉年华 N carnival

jiànjìn wěishēng 渐近尾声 v to draw to a close

jiānjué 坚决 ADJ determined, stubborn

jiànkāng 健康 ADJ healthy

jiànlì 建立 v to establish, set up

jiànmiàn 见面 v to meet

jiànpán 键盘 N keyboard (of computer)

Jiǎnpǔzhài 柬埔寨 N Cambodia

Jiǎnpǔzhàide 柬埔寨的 ADJ Cambodian (in general)

Jiǎnpǔzhàirén 柬埔寨人 N Cambodian (people)

Jiǎnpǔzhàiyǔ 柬埔寨语 N Cambodian (language)

jiǎnqǐ 检起 v to pick up; to lift (something)

jiǎnqù 减去 v less, minus

jiānruì 尖锐 ADJ sharp

jiǎnruò 减弱 v to decline (get less)

jiǎnshǎo 减少 v to decrease

jiànshēn duànliàn 健身锻炼 N fitness training

jiànyì 建议 v, N to suggest; suggestion

jiǎnyuán zēngxiào 减员增效 v to downsize staff and improve efficiency

jiǎnzhí bù 简直不 ADV hardly

jiànzhù 建筑 N architecture

jiànzhù miànjī 建筑面积 N floorage

jiāo 交 v to hand in

jiāo 教 v to teach

jiǎo 脚 N foot

jiào 叫 v, ADJ to be called, named

jiāo'ào 骄傲 ADJ proud

jiàobǎn 叫板 v to challenge

jiāodàizhǐ 胶带纸 N tape (adhesive)

jiàofù 教父 N godfather

jiàohǎn 叫喊 v to yell

jiāohuàn liúxuéshēng 交换留学生 N exchange student

jiāojǐng 交警 N traffic police

jiāojuǎn 胶卷 N film (camera)

jiāoliú 交流 v to exchange (opinions)

jiǎoluò 角落 N corner

jiàomǔ 教母 N godmother

jiǎoqiú 角球 N corner (soccer)

jiàoshī 教师 N teacher

jiàoshì 教士 N priest

jiǎotā shídì 脚踏实地 ADJ be down-to-earth

jiàotáng 教堂 N church

jiāotōng 交通 N traffic

jiāotōng dǔsè 交通堵塞 N traffic jam

jiàowùchù 教务处 N dean's office

jiàoxíng 叫醒 v to awaken, wake someone up

jiàoxuéfǎ 教学法 N pedagogy; teaching method

jiāoyì 交易 v to trade

jiàoyù 教育 v, N to educate; education

jiǎozhèng 矫正 v to correct

jiǎozhǐ 脚趾 N toe

jiǎozi 饺子 N dumpling

jiàozuò 叫座 ADJ drew a large audience

jiàqī 假期 N vacation

jiàqián 价钱 N price

jiāqín 家禽 N poultry

jiǎqiú 假球 N soccer fraud

jiārè 加热 v to heat

jiàrì 假日 N holiday (vacation)

jiàrì jīngjì 假日经济 N holiday economy

jiāshàng 加上 CONJ in addition

jiàshǐ 驾驶 v to steer

jiàshì 假释 N, v parole

jiàshǐ zhízhào 驾驶执照 N license (for driving)

jiātíng yǐngyuàn 家庭影院 N home theater

jiǎxiǎozi 假小子 N tomboy

jiāyóuzhàn 加油站 N petrol station

jiǎzhàng 假帐 N accounting fraud

jiāzhèng fúwù 家政服务 N housekeeping service

jiàzhí 价值 N value (cost)

jiǎzhuāng 假装 to pretend

jiǎzú qiúduì 甲足球队 N Division A soccer team

jiāzú qǐyè 家族企业 N family business

jīběn 基本 ADJ basic

jīběn gōngzī 基本工资 N basic salary

jíbìng 疾病 N disease

jīcéng gōngzuò 基层工作 N grassroots work

jìchéng 继承 v to succeed

jìchéng shìshí 既成事实 N accomplished fact

jìchéngqì 计程器 N meter (in taxi)
jīchǔ 基础 N base, foundation
jīchǔ shèshī 基础设施 N infrastructure
jīdàn 鸡蛋 N egg
jìde 记得 V to remember
jīdì zǔzhī 基地组织 N al-Qaeda group
jìdu 忌妒 ADJ jealous
jídùde 极度地 ADV extremely
jīdúduì 缉毒队 N narcotics squad
Jīdùjiào 基督教 N Christianity
Jīdùjiàode 基督教的 ADJ Christian (in general)
Jīdùtú 基督徒 N Christian (people)
jiē 接 V to pick up (someone)
jiē 街 N street
jiè 借 V to borrow, lend
jiē dàbiàn 解大便 V to defecate
jiē diànhuà 接电话 V to answer the phone
jiě xiǎobiàn 解小便 V to urinate
jiébīng 结冰 V to freeze
jiěchú 解除 V rid: get rid of
jièdiào 借调 V temporarily transfer
jiēduànxìng jiùyè 阶段性就业 N periodic employment
jièdúsuǒ 戒毒所 N drug rehabilitation center
jiěfu 姐夫 N brother-in-law (wife's older sister's husband)
jiěgù 解雇 V to fire someone
jièguāng 借光 EXCLAM excuse me! (getting past)
jiéguǒ 结果 ADV, N resulting from, as a result; result
jiéhūn 结婚 V to marry, get married
jiějie 姐姐 N sister (older)
jiējìn 接近 V to approach (in space)
jiějué 解决 V to resolve (a problem)
jièjìkǎ 借记卡 N debit card
jiēkǒu 接口 N interface
jiémù 节目 N program, schedule
jiérì 节日 N holiday (festival)
jièshào 介绍 V to introduce someone
jiēshì 揭示 V to reveal
jiěshì 解释 V to explain
jiēshòu 接受 V to accept
jiéshù 结束 V to complete, end
jiéshuǐ lóngtóu 节水龙头 N water-saving taps
jiētī jiàoshì 阶梯教室 N lecture theater
jièxiàn 界线 N line (mark)

jiēxīn huāyuán 街心花园 N garden in the city center
jièyì 介意 V to mind, be displeased
jièzhǐ 戒指 N ring (jewelry)
jiézòu bùlǔsī 节奏布鲁斯 N rhythm and blues (R&B)
jígé 及格 V to pass (exam)
jǐge 几个 ADJ several, some
jíhé 集合 V to assemble, gather
jīgòu yōngzhǒng 机构臃肿 N overstaffing in organizations
jīguāng dǎyìnjī 激光打印机 N laser printer
jīguāng shǒushù 激光手术 N laser surgery
jīguāng 激光 N laser
jīhū 几乎 ADV nearly, almost
jìhuà 计划 N plan
jìhuà jīngjì 计划经济 N planned economy
jìhuà shēngyù 计划生育 N birth control
jìhuà shēngyù zérènzhì 计划生育责任制 N responsibility system of family planning
jīhuāng 饥荒 N famine
jīhuì 机会 N chance, opportunity
jìjiàqì 计价器 N taximeter
jìjié 季节 N season
jǐliánggǔ 脊梁骨 N spine
jīliè jìngzhēng 激烈竞争 N fierce competition
jìmò 寂寞 ADJ lonely
jīn 金 N, ADJ gold
jīn 筋 N tendon
jǐn 紧 ADJ tight
jìn 近 ADJ close to, nearby
jìn 浸 V to soak
jìn suǒ néng 尽所能 V to do one's best
jìnǚ 妓女 N prostitute
jīnběnwèi 金本位 N gold standard
jìnbùle hěnduō 进步了很多 V to get better, improve
jǐng 井 N well (for water)
jīngāngjīng 金刚经 N Diamond Sutra
jǐngchá 警察 N police officer
jǐngchájú 警察局 N police station
jīngcháng 经常 ADV frequent, often
jīngdiǎn yǐngpiān 经典影片 N classic movie
jīngdiǎn 经典 N, ADJ classic
jīngdū yìdìng shū 京都议定书 N the Kyoto protocol

jīngfèi 经费 N funds, funding

jǐnggào 警告 V, N to warn; warning

jīngguò 经过 V to undergo; to go past

Jìngguó shénshè 靖国神社 N Yasukuni Shrine

jīngjì 经济 N economy

jīngjì fánróng 经济繁荣 N economic boom

jīngjì fùsū 经济复苏 N economic resurgence

jīngjì gǎigé 经济改革 N economic reform

jīngjì quánqiúhuà 经济全球化 N economic globalization

jīngjì shìyòngfáng 经济适用房 N affordable housing (welfare in China)

jīngjì tiáozhěng 经济调整 N economic restructure

jīngjì tóunǎo 经济头脑 N business sense

jīngjì zǒngliàng 经济总量 N economic aggregate

jīngjìfáng 经济房 N low-cost housing

jīngjù 京剧 N Peking Opera

jìnglǎoyuàn 敬老院 N retirement home

jīnglǐ 经理 N manager

jīnglì 经历 V to experience

jīnglì 精力 N energy

jìnglìrùn 净利润 N net profit

jīngpǐndiàn 精品店 N boutique

jīngqí 惊奇 ADJ surprised

jīngquède 精确的 ADJ, ADV exact; exactly

jìngshè 劲射 N power shot (soccer)

jǐngtàilán 景泰蓝 N cloisonné

jìngwài jiùyè 境外就业 V, N to work overseas; overseas work

jīngyà 惊讶 ADJ astonished

jìngyè jīngshén 敬业精神 N professional dedication

jīngyàn 经验 N experience

jīngyóu 经由 CONJ via

jìngzhēng 竞争 V to compete

jìngzi 镜子 N mirror

jìniànbēi 纪念碑 N monument

jìniànpǐn 纪念品 N souvenir

Jínísī shìjiè jìlù 吉尼斯世界纪录 N the Guinness (Book of Records)

jǐnjí 紧急 ADJ urgent

jǐnjǐn 仅仅 ADV barely, merely

jìnkǒu 进口 N, V import; to import

jìnlái 进来 V to come in

jìnlù 进路 N way in

jìnpào 浸泡 V to soak; to immerse

jīnqǔ 金曲 N hit song

jīnróng wēijī 金融危机 N financial crisis

jīnróng zìyóuhuà 金融自由化 N financial liberalization

jìnrù 进入 V to enter

jǐnshēn duǎnchènkù 紧身短衬裤 N panties

jīnshǔ 金属 N metal

jīnshǔxiàn 金属线 N wire

jìnshuǐ lóutái xiān de yuè 近水楼台先得月 IDIOM First come, first served

jīntiān 今天 N today

jīnwǎn 今晚 N tonight

jīnwúzúchì rénwúwánrén 金无足赤人无完人 IDIOM Gold can't be pure and man can't be perfect

jìnxiūbān 进修班 N class for further studies

jìnyíbùde 进一步的 ADJ further, additional

jìnyúqī 禁渔期 N fishing ban period

jǐnzhāngde 紧张的 ADJ tense

jìnzhǐ 禁止 V to prohibit

jǐnzhuī 紧追 V to cling to

jìpǐn 祭品 N sacrifice

jīròu 肌肉 N muscle

jíshǎo 极少 ADJ few

jǐshí 几时 ADV when

jìshù gōngrén 技术工人 N technician

jìshù zhàdàn 集束炸弹 N cluster bomb

jìshù zhuǎnràng 技术转让 N technology transfer

jìsuàn 计算 V to calculate

jìsuànjī zhōngyāng chǔlǐqì 计算机中央处理器 N central processing unit (CPU)

jìsuànqì 计算器 N calculator

jítǐ guānniàn 集体观念 N groupism

jítǐ hūnlǐ 集体婚礼 N group wedding

jítǐ jīngjì 集体经济 N collective economy

jiǔ 九 NUM nine

jiǔ 久 ADJ long (time)

jiǔ 酒 N liquor, alcohol

jiù 旧 ADJ old (of things)

jiù lái 就来 ADV on the way

jiǔ ròu péngyǒu 酒肉朋友 N fair-weather friend

K

jiǔbā 酒吧 N bar (serving drinks)
jiūfēn 纠纷 V to dispute, argue
jiùfù 舅父 N uncle (mother's brother)
jiùhùchē 救护车 N ambulance
jiùjiu 舅舅 N uncle (mother's brother)
Jiùmìng a! 救命啊! EXCLAM Help!
jiùmǔ 舅母 N aunt (wife of mother's older/younger brother)
jiùsǎo 舅嫂 N sister-in-law (wife of one's older/younger brother)
jiǔshí 九十 NUM ninety
jiùyè qián péixùn 就业前培训 N pre-job training
jiùyuán rényuán 救援人员 N rescue worker
Jiǔyuè 九月 N September
jiùzhěn 就诊 N consultation (by doctor)
jì-wǎng-bù-jiù 既往不咎 IDIOM let bygones be bygones
jīwěijiǔ 鸡尾酒 N cocktail
jīwěi jiǔhuì 鸡尾酒会 N cocktail party
jìxiàlái 记下来 V to note down
jíxiáng rú yì 吉祥如意 IDIOM Everything goes well
jíxiàn yùndòng 极限运动 N X-game
jíxiángwù 吉祥物 N mascot
jíxiǎode 极小的 ADJ tiny
jīxiè 机械 N machine, machinery
jìxù 继续 V to continue
jīyīn 基因 N gene
jīyīn gōngchéng 基因工程 N genetic engineering
jīyīn tūbiàn 基因突变 N genetic mutation
jīyīnkù 基因库 N gene banks
jíyú qiúchéng 急于求成 ADJ overanxious for success
jìzhě 记者 N reporter, journalist
jìzhěhuì 记者会 N press conference
jízhěn 急诊 N emergency
jìzhěxí 记者席 N press box
jízhōng 集中 V to concentrate
juǎnrù jiūfēn 卷入纠纷 ADJ involved
juǎnxīncài 卷心菜 N cabbage
jǔbàn chéngshì 举办城市 N host city
jǔbēi 举杯 V to propose a toast
jùdàde 巨大的 ADJ huge
jué 嚼 V to chew
juéde 觉得 V to feel
juédìng 决定 V, N to decide; decision
juésè 角色 N role

juézhàn shíkè 决战时刻 N zero hour
jùhào 句号 N period (end of a sentence)
jùhuì 聚会 N party (event)
jǔjué 咀嚼 V to chew
jùjué 拒绝 V, N to refuse; refusal
jùlí 距离 N distance
jūmín 居民 N resident, inhabitant
jūnzǐ zhī jiāo dàn rú shuǐ 君子之交淡如水 IDIOM gentlemen's friendship (= insipid as water)
jūnduì 军队 N army
jùngōngshì 竣工式 N completion ceremony
jūnmǎ 均码 N one-size-fits-all
jūnsǎo 军嫂 N soldier's wife
jūnyòng fēijī 军用飞机 N military aircraft
jūwěihuì 居委会 N neighborhood committee
júyùwǎng 局域网 N local area network (LAN)
jùyuàn 剧院 N theater (drama)
jùzài 拒载 V to refuse to take passengers (taxi)
júzi 桔子 N orange (citrus)
jùzi 句子 N sentence
júzizhī 桔子汁 N orange juice

K

kǎ 卡 N card
kǎchē 卡车 N truck
kǎdīngchē 卡丁车 N karting
kāfēi 咖啡 N coffee
kāfēitīng 咖啡厅 N café
kāi 开 V to turn on, switch on; to open
kāi xiǎozào 开小灶 V to give special favor
kāi wánxiào 开玩笑 V to joke
kāi yèchē 开夜车 V to work overnight
kāichē 开车 V to drive (a car), leave (train/bus)
kāichuán 开船 V to sail
kāiduān 开端 N beginning
kāigān 揩干 V to wipe
kāiguān 开关 N switch
kāigōng diǎnlǐ 开工典礼 N commencement ceremony
kāile 开了 ADJ on (turned on)
kāimén hóng 开门红 V to make a good start
kāimùcí 开幕词 N opening speech

CHINESE—ENGLISH

K

kāimùshì 开幕式 N opening ceremony

kāipíng fèi 开瓶费 N corkage

kāiqiāng 开枪 v to shoot

kāishǐ 开始 v, N to begin, start; beginning

kāishuǐ 开水 N boiled water

kāití bàogào 开题报告 N opening speech

kāitóu 开头 N beginning

kāixīn 开心 ADJ happy

kāizhǎn 开展 v to develop

kāizuì 开罪 v to offend

kǎlāOK 卡拉OK N karaoke

kàn 看 v to look, see; to watch (movie)

kànbìng 看病 N consultation (by doctor)

kànbudǒng 看不懂 not able to understand (by reading)

kànbujiàn 看不见 can't see

kànbuqīngchu 看不清楚 can't see clearly

kàndedǒng 看得懂 able to understand (by reading)

kàndeqīngchu 看得清楚 can see clearly

kàndǒngle 看懂了 v understood (by reading)

kǎn'érjǐng 坎儿井 N karez (water system in the desert)

kāngfù 康复 v to recover from an injury or illness

kāngkǎide 慷慨的 ADJ generous

kàngshēngsù 抗生素 N antibiotics

kānguǎn 看管 v to look after, watch over, guard

kàngyì 抗议 v to protest

kànjiàn 看见 v to see

kànshàngqù 看上去 v to look, seem; to appear

kànshū 看书 v to read

kǎo 烤 v to bake, roast, grill

kàojìn 靠近 ADJ close to, nearby

kǎolǜ 考虑 v to consider, think over

kǎolú 烤炉 N oven

kǎoshì 考试 N exam, test

kǎoyā 烤鸭 N roast duck

kǎoyán rè 考研热 N craze for graduate school

kǎoyán 考研 v to sit for postgraduate entrance exams

kǎtōng 卡通 N cartoon

kě 渴 ADJ thirsty

kè 课 N lesson

kě huòdé de 可获得的 ADJ available

kě'ài 可爱 ADJ cute, appealing, lovely

kèbóde 刻薄的 ADJ mean (cruel)

kèchǎng bǐsài 客场比赛 N away match

kěchíxù fāzhǎn 可持续发展 N sustainable development

kèfú 克服 v to overcome

Kègébó 克格勃 N KGB

kēhuàn 科幻 N science fiction

kèjiàn 课件 N courseware

kěkǎyīn 可卡因 N cocaine

kělián 可怜 N pity

Kèlǐmǔlíngōng 克里姆林宫 N Kremlin

kèlóng 克隆 v, N to clone; clone

kèlùjī 刻录机 N CD burner

Kěndéjī 肯德基 N KFC

kěndìng 肯定 ADJ sure, certain

kěnéng 可能 ADV perhaps, probably, possibly

kěnéngde 可能地 ADV possibly

kěnqiú 恳求 v to plead

kěpà 可怕 ADJ terrible

kèren 客人 N guest

kèshàng 刻上 v to engrave

kèshímǐěr 克什米尔 N Kashmir

késou 咳嗽 v to cough

késou yàoshuǐ 咳嗽药水 N cough syrup

késoushēng 咳嗽声 N cough

kěxī 可惜 INTERJ what a pity!

kēxué 科学 N science

kěyǐ 可以 v can, be able to

kěyòngde 可用的 v to make available

kèzhàn 客栈 N lodge, small hotel

kǒngbù dàhēng 恐怖大亨 N terrorist mastermind

kōngde 空的 ADJ empty

kōngdì 空地 N field, empty space

kònggào 控告 v to accuse

kònggǔ gōngsī 控股公司 N holding company

kǒnghè 恐吓 v to threaten

kōngjiān 空间 N space

kōngjiān zhàn 空间站 N space station

kǒngjù 恐惧 N fear

kōngqì 空气 N air

kōngqì wūrǎn 空气污染 N air pollution

kōngsǎo 空嫂 N married stewardess

kōngtiáo 空调 N air conditioning

L

kòngzhì 控制 v to hold back

kōngzhōng xiǎojiě 空中小姐 N air hostess; air stewardess

kǒudài 口袋 N pocket

kòulán 扣篮 N, v dunk (basketball); to dunk

kòumàozi 扣帽子 v to put a label on

kǒutíyì 口蹄疫 N foot-and-mouth disease

kǒuxiāngtáng 口香糖 N chewing gum

kǒuyìyuán 口译员 N interpreter

kū 哭 v to cry

kù 酷 ADJ cool, wicked (= excellent)

kuài 快 ADJ fast, rapid, quick

kuài! 快! EXCLAM come on, let's go

kuài dào le 快到了 ADV on the way

kuài diǎnr 快点儿 INTERJ hurry up!

kuàisù fǎnyìng bùduì 快速反应部队 N rapid response force

kuàixùn 快讯 N news flash

kuākè 夸克 N quark

kuān 宽 ADJ wide

kuānchang 宽敞 ADJ spacious

kuāndài 宽带 N broadband

kuāndài jiērù 宽带接入 N broadband access

kuāndàiwǎng 宽带网 N broadband networks

kuāndù 宽度 N width

kuàngquánshuǐ 矿泉水 N mineral water

kuángrè àihàozhě 狂热爱好者 N fan (admirer)

kuānshù 宽恕 N forgiveness, mercy

kuānxiànqī 宽限期 N grace period

kùbì 酷毙 ADJ extremely cool, wicked (= excellent)

kǔde 苦的 ADJ bitter

kùn 困 ADJ tired (sleepy)

kùnnan 困难 ADJ difficult

kuòdà 扩大 v to enlarge

kūqì 哭泣 v to weep

kùzi 裤子 N trousers, pant

L

lā 拉 v to pull

là 蜡 N wax

là 辣 ADJ hot (spicy)

lā guānxì 拉关系 v to try to curry favor with

Lā nínà xiànxiàng 拉尼娜现象 N La Nina phenomenon

lái 来 v to come

lái yuèjīng 来月经 v to menstruate

láidiàn 来电 N, v incoming call; falling in love with someone

láidiàn xiǎnshì 来电显示 N caller ID

láidiàn xiǎnshì diànhuàjī 来电显示电话机 N caller ID telephone

láihuípiào 来回票 N return ticket

láilín 来临 v to approach (in time)

láiyuán (yú) 来源 (于) v to originate, come from

lājī 垃圾 N garbage

lājī shípǐn 垃圾食品 N junk food

lājī yóujiàn 垃圾邮件 N junk e-mail

lājī zhàiquàn 垃圾债券 N junk bond

làjiāo 辣椒 N pepper (chilli)

làjiāojiàng 辣椒酱 N chilli sauce

lālāduì 啦啦队 N cheering squad

lālāduì zhǎng 拉拉队长 N cheerleader

lǎnduò 懒惰 ADJ lazy

lánguāng guāngpán 蓝光光盘 N Blue-ray Disc

lánlǐng 蓝领 N blue-collar

lánqiú 篮球 N basketball

lánsè 蓝色 ADJ blue

lányá 蓝牙 N Bluetooth

lǎo 老 ADJ old (of persons)

lǎobǎn 老板 N boss

láodòng zhēngyì 劳动争议 N labor dispute

lǎohǔ 老虎 N tiger

láojià 劳驾 EXCLAM excuse me! (attracting attention)

lǎolao 姥姥 N grandmother (maternal)

lǎolíng shèhuì 老龄社会 N aging society

lǎoshēng chángtán 老生常谈 N cliché

lǎoshī 老师 N teacher

lǎoshǔ 老鼠 N rat

lǎowài 老外 N foreigner

Lǎowō 老挝 N Laos

Lǎowōde 老挝的 ADJ Laotian (in general)

Lǎowōrén 老挝人 N Laotian (people)

Lǎowōyǔ 老挝语 N Laotian (language)

láowù shūchū 劳务输出 N export of labor services

lǎoye 爷爷 N grandfather (maternal)

lǎoyóutiáo 老油条 N wily old bird

lǎozìhào 老字号 N time-honored brand

L

lāxià 拉下 v to leave behind by accident

làzhú 蜡烛 N candle

lèi 累 ADJ tired (worn out)

léidá 雷达 N radar

lèihuàile 累坏了 ADJ exhausted

lěng 冷 ADJ cold

lěngquè 冷却 v to cool

lèshì 乐事 N treat (something special), pleasure

lí 梨 N pear

lǐ 锂 N lithium

lián 连 ADV even (also)

liǎn 脸 N face

liándài zérèn 连带责任 N joint liability

liáng 量 v to measure

liǎng 两 two (*measure word/counter*)

liàng 亮 N light (bright)

liǎng cì 两次 ADV twice

liǎng ge 两个 PRON both

liànggān 晾干 v to dry out (in the sun)

liánghǎo zhùyuàn 良好祝愿 N best wishes

liángkuài 凉快 ADJ cool

liángxié 凉鞋 N sandals

liángxìng xúnhuán 良性循环 N virtuous circle

liǎngzhě dōu bù 两者都不 ADV neither

Liánhéguó liángnóng zǔzhī 联合国粮农组织 N FAO (Food and Agriculture Organization of the United Nations)

liánhuānhuì 联欢会 N party (event)

liánjiē 连接 v to connect together

liánjiēdiǎn 连接点 N connection (transport)

liánjiēqǐlái 连接起来 v to join together

liànrǔ 炼乳 N condensed milk

liàntān 练摊 v to be a vendor

liánxì 联系 v, N to contact; connection

liànxí 练习 v, N to practice; practice

Liánxiǎng jítuán 联想集团 N Lenovo

liánxù chōuyān de rén 连续抽烟的人 N chain smoker

liánxùjù 连续剧 N TV series

liányīqún 连衣裙 N dress, frock

liánzhèng gōngshǔ 廉政公署 N Independent Commission Against Corruption (ICAC)

Liáoguó 寮国 N Laos

Liáoguóde 寮国的 ADJ Laotian (in general)

Liáoguórén 寮国人 N Laotian (people)

Liáoguóyǔ 寮国语 N Laotian (language)

liǎojiě 了解 v to realize, be aware of

liáotiānr 聊天儿 N chat

líbā 篱笆 N fence

líbā qiáng 篱笆墙 N fence

lǐbài 礼拜 N week

Lǐbài'èr 礼拜二 N Tuesday

Lǐbàiliù 礼拜六 N Saturday

Lǐbàisān 礼拜三 N Wednesday

Lǐbàisì 礼拜四 N Thursday

Lǐbàitiān 礼拜天 N Sunday

Lǐbàiwǔ 礼拜五 N Friday

Lǐbàiyī 礼拜一 N Monday

lièjiǔ 烈酒 N spirits, hard liquor

lièkāile 裂开了 ADJ cracked

lǐfàdiàn 理发店 N barber

líhūn 离婚 N, v divorce; to divorce

líkāi 离开 v to depart

lìkè 立刻 ADV immediately

lílehūn 离了婚 ADJ divorced

lìliang 力量 N force, power, strength

lǐmiàn 里面 PREP, ADV inside

límíng 黎明 N dawn

líng 零 N zero

líng pèijiàn 零配件 N spare parts

lìng rén wéinán de 令人为难的 ADJ embarrassing

lìng rén xīngfèn de 令人兴奋的 ADJ exciting

lìng rén yúkuàide 令人愉快的 ADJ pleasant

lǐngdài 领带 N tie, necktie

lǐngdǎo 领导 v to lead (to be a leader)

lǐngdǎorén 领导人 N leader

lǐnghǎi 领海 N territorial waters

línghé bó yì 零和博弈 N zero-sum game

língjiàn 零件 N part (of machine)

lìnglèi 另类 N alternative

lìnglèi yīnyuè 另类音乐 N alternative music

língqián 零钱 N small change

lǐngshìguǎn 领事馆 N consulate

lǐngtóuyáng 领头羊 N bellwether

lìngwài 另外 ADJ other (alternative)

línjū 邻居 N neighbor

línyùjiān 淋浴间 N shower room (for washing)

30

lìrú 例如 CONJ such as, for example
lìrùn 利润 N profit
lìshǐ 历史 N history
lǐtáng 礼堂 N hall
liú 留 V to keep
liù 六 NUM six
liú de qīngshān zài bùpà méi cháishāo 留得青山在不怕没柴烧 IDIOM Where there is life, there is hope
liúcún 留存 V to leave behind for safekeeping
liúdòng rénkǒu 流动人口 N internal migrants
liúdòng túshūguǎn 流动图书馆 N mobile library
liúlì 流利 ADJ fluent
liùshí 六十 NUM sixty
liúsù 留宿 V to stay overnight
liúxià 留下 V to stay; to leave behind on purpose
liúxíng 流行 ADJ popular
liúxīngyǔ 流星雨 N meteor shower
liúxuè 流血 V to bleed
liúyán 留言 N message
liúyánjī 留言机 N answering machine
liúyì 留意 V to pay attention
Liùyuè 六月 N June
lǐyuērè'nèilú 里约热内卢 N Rio de Janeiro
lǐwù 礼物 N present (gift)
lìxī 利息 N interest (bank)
lìzhī 荔枝 N lychee
lǐzi 李子 N plum
lìzi 例子 N example
lóngde 聋的 ADJ deaf
lóngtóu chǎnpǐn 龙头产品 N flagship product
lóu 楼 N story (of a building)
lóushàng 楼上 ADV upstairs
lòushuǐ 漏水 V to leak
lóutī 楼梯 N stairs
lóutīng 楼厅 N circle (theater seats)
lóuxià 楼下 ADV downstairs
lù 路 N road
luàn-qī bā-zāo 乱七八糟 ADJ in a mess
lùbiāo 路标 N road sign
lǚchéng 旅程 N trip, journey
lùdì fùgài lǜ 绿地覆盖率 N green coverage rate
lǚguǎn 旅馆 N hotel
lǜhuà 绿化 N, V afforestation; to afforest

lùjūn 陆军 N army
lǚkè 旅客 N traveler
lùnwén dábiàn 论文答辩 N oral defense (thesis)
lúnzi 轮子 N wheel
luòhòu 落后 ADJ, ADV backward
luǒjī 裸机 N mobile phone (without a service provider)
luósīdāo 螺丝刀 N screwdriver
luǒtǐde 裸体的 ADJ naked, nude
luòxià 落下 V to fall
luòxiàlái 落下来 V to fall
luóxuánxíngde 螺旋形的 ADJ spiral
lùqǔ tōngzhīshū 录取通知书 N letter of admission
lǜsè 绿色 ADJ green
lǜsè shípǐn 绿色食品 N green food
lǜshī 律师 N lawyer
lùtú 路途 N journey
lùxiàn 路线 N lane (of a highway)
lùxiàngdài 录像带 N video cassette
lùxiàngjī 录象机 N VCR, video recorder
lǚxíng 旅行 V, N to travel; trip, journey
lǚxíng 履行 V to fulfill
lùyǎn 路演 N road show
lùyīn 录音 N tape recording
lǚyóu zhǐnán 旅游指南 N guidebook
lǚyóuzhě 旅游者 N tourist, traveler
lúzi 炉子 N cooker, stove

M

(yī) mǐ (一) 米 N meter (measurement of length)
mǎ 马 N horse
mǎchē 马车 N cart (horsecart)
mǎdàochénggōng 马到成功 N instant success
mǎdélǐ 马德里 N Madrid
máfan 麻烦 N trouble
máfande 麻烦的 ADJ troublesome
mǎi 买 V to buy
mài 卖 V to sell
mǎi-yī song-yī 买一送一 PHR buy one, get one free
mǎi dōngxi 买东西 V to shop, to go shopping
Màidāngláo 麦当劳 N McDonald's
màidiào 卖掉 ADJ sold
mǎifāng shìchǎng 买方市场 N buyer's market
màifāng shìchǎng 卖方市场 N seller's market

M

Màikèmǎ hóngxiàn 麦克马洪线 N McMahon Line

màiwán 卖完 ADJ sold out

májiàng 麻将 N mahjong

Mǎláixīyà 马来西亚 N Malaysia

Mǎláixīyàde 马来西亚的 ADJ Malaysian (in general)

Mǎláixīyàrén 马来西亚人 N Malaysian (people)

mǎlāsōng shìjìng xuǎn 马拉松式竞选 N campaignathon

māma 妈妈 N mother

mámùde 麻木的 ADJ numb

mǎn 满 ADJ full

màn 慢 ADJ slow

máng 忙 ADJ busy (doing something)

mángguǒ 芒果 N mango

mángmù tóuzī 盲目投资 N irrational investment

mànmānde 慢慢地 ADV slowly

mǎnyì 满意 ADJ satisfied, pleased, to one's satisfaction

mǎnyì dù 满意度 N degree of satisfaction

mǎnyìde 满意的 ADJ satisfied

mǎnzú 满足 V to satisfy

māo 猫 N cat

máojīn 毛巾 N towel

māonì'ér 猫腻儿 N underhanded activity

màopáihuò 冒牌货 N imitation goods, fakes

máosè dùnkāi 茅塞顿开 ADJ be suddenly enlightened

máoxiàn 毛线 N wool

máoyī 毛衣 N jumper, sweater

màoyì 贸易 N trade

màoyì bìlěi 贸易壁垒 N trade barriers

màoyì nìchà 贸易逆差 N trade deficit

màoyì shùnchà 贸易顺差 N trade surplus

màoyì zhìcái 贸易制裁 N trade sanction

màozi 帽子 N hat

màozi xìfǎ 帽子戏法 N hat trick

mǎshàng 马上 ADV at once

Mǎyǎ wénhuà 玛雅文化 N Mayan civilization

máyóu 麻油 N sesame oil

Mǎzìdá 马自达 N Mazda

měi 每 ADJ each, every

měi 美 ADJ beautiful

měi cì 每次 ADJ every time

méi gǎnshàng 没赶上 V to miss (bus, flight)

měi ge dìfang 每个地方 ADV everywhere

měi ge rén 每个人 PRON everybody, everyone

měi jiàn shì 每件事 PRON everything

měi nián de 每年的 ADJ annual

měi yè de 每夜的 ADJ nightly

méi yìsi 没意思 ADJ boring

měi zhōu 每周 ADJ weekly

měifàshī 美发师 N hairdresser

mèifu 妹夫 N brother-in-law (wife's younger sister's husband)

méiguānxi 没关系 EXCLAM never mind!

Měiguó 美国 N United States

Měiguóde 美国的 ADJ American (in general)

Měiguórén 美国人 N American (people)

Měiguó zhī yīn 美国之音 N Voice of America (VOA)

měihǎo 美好 ADJ pretty (of places, things)

měilì 美丽 ADJ pretty (of places, things)

mèimei 妹妹 N sister (younger)

Měishì yīngyǔ 美式英语 N American English

měishíjié 美食节 N gourmet festival

méiyǒu shénme 没有什么 ADV nothing

mén 门 N door

mèn 闷 ADJ dull (boring)

mèng 梦 N dream

mèng zhī duì 梦之队 N Dream Team

měnggǔbāo 蒙古包 N yurt (Mongolian)

ménglóngshī 朦胧诗 N misty poetry

Mèngzǐ 孟子 N Mencius

ménhù kāifàng zhèngcè 门户开放政策 N open-door policy

ménhù wǎngzhàn 门户网站 N web portal

mí 迷 N fan (admirer)

miànbāo 面包 N bread

miànbāo chē 面包车 N van

miánbù 棉布 N cotton

Miǎndiàn 缅甸 N Burma

Miǎndiànde 缅甸的 ADJ Burmese (in general)

Miǎndiànrén 缅甸人 N Burmese (people)

Miǎndiànyǔ 缅甸语 N Burmese (language)

miànduì 面对 V to face, stand up to

miǎnfèi 免费 ADJ free of charge

miànfěn 面粉 N flour

miánhuā 棉花 N cotton wool

miànjiá 面颊 N cheek

miànjù 面具 N mask

miǎnshuì 免税 ADJ duty-free

miǎnshuì diàn 免税店 N duty-free shop

miǎnshuì shāngpǐn 免税商品 N duty-free commodities

miǎo 秒 N second (instant)

miáoshù 描述 V to describe

miáotiáode 苗条的 ADJ slender

mícǎifú 迷彩服 N camouflage (military)

mièjué de wùzhòng 灭绝的物种 N extinct species

mǐfàn 米饭 ADJ rice (cooked)

míhóutáo 猕猴桃 N kiwi fruit

míhuò 迷惑 ADJ puzzled

mǐlǎoshǔ 米老鼠 N Mickey Mouse

mílù 迷路 ADJ lost (can't find way)

mìmì 秘密 N secret

mín yǐ shí wéi tiān 民以食为天 IDIOM Food is the first necessity of man

míng jiào 名叫 V to be called, named

míngbai 明白 V to understand

míngdān 名单 N list

mínglì shuāngshōu 名利双收 V to gain in both fame and wealth

míngliàng 明亮 ADJ bright

mìnglìng 命令 V, N to order, to command; command

míngōng 民工 N migrant laborer

míngnián 明年 N next year

míngpái 名牌 N brand name

míngpiàn 名片 N business card

míngquède 明确的 ADJ definite

míngshèng 名胜 N place of interest

míngtiān 明天 N tomorrow

míngxiǎnde 明显地 ADV apparently

míngxìnpiàn 明信片 N postcard

míngyōu 名优 N famous actor; famous high-quality brand

míngzhì 明智 ADJ sensible

míngzi 名字 N name, given name

mínjiān zīběn 民间资本 N private capital

mínjìndǎng 民进党 N Democratic Progressive Party (Taiwan)

mínshì sùsòng 民事诉讼 N civil trial

mínyíng qǐyè 民营企业 N civilian-run enterprise

mínzúde 民族的 ADJ national

mínzú fúzhuāng 民族服装 N costume

mínzú guójiā 民族国家 N nation state

mínzú qūyù zìzhì 民族区域自治 N regional autonomy of ethnic minorities

mìshū 秘书 N secretary

mìyuè 蜜月 N honeymoon

mō 摸 V to touch

mò shī liángjī 莫失良机 IDIOM Make hay while the sun shines

mō zhe shítou guò hé 摸着石头过河 IDIOM to explore through practice; to feel one's way through

mófǎng 模仿 V to imitate someone or something

mógu 蘑菇 N mushrooms

Móménjiào 摩门教 N Mormon Church

móní cèshì 模拟测试 N mock test

mòshēngrén 陌生人 N stranger

móshòu shìjiè 魔兽世界 N World of Warcraft (game)

mòshuǐ 墨水 N ink

mòsīkē 莫斯科 N Moscow

mótuōchē 摩托车 N motorcycle

mǒu ge dìfang 某个地方 PRON somewhere

mǒuchù 某处 PRON somewhere

Mòxīgē 墨西哥 N Mexico

móyánggōng 磨洋工 V to dawdle along; to skive on the job

mùdì 目的 N goal, purpose

mùdìdì 目的地 N destination

mùlù 目录 N list

mùhòu cāozòng 幕后操纵 N wire-pulling; backstage manipulations

mùnǎiyī 木乃伊 N mummy

mùqiánde 目前的 ADJ at the present moment

mǔqin 母亲 N mother

mǔrǔ wèiyǎng 母乳喂养 N breast-feeding

mùshī 牧师 N priest

Mùsīlín 穆斯林 N Muslim

mùtou 木头 N wood

mǔxì shèhuì 母系社会 N matriarchal society

mùzhìde 木制的 ADJ wooden

N

ná 拿 v to bring
nǎ (ge) 哪 (个) PRON which?
nà 那 PRON, CONJ that
nǎ yī zhǒng? 哪一种? what kind of?
nǚ'ér 女儿 N daughter
nàbiān 那边 ADV over there, there
nǎichá 奶茶 N tea with milk
nǎilào 奶酪 N cheese
nǎinai 奶奶 N grandmother (paternal)
nàixīn 耐心 ADJ patient (calm)
nàiyòng xiāofèipǐn 耐用消费品 N durable consumer goods
nálái 拿来 v to bring
nǎli 哪里 ADV where
nàli 那里 ADV there
nàmǐ 纳米 N nanometer, nano-
nánbiān 南边 ADJ, N south
nándé 难得 ADV rarely, seldom
nángāoyīn 男高音 N tenor
nánguò 难过 ADJ sad
nánháir 男孩儿 N boy
nánjí 南极 N Antarctic
nánkàn 难看 ADJ ugly
nánpéngyou 男朋友 N boyfriend
nánquán zhǔyì 男权主义 N masculism
nánwéiqíng 难为情 ADJ embarrassing
nánxìng 男性 N male
nǎo 脑 N brain
nàoqíngxù 闹情绪 ADJ be disgruntled
nǎozi 脑子 N mind, brain
nǎr 哪儿 ADV where
nàr 那儿 ADV there
nǎr dōu bú zài 哪儿都不在 ADV nowhere
náshǒu hǎoxì 拿手好戏 N masterpiece
nàshuìrén 纳税人 N tax payer
Nàsīdákè 纳斯达克 N NASDAQ
nàxiē 那些 PRON those
názǒu 拿走 v to take, remove
nèicún 内存 N RAM (computer)
nèidì 内地 N mainland China
nèidì 内弟 N brother-in-law (wife's younger brother)
nèihào 内耗 N in-fighting
nèijiù 内疚 to feel guilty
nèikù 内裤 N underpants
nèiliánwǎng 内联网 N intranet
nèituì 内退 N early retirement

nèixiōng 内兄 N brother-in-law (wife's older brother)
nèiyī 内衣 N underwear, undershirt
néng 能 MODAL V can, may
nénglì 能力 N ability
ní 泥 N mud
nǐ 你 PRON you
Nǐ hǎo 你好 GR hello, hi
nǐ hǎo ma 你好吗 GR how are you?
nǐ kàn 你看 EXCLAM look!
nián 年 N year
niánlíng 年龄 N age
niánqīng 年轻 ADJ young
niánqīngrén 年轻人 N youth
niánxìngde 粘性的 ADJ sticky
niányèfàn 年夜饭 N family reunion dinner (during Spring Festival)
niǎo 鸟 N bird
niǎocháo 鸟巢 N nest; the Beijing Olympics Stadium
nièpán 涅磐 N nirvana
nílóng 尼龙 N nylon
nǐmen 你们 PRON, PL you
nín 您 PRON you (polite)
níngkě 宁可 ADV rather than
níngméng 柠檬 N lemon, citrus
níshíliú 泥石流 N mudslide
nítǔ 泥土 N earth, soil
niú 牛 N cow
niúnǎi 牛奶 N milk
niúròu 牛肉 N beef
niǔzhuǎn júmiàn 扭转局面 v to turn the table
nóng 浓 ADJ thick (of liquids)
nòng gānjìng 弄干净 v to clean
nòng hútu 弄糊涂 ADJ confused (mentally)
nòngcháoér 弄潮儿 N daring pioneer
nòngcuò 弄错 ADJ mistaken
nònggān 弄干 v to dry
nònghuài 弄坏 v to break, shatter
nóngkěn 农垦 N agricultural reclamation
nónglínjiàn zuò 农林间作 N agroforestry
nóngnúzhì 农奴制 N serfdom
nòngqiǎo chéng zhuō 弄巧成拙 ADJ be too clever for one's own good
nóngyào cánliúwu 农药残留物 N pesticide residue
nóngyè shēngtàixué 农业生态学 N agricultural ecology
nǚ chènshān 女衬衫 N blouse
nǚde 女的 ADJ female

nǚfú 女服 N dress, frock

nǚhái 女孩 N girl

nǚlì 努力 N effort

Nuòbèiěr jiǎng 诺贝尔奖 N Nobel Prize

nuòmǐ 糯米 N glutinous rice

Nuòyàfāng zhōu 诺亚方舟 N Noah's Ark

nǚpéngyou 女朋友 N girlfriend

nǚquán yùndòng 女权运动 N feminist movement

nǚrén 女人 N woman

nǚshén 女神 N goddess

nǚshì 女 N lady

nǚwáng 女王 N queen

nǚxu 女婿 N son-in-law

O

ó, ò 哦 EXCLAM Oh! I see!

ōudǎ 殴打 V to beat sb up

ǒu'ěr 偶尔 ADV rarely, seldom

ōupèikè 欧佩克 N OPEC (Organization of Petroleum Exporting Countries)

ǒurán 偶然 ADV by chance

ǒuránde 偶然地 ADV accidentally, by chance

ǒutù 呕吐 V to be sick (vomit)

ǒuxiàng 偶像 N idol; icon

ǒuxiàng chóngbài 偶像崇拜 N idolatry

Ōuyàdàlù 欧亚大陆 N Eurasia

Ōuyuán 欧元 N Euro (currency)

Ōuzhōu 欧洲 N Europe

Ōuzhōu huòbì yītǐhuà 欧洲货币一体化 N European monetary integration

Ōuzhōu wěiyuánhuì 欧洲 委员会 N European Commission

P

pá 扒 V to pickpocket

pà 怕 ADJ afraid

páichéng yīxiàn 排成一线 V to line up

páichì 排斥 V to bar (blocking way)

pàichūsuǒ 派出所 N neighborhood police station

páiduì 排队 V to queue, line up

pāimài 拍卖 V to auction

pāimàidiào 拍卖掉 V auctioned off

páiqiú 排球 N volleyball

pāituō 拍拖 V to date; have a relationship with sb

páiwài zhǔyì 排外主义 N exclusivism

páizhào 牌照 N license, permit

Pàjīnsēn zōnghézhèng 帕金森综合症 N Parkinson's Disease

pāndēng 攀登 V to climb up (hills, mountains)

pándiǎn 盘点 V to take stock of

Pānduōlā móhé 潘多拉魔盒 N Pandora's box

pàng 胖 ADJ fat, plump

pángbiān 旁边 N next to, side

pángxiè 螃蟹 N crab

pánzi 盘子 N dish, plate

pǎo 跑 V to run

pǎolóngtào 跑龙套 N background performers

pàomò jīngjì 泡沫经济 N bubble economy

pàoniū 泡妞 V to chase after girls

pāoqì 抛弃 V to desert, abandon

páshàng 爬上 V to climb onto

páshǒu 扒手 N pickpocket

péi 陪 V to accompany

pèijiàn 配件 N accessories

pèi'ǒu 配偶 N spouse

pèng dīngzi 碰钉子 V to get snubbed

pèng yī bízi huī 碰一鼻子灰 V to get snubbed

pénghù 棚户 N shacks; family that live in shacks

péngkè 朋克 N punk

péngliáo 棚寮 N shack

pēngtiáo 烹调 N cooking, cuisine

péngwū 棚屋 N hut, shack

péngyou 朋友 N friend

péngzhàng 膨胀 V to expand, grow larger

pēntì 喷嚏 N sneeze

pēnwùqì 喷雾器 N spray

piàn 骗 V to cheat

piànerjǐng 片儿警 N community police

piànkè 片刻 N moment (instant)

piányi 便宜 ADJ inexpensive, cheap

piànzi 骗子 N someone who cheats

piào 票 N ticket

piào fànzi 票贩子 N ticket scalper

piàofáng 票房 N box office

piàojià 票价 N fare

piàoliang 漂亮 ADJ pretty (of women)

píbāo gōngsī 皮包公司 N bogus company

P

pīfā shìchǎng 批发市场 N wholesale market

pífū 皮肤 N skin

pígé 皮革 N leather

pìgu 屁股 N buttocks

píjiǔdù 啤酒肚 N beer belly

píjuànde 疲倦的 ADJ weary

pínfù xuánshū 贫富悬殊 N polarization between rich and poor

píng 平 ADJ level (even, flat)

píngděng 平等 N equality

píngděngde 平等的 ADJ equal

píngfāngmǐ 平方米 N square meter

píngguǒ 苹果 N apple

pínghéng yùsuàn 平衡预算 V, N to balance a budget; balanced budget

pínghuá 平滑 ADJ even (smooth)

pínghuáde 平滑的 ADJ smooth (of surfaces)

píngjī 评击 V to attack (with words)

píngjìng 平静 ADJ calm, still, quiet

píngjǐng zhìyuē 瓶颈制约 N bottleneck

píngjūn 平均 ADJ average (numbers)

píngjūn zhǔyì 平均主义 N equalitarianism

píngmiàn shèjì shī 平面设计师 N graphic designer

píngmù 屏幕 N screen (of computer)

pīngpāngqiú 乒乓球 N table tennis

píngtǎnde 平坦的 ADJ flat, smooth

píngtóu lùnzú 评头论足 V to nit-pick (criticize)

píngwěn guò dù 平稳过渡 N smooth transition

píngyì wùjià 平抑物价 V to stabilize commodity prices

píngyuán 平原 N plain (level ground)

píngzi 瓶子 N bottle

pínjíde 贫瘠的 ADJ barren

pīnmìng sānláng 拼命三郎 N workaholic

pīntú 拼图 N jigsaw puzzle

pīnxiě 拼写 V to spell

pīnyīn 拼音 V to combine sounds into syllables

píyǐngxì 皮影戏 N shadow play

pínyóudàn 贫铀弹 N depleted uranium bomb

pò fǔ chén zhōu 破釜沉舟 IDIOM to burn one's boats; to be cut off from retreat

pō lěngshuǐ 泼冷水 V to dampen the spirit of

pòhuài 破坏 V to damage

pòjiàng 迫降 N emergency landing

pǔbiànde 普遍地 ADV generally

pùbù 瀑布 N waterfall

pǔjílǜ 普及率 N popularity rate

pùkèpái 扑克牌 N cards, game

pǔshíde 朴实的 ADJ modest, simple

pōshuǐjié 泼水节 N Songkran festival (in Thailand)

pǔsù 朴素 ADJ plain (not fancy)

pútao 葡萄 N grapes

pútaojiǔ 葡萄酒 N wine

pǔtōngde 普通的 ADJ common, frequent

Pǔtōnghuà 普通话 N Mandarin (language)

pǔxuǎnzhì 普选制 N universal suffrage

Q

qī 七 NUM seven

qí 旗 N flag

qǐ fǎnyìng 起反应 V to react

qī-ruǎn-pà-yìng 欺软怕硬 V to bully the weak but fear the strong

qí zìxíngchē 骑自行车 V to ride (bicycle)

qǐ zuòyòng 起作用 V to function; to work

qiān 千 NUM thousand

qián 钱 N money

qiǎn 浅 ADJ shallow

qiàn 欠 V to owe

qiánbāo 钱包 N wallet, purse

qiānbǐ 铅笔 N pencil

qiánbì 钱币 N currency

qiándài 钱袋 N wallet, purse

qiáng 墙 N wall

qiángdàde 强大的 ADJ powerful

qiǎnggòu 抢购 N panic buying

qiánghuàbān 强化班 N intensive training class

qiǎngjiù 抢救 V to rescue

qiánglìqiú 强力球 N Powerball (lottery)

qiǎngpǎo 抢跑 V to jump the gun (sports)

qiángpò 强迫 V to force, compel

qiǎngshǒu 抢手 ADJ in great demand

qiāngshǒu 枪手 N gun shooter; ghostwriter

qiángzhìxìngde 强制性的 ADJ compulsory

qiángzhuàng 强壮 ADJ strong

qiánjìn 前进 V to advance, move forward

qiānlǐ zhī xíng shǐ yú zú xià 千里之行始于足下 IDIOM A thousand mile journey begins with the first step

qiánmiàn 前面 N front

qiānmíng 签名 V, N to sign; signature

qiānniánchóng 千年虫 N millennium bug

qiànshōu 欠收 N crop failure

qiántiān 前天 N day before yesterday

qiāntóurén 牵头人 N initiator

qiānwàn 千万 NUM ten million

qiánwèi 前卫 ADJ avant-garde

qiānxǐ yīngér 千禧婴儿 N millennium baby

qiānxū 谦虚 ADJ modest, simple

qiānyuē yíshì 签约仪式 N signing ceremony

qiánzhān 前瞻 N foresight

qiánzhān xìng 前瞻性 ADJ foresightful

qiānzhèng 签证 N visa

qiáo 桥 N bridge

qiào 俏 ADJ pretty (of women)

qiáobāo 侨胞 N overseas Chinese

qiāodǎ 敲打 V to beat, strike

qiǎokèlì 巧克力 N chocolate

qiāomén 敲门 V to knock

qiàowěibā 翘尾巴 ADJ be cocky

qiáowù 侨务 N affairs concerning overseas Chinese

qiàtánhuì 洽谈会 N meeting, fair

qìchē 汽车 N car, automobile

qìchēzhàn 汽车站 N bus station

qǐchuáng 起床 V to get up (from bed)

qídǎo 祈祷 V, N to pray; prayer

qǐdòng 起动 V to start (machines)

qǐdòng jījīn 启动基金 N initial funding

qiézi 茄子 N eggplant

qìfēn 气氛 N atmosphere, ambience

qǐgài 乞丐 N beggar

qíguài 奇怪 ADJ strange

qìgōng 气功 N Qi Gong (martial)

qìhòu 气候 N climate

qīhuò 期货 N futures (finance)

qīhuò jiāoyì 期货交易 N futures trading

qíjǐng 骑警 N mounted police

qímǎ 骑马 V to ride (horse)

qǐmǎ 起码 ADV at least

qíncài 芹菜 N celery

qīnchāi dàchén 钦差大臣 N imperial envoy

qínfèn 勤奋 ADJ hardworking, industrious

qīng 轻 ADJ light (not heavy)

qǐng 请 EXCLAM please

qīng guǐ lièchē 轻轨列车 N light rail train

qīngchu 清楚 ADJ clear

qīngdàn 氢弹 N hydrogen bomb

qīngguǐ 轻轨 N light rail transport

qīngguó qīngchéng 倾国倾城 ADJ extremely beautiful (woman)

qīngjié 清洁 N cleanliness

qīngjié néngyuán 清洁能源 N clean energy

qíngkuàng 情况 N situation, how things are

qínglǎng 晴朗 ADJ sunny

qínglǐ 情理 N reason

Qīngmíngjié 清明节 N Qingming Festival (Chinese All Souls Day)

qīngnián 青年 ADJ youth (young person)

qīngnián cáijùn 青年才俊 ADJ young and talented

qínggōng jiǎnxué 勤工俭学 V to work while studying

qǐngqiú 请求 V to request

qíngrénjié 情人节 N Valentine's Day

qíngshāng 情商 N emotion quotient (EQ)

qīngshàonián 青少年 N teenager

qīngshàonián fànzuì 青少年犯罪 N juvenile delinquency

qīngshuǐ fǎnyìngduī 轻水反应堆 N light water reactor (LWR)

qīngsuàn gōngsī 清算公司 N liquidation company

qīngtāng 清汤 N soup (clear)

qīngtóng 青铜 N bronze

qǐngwèn 请问 INTERJ excuse me! (attracting attention)

qīngxiāo 倾销 N dumping (pricing)

qíngxù 情绪 N emotion

qíngyǒudú zhōng 情有独钟 V to show special preference to

Qīngzàng gāoyuán 青藏高原 N Tibetan Plateau

qīngzǎo 清早 N early in the morning

Qīngzhēn 清真 N Muslim

Qīngzhēnjiào 清真教 N Islam

Q

Qīngzhēnjiàode 清真教的 ADJ Islamic

Qīngzhēnjiàotú 清真教徒 N Muslim (people)

Qīngzhēnsì 清真寺 N mosque

qīngzhǒng 青肿 N bruise

qìngzhù 庆祝 V to celebrate

qínliúgǎn 禽流感 N bird flu

qīnpèi 钦佩 V to admire

qīnqi 亲戚 N relatives, family

qīntūn gōngkuǎn 侵吞公款 V to embezzle public funds

qīnyǎn mùdǔ 亲眼目睹 V to witness

qīnzuǐ 亲嘴 V to kiss

qióng 穷 ADJ poor (not rich)

qípáo 旗袍 N cheong-sam; chi-pao

qǐpǎoqì 起跑器 N starting blocks (sports)

qīpiàn 欺骗 V to deceive

qīshí 七十 NUM seventy

qíshí 其实 ADV actually

qìshuǐ 汽水 N soft drink

qítā 其他 ADV other

qítède 奇特的 ADJ fancy

qǐtú 企图 N attempt

qiū 丘 N hill

qiú 球 N ball

qiūtiān 秋天 N autumn

qīwàng 期望 V to expect

qǐyè jítuán 企业集团 N enterprise group

qǐyè shàngshì 企业上市 N listing of a company .

qǐyè xíngxiàng 企业形象 N corporate image

qìyóu 汽油 N petrol, gasoline

qìyóuzhàn 汽油站 N petrol station

qǐyuán 起源 N origin

qìyuē 契约 N contract

Qīyuè 七月 N July

qīzi 妻子 N wife

qǐzi 起子 N screwdriver

qǔ 取 V to fetch

qù 去 V to go

qù nǎli 去哪里 where to?

quàn'gào 劝告 N advice

quánbù 全部 N all (whole)

quánbùde 全部的 ADJ entirety, whole

quánbùde 全部地 ADV completely

quánguó rénkǒu pǔzhā 全国人口普查 N nationwide census

quánguó rénmín dàibiǎo dàhuì 全国人民代表大会 N National People's Congress (NPC)

quànjiě 劝解 V to counsel sb; to act as go-between

quánjǐng 全景 N panorama

quánjǐng diànyǐng 全景电影 N widescreen (of a TV, projector, etc)

quánlì 权力 N authority (power)

quánlì 权利 N rights

quánlì fǎàn 权力法案 N Bill of Rights

quánlì yǐfù 全力以赴 N all-out efforts

quánmiànde 全面的 ADJ general, all-purpose

quánnéng guànjūn 全能冠军 N all-around winner

quánqiú biànnuǎn 全球变暖 N global warming

quánqiú dìngwèi xìtǒng 全球定位系统 N global positioning system (GPS)

quánqiútōng 全球通 N GSM

quànshāng 券商 N securities trader

quántǐ huìyì 全体会议 N plenary meeting

quántiānhòu 全天候 N 24/7 (service, etc.)

quántou chǎnpǐn 拳头产品 N bestseller

quánwēi 权威 N authority (person in charge)

qùdiào 去掉 V to get rid of

quēdiǎn 缺点 N defect

quēdiàode 缺掉的 ADJ missing (absent)

quèdìng 确定 ADJ sure

quēfáde 缺乏的 ADJ scarce

quékè 缺课 V to miss a class; be absent from school

quēkǒu 缺口 N gap, breach

quèqiè 确切 ADJ, ADV exact, exactly

quèrèn 确认 V to confirm

quēshǎo 缺少 ADJ lacking

quēxí 缺席 ADJ absent

qùgòujì 去垢剂 N detergent

qùguo 去过 V to have been somewhere

qúndài guānxì 裙带关系 N nepotism

qúndài jīngjì 裙带经济 N crony capitalism

qúndàifēng 裙带风 N nepotism

qùnián 去年 N last year

qúnzi 裙子 N skirt

qūtǐ 屈体 N jackknife (dive)

qǔxiāo 取消 V to cancel

qǔxiào 取笑 V to laugh at

R

rán'ér 然而 CONJ nevertheless

ràng 让 V to let, allow

ràng mǒurén dāchē 让某人搭车 V to give sb a lift (ride in car)

ránhòu 然后 CONJ then

rǎnzhǐ 染指 V to encroach upon

ràoquānzi 绕圈子 V to beat around the bush

rè 热 ADJ hot (temperature)

rèdài 热带 N the tropics

rèdài fēngbào 热带风暴 N tropical storm

rèdài yǔlín 热带雨林 N tropical rainforest

rèdǎo xiàoyìng 热岛效应 N urban heat island effect

rèhédàntóu 热核弹头 N thermonuclear warhead

rèmén huàtí 热门话题 N hot topic

rén 人 N people, person

rén yǐ qún fēn 人以群分 IDIOM Birds of a feather flock together

réncái liú shī 人才流失 N brain drain

réncí 仁慈 N forgiveness, mercy, kindness

rènde 认得 V to recognize

rénfú yú shì 人浮于事 ADJ overstaffed

rēng 扔 V to throw

rēngdiào 扔掉 V to throw away/out

réngōngde 人工的 ADJ artificial

réngōng zhìnéng 人工智能 N artificial intelligence (AI)

réngrán 仍然 CONJ still, even now

rénhǎi zhànshù 人海战术 N huge-crowd strategy (sports)

rènhé dìfang 任何地方 ADV anywhere

rènhé rén 任何人 PRON anybody, anyone

rènhé shì 任何事 PRON anything

rènhé yī ge 任何一个 PRON either

rénjī jiāohù 人机交互 N human-computer interaction

rénjì jiāowǎng 人际交往 N interpersonal relationship

rénjūn zhùfáng 人均住房 N per-capita housing

rénkǒu 人口 N population

rénkǒu chūshēnglǜ 人口出生率 N birth rate

rénkǒu fùzēngzhǎng 人口负增长 N negative population growth

rénkǒu guòshèng 人口过剩 N over-population

rénkǒu lǎolínghuà 人口老龄化 N population aging

rénkǒu sùzhì 人口素质 N quality of population

rénkǒuxué 人口学 N demography

rénlèi jīyīn túpǔ 人类基因图谱 N human genome

rénlèi miǎnyì quēxiàn bìngdú 人类免疫缺陷病毒 N Human Immunodeficiency Virus (HIV)

rénqì 人气 N popularity

rénqíng 人情 N human feelings

rénqíngwèi 人情味 N human touch

rénqíngzhài 人情债 N debt of gratitude

rénshēn bǎohù lìng zhuàng 人身保护令状 N habeas corpus

rénshēn gōngjī 人身攻击 N personal attack

rènshi 认识 V to know, be acquainted with

rénshòu bǎoxiǎn 人寿保险 N life insurance

réntóushuì 人头税 N poll tax

rènwéi 认为 V to reckon, have an opinion

rénxìnghuà guǎnlǐ 人性化管理 N people-based management

rényāo 人妖 N ladyboy, transvestite

rènyìqiú 任意球 N free kick

Rìběn 日本 N Japan

rèqìqiú 热气球 N hot air balloon

rèwūrǎn 热污染 N thermal pollution

Rìběnde 日本的 ADJ Japanese (in general)

Rìběnrén 日本人 N Japanese (people)

rìchángde 日常的 ADJ daily

rìchéngbiǎo 日程表 N itinerary

rìchū 日出 N sunrise

rìjì 日记 N diary

rìjīng zhǐshù 日经指数 N Nikkei Index

rìluò 日落 N sunset

rìqī 日期 N date (of the month)

Rìyǔ 日语 N Japanese (language)

róngqià 融洽 ADJ harmonious

róngxǔ 容许 V be allowed to

róngyì 容易 ADJ simple (easy)

ròu 肉 N meat

ròutāng 肉汤 N broth, soup

ròuwán 肉丸 N meatball

R

- **rù xiāng suí sú** 入乡随俗 IDIOM When in Rome do as the Romans do
- **ruǎn** 软 soft
- **ruǎnjiàn** 软件 N software (computer)
- **ruǎnpán** 软盘 N floppy disk
- **ruǎnxīnwén** 软新闻 N soft news
- **ruǎnzhuólù** 软着陆 N soft landing (economics)
- **rúcǐ** 如此 CONJ such
- **rǔfáng** 乳房 N breasts
- **rúguǒ** 如果 CONJ if
- **ruìshì** 瑞士 N Swiss
- **rùjìng lǚyóu** 入境旅游 N inbound tourism
- **Rújiào** 儒教 N Confucianism
- **Rújiāsīxiǎng** 儒家思想 N Confucianism
- **rùkǒu** 入口 N entrance, way in
- **rǔlào** 乳酪 N cheese
- **rùnhóutáng** 润喉糖 N cough lolly
- **ruò** 弱 ADJ weak
- **ruòròu qiángshí fǎzé** 弱肉强食法则 N law of the jungle
- **ruòshì qúntǐ** 弱势群体 N social disadvantaged groups
- **rǔzhào** 乳罩 N bra

S

- **(shǔyú) ... de** (属于) ... 的 PREP of, from
- **sāhuǎng** 撒谎 N, V lie; to tell a falsehood
- **sài wēng shī mǎ yān zhī fēi fú** 塞翁失马焉知非福 IDIOM Misfortune may be an actual blessing
- **Sàibǎiwèi** 赛百味 N Subway (food)
- **sāizi** 塞子 N plug (bath)
- **sān** 三 NUM three
- **sǎn** 伞 N umbrella
- **sān wéi dònghuàpiān** 三维动画片 N three-dimensional animation
- **sānbāxiàn** 三八线 N 38th Parallel (Korea)
- **sānchǎn** 三产 N tertiary industry
- **sānfēnzhīyī** 三分之一 NUM third (1/3) (ordinal number)
- **sàngfū** 丧夫 ADJ widowed
- **sāngná(yù)** 桑拿(浴) N sauna
- **sàngqī** 丧妻 N widower
- **sānhǎo xuéshēng** 三好学生 N merit student
- **sànhù** 散户 N private investor

- **sānjiǎokù** 三角裤 N briefs, men's underwear
- **sānjiǎo liàn'ài** 三角恋爱 N love triangle
- **sānjiǎoxíng** 三角形 N triangle
- **sānjiǎo zhài** 三角债 N triangle debts
- **sānjípiàn** 三级片 N adult film
- **sānlián guàn** 三连冠 N three successive championships
- **sānpéi** 三陪 N prostitute
- **sānquán fēnlì** 三权分立 N separation of powers
- **sānshí** 三十 NUM thirty
- **sānwéi diànyǐng** 三维电 N three-dimensional movie
- **sānxiá gōngchéng** 三峡工程 N Three Gorges Dam Project
- **Sānyuè** 三月 N March
- **sànzhuāngde** 散装的 ADJ loose (not in packet)
- **sānzìjīng** 三字经 N three-character classic (book)
- **sǎo** 扫 V to sweep
- **sāoluàn** 骚乱 N disturbance
- **sǎománg** 扫盲 V to eliminate illiteracy
- **sàozhou** 扫帚 N broom
- **sǎozi** 嫂子 N sister-in-law (wife of husband's older brother)
- **sēnlín** 森林 N forest
- **sēnlín fùgàilù** 森林覆盖率 N forest coverage
- **shā** 杀 to kill
- **shā jī yòng niú dāo** 杀鸡用牛刀 IDIOM break a butterfly on the wheel
- **shāchénbào** 沙尘暴 N sand storm
- **shāfā** 沙发 N couch, sofa
- **shāmò** 沙漠 N desert (arid land)
- **shāmòhuà** 沙漠化 N desertification
- **shān** 山 N mountain
- **shǎndiàn** 闪电 N lightning
- **shǎndiànzhàn** 闪电战 N the Blitz
- **shāndǐng** 山顶 N peak, summit
- **shàng xīngqī** 上星期 N last week
- **shàngchē** 上车 N to board (bus, train)
- **Shàngdì** 上帝 N God
- **shāngdiàn** 商店 N shop, store
- **shànggǎng** 上岗 V to go on duty
- **shànggǎng zhèng** 上岗证 N work license
- **shānghài** 伤害 V, N to hurt; injury
- **Shànghǎi** 上海 N Shanghai
- **shānghángN** 行 N firm, company
- **shāngkǒu** 伤口 N cut (injury), wound

shāngliang 商量 v to discuss

shàngmén fúwù 上门服务 N door-to-door service

shàngmén tuīxiāoyuán 上门推销员 N knocker (salesman)

shàngmiàn 上面 PREP above

shāngpǐn tiáomǎ 商品条码 N barcode

shāngpǐnhuà 商品化 N commercialization

shàngqù 上去 v to go up, climb

shāngrén 商人 N businessperson

shàngshēng 上升 v to rise, ascend

shàngshì gōngsī 上市公司 N listed companies

shàngshì 上市 v to be listed (economics)

shāngǔ 山谷 N valley

shǎnguāngdēng 闪光灯 N flash (camera)

shàngwǎng kāfēiguǎn 上网咖啡馆 N Internet café

shàngwǎng 上网 v to surf the Internet

shàngwǎng qù chōnglàng 上网去冲浪 N surfing the Internet

shàngwèi 尚未 ADJ not yet

shāngwù lǚyóu 商务旅游 N business travel

shàngxīn táijiē 上新台阶 v to reach a new level

shāngyè 商业 N business

shāngyè chǎozuò 商业炒作 N commercial speculation

shāngyè dàikuǎn 商业贷款 N commercial loan

shāngyè wǎngdiǎn 商业网点 N commercial network

shānhú 珊瑚 N coral

shǎnkè 闪客 N artists who use FLASH (computer)

shānlán 栅栏 N fence

shānpō 山坡 N slope

shānqíng 煽情 v to sensationalize

shānyáng 山羊 N goat

shànzi 扇子 N fan (for cooling)

shāo 烧 v to burn

shǎo 少 ADJ few

shāohuǐ 烧毁 ADJ burned down

shāokǎo 烧烤 v to grill

shǎoliàngde 少量的 ADJ small amount

shāoshāng 烧伤 N burn (injury)

shāotā 烧塌 ADJ burned down/out

shāowēi 稍微 ADV slightly

sháozi 勺子 N spoon

shāshǒujiǎn 杀手锏 N finishing move

shāyú 鲨鱼 N shark

shāzhù 刹住 v to brake

shāzi 沙子 N sand

shé 蛇 N snake

shèhuì bǎozhàng zhīchū 社会保障支出 N expenditure for social security

shèhuì bǎozhàng zhìdù 社会保障制度 N social security system

shèhuì fúlì cǎipiào 社会福利彩票 N social welfare lotteries

shèhuì míngliú 社会名流 N celebrity

shèhuì rèdiǎn wèntí 社会热点问题 N hot spots of society

shéi/shuí 谁 PRON who?

shèjí 涉及 v to involve

shèjiāowǎng 社交网 N social network

shèjídào 涉及到 ADJ involved

shèlùjī 摄录机 N video recorder

shèlùn 社论 N editorial

shēn 深 ADJ deep

shén 神 N god

shèn 肾 N kidney

shēnbàn chéngshì 申办城市 N bidding cities

shénfēng 神风 N kamikaze

Shéndào 神道 N Shinto

shénfù 神父 N priest

shēng 生 v to give birth

shēn'gāo 身高 N height (body)

shēngchǎn 生产 v to produce

shèngdàde 盛大的 ADJ great, impressive

shēngde 生的 ADJ raw, uncooked, rare

shěnghuì 省会 N provincial capital

shēnghuó 生活 N, v life; to live (be alive)

shēngjí huàndài 升级换代 N updating and upgrading (products, etc.)

shēngjì wèntí 生计问题 N bread-and-butter issue

shēngmìng 生命 N life

shēngqì 生气 ADJ cross, angry, annoyed

shēngrì 生日 N birthday

shēngrì kuàilè 生日快乐 GR happy birthday!

shēngrì pàiduì 生日派对 N birthday party

shēngtài lǚyóu 生态旅游 N ecotourism

shēngtài nóngyè 生态农业 N environmentally friendly agriculture

shēngtàilín 生态林 N ecological forest

shēngwù kǒngbù zhǔyì 生物恐怖主义 N bioterrorism

shēngwùquān 生物圈 N biosphere

shèngxiàde 剩下的 ADJ remainder, leftover

shēngyīn 声音 N sound, noise, voice

shèngyúde 剩余的 ADJ rest, remainder

shèngzhàn 圣战 N jihad (Islam)

shéngzi 绳子 N string, rope

shénhuà 神话 N myth

shēnjiāgōng 深加工 N further processing

shénjīngbìng 神经病 ADJ crazy

shénme 什么 INTERJ what? pardon me? what did you say?

shénme dìfang 什么地方 ADV somewhere

shénme shíhou 什么时候 ADV when

shénmǔ 婶母 N aunt (wife of father's younger brother)

shēnqǐng 申请 V to apply

shénshèng 神圣 ADJ holy

shénshèngde 神圣的 ADJ sacred

shěnshí duóshì 审时度势 N to size up the situation

shēntǐ 身体 N body

shēntǐ sùzhì 身体素质 N physical constitution

shēnwài zhī wù 身外之物 N worldly possessions

shēnyè 深夜 N late at night

shèqū fúwù 社区服务 N community services

shèshì 摄氏 N Centigrade, Celsius

shétou 舌头 N tongue

shétóu 蛇头 N snakehead (criminal)

shèwài jīngjì 涉外经济 N foreign-related economics

shèxiàng 摄像 V to videotape

shèxiàngdài 摄像带 N video cassette

shèzhèng 摄政 N, ADJ regent

shézhōng fāng'àn 折衷方案 N compromise solution

shí 十 NUM ten

shǐ 屎 N shit

shì 是 V be, to exist

shì 试 V to try

shí bù wǒ dài 时不我待 IDIOM Time and tide wait for no man

shì chǎng zhànyǒulù 市场占有率 N market share

shǐ rén nánkān 使人难堪 ADJ embarrassing

shì shàng wú nán shì zhǐ yào kěn pān dēng 世上无难事只要肯攀登 IDIOM Where there is a will, there is a way

shí shì qiú shì 实事求是 V to seek truth from facts

shǐ téngtòng 使疼痛 V to ache

shǐ xiànrù 使陷入 V to involve

shí yì 十亿 NUM billion

shí'èr 十二 NUM twelve

Shí'èryuè 十二月 N December

shībài 失败 N failure

shìbīng 士兵 N soldier

shìchǎng 市场 N market

shìchǎng bǎohé 市场饱和 N market saturation

shìchǎng píruǎn 市场疲软 N sluggish market

shìchǎng yíngxiāoxué 市场营销学 N marketing

shìchǎnghuà 市场化 N marketization

shìchuān 试穿 V to try on (clothes)

shìdàngde 适当的 ADJ appropriate

shīde 湿的 ADJ wet

shìde 是的 EXCLAM yes, indeed!

shìdiǎn gōngchéng 试点工程 N pilot project

shìdiǎn xiàngmù 试点项目 N pilot project

shìfàng 释放 V to release

shìgù 事故 N accident

shìguǎn yīngér 试管婴儿 N test-tube baby

shìhéde 适合的 ADJ fitting, suitable

shíhuà shíshuō 实话实说 V to speak the plain truth

shìhuà 市话 N local (telephone) calls

shíhuì 实惠 ADJ economical

shíjì 实际 ADJ really (in fact)

shìjì 世纪 N century

Shìjiāmù ní 释迦牟尼 N Sakyamuni

shíjiān 时间 N time

shìjiàn 事件 N happening, incident, event

shìjiè 世界 N world

shíkè 时刻 N point (in time)

shíkèbiǎo 时刻表 N timetable, schedule

shīliàn 失恋 ADJ, V be unlucky in love
shílìhuà jiàoxué 实例化教学 N case study teaching
shìmín 市民 N citizen
shímòhuà 石漠化 N stony desertification
shìpín diǎnbō 视频点播 N video-on-demand (VOD)
shípǔ 食谱 N recipe
shíqī 时期 N period (of time)
shìqing 事情 N matter, issue
shìqū 市区 N downtown
shísān 十三 NUM thirteen
shìshí 事实 N fact
shísì 十四 NUM fourteen
shítǐ jīngjì 实体经济 N real economy
shítou 石头 N rock, stone
shìwài táoyuán 世外桃源 N Shangri-La
shíwàn 十万 NUM hundred thousand
shīwàng 失望 ADJ disappointed
shíwǔ 十五 NUM fifteen
shíwù 食物 N food
shìwù 事物 N thing
shīwù zhāolǐngchù 失物招领处 N lost property
shìxiān 事先 ADV earlier, beforehand
shíxiàn mùbiāo 实现目标 V to achieve a goal
shìxiàng 事项 N item, individual thing
shīxiōngdì 师兄弟 N fellow apprentice
shīxué értóng 失学儿童 N dropout (student)
shìyàn 试验 N test
shìyàng 式样 N pattern, design
shīyè 失业 ADJ unemployed
shìyè dānwèi 事业单位 N public institution
shīyèjīn 失业金 N unemployment compensation
shíyī 十一 NUM eleven
shìyìng 适应 V to adapt to a new environment
shìyīshì 试衣室 N fitting room
Shíyīyuè 十一月 N November
shìyòngqī 试用期 N trial period (work)
Shíyuè 十月 N October
shìzhě shēngcún 适者生存 PHR survival of the fittest
shìzhèn 市镇 N town
shìzhèng gōngchéng 市政工程 N municipal engineering

shízhōng 时钟 N clock
shìzhōngxīn 市中心 N center of city
shízhuāng biǎoyǎn 时装表演 N fashion show
shízìlùkǒu 十字路口 N crossroads, intersection
shīzōngle 失踪了 ADJ missing (lost person)
shǒu 手 N hand
shòu 瘦 ADJ thin (of persons)
shòu huānyíng 受欢迎 ADJ popular
shòu míhuò 受迷惑 ADJ puzzled
shòu tòngkǔ 受痛苦 V to suffer
shǒucì shàngshì gǔpiào 首次上市股票 N IPO (Initial Public Offering)
shōudào 收到 V to receive
shóude 熟的 ADJ ripe, cooked
shǒudiàntǒng 手电筒 N flashlight, torch
shǒufā zhènróng 首发阵容 N starting lineup (sports)
shōufèi 收费 N fee
shǒugōngyìpǐn 手工艺品 N handicraft
shǒuháng 首航 N maiden voyage (of an aircraft or ship)
shòuhòu fúwù 售后服务 N after-sale services
shòuhuòyuán 售货员 N sales assistant
shōují 收集 V to gather
shǒujī chōngzhí 手机充值 V to top up a cell phone
shōujù 收据 N receipt
shōukuǎn 收款 V to collect payment
shōupánjià 收盘价 N closing price
shǒuqī ànjiē 首期按揭 N down-payment
shòushāng 受伤 ADJ hurt (injured)
shōushí 收拾 V to tidy up
shǒushì 首饰 N jewelry
shōushìlǜ 收视率 N TV ratings
shòusī 寿司 N sushi
shǒutíbāo 手提包 N briefcase
shǒutuīchē 手推车 N cart (pushcart)
shǒuwàn 手腕 N wrist
shóuxī 熟悉 ADJ familiar with
shòuxiǎode 瘦小的 ADJ slight
shōuyīnjī 收音机 N radio
shǒuyìrén 手艺人 N craftsperson
shòuzāi dìqū 受灾地区 N disaster-affected area
shòuzāi qúnzhòng 受灾群众 N people afflicted by a natural disaster
shǒuzhāi 守斋 V to fast

S

shǒuzhǐ 手指 N finger

shǒuzhuó 手镯 N bracelet

shū 书 N book

shū 输 v to lose, be defeated

shǔ 数 v to count

shù 树 N tree

shuā 刷 v to brush

shuāidǎo 摔倒 v to fall over

shuǎimài 甩卖 N clearance sale

shuāngbèi 双倍 N, ADJ double

shuāngchóng guójí 双重国籍 N dual nationality

shuǎngkǒu 爽口 ADJ delicious

shuāngrènjiàn 双刃剑 N double-edged sword

shuāngxiàng shōufèi 双向收费 N two-way charge system

shuāngxué wèi 双学位 N double degree

shuāngyíng júmiàn 双赢局面 N win-win situation

shuāngzhígōng 双职工 N working couple

shuànyángròu 涮羊肉 N instant-boiled mutton

shuāzi 刷子 N brush

shǔbiāo 鼠标 N mouse (computer)

shūcài 蔬菜 N vegetable

shúde 熟的 ADJ ripe

shūfǎ 书法 N calligraphy

shūfu 舒服 ADJ comfortable

shūfù 叔父 N uncle (father's younger brother)

shuǐ 水 N water

shuǐguǒ 水果 N fruit

shuǐhuò 水货 N smuggled goods

shuìjiào 睡觉 v to sleep

shuǐmòhuà 水墨画 N ink and wash painting

shuǐniú 水牛 N buffalo (water buffalo)

shuǐtǒng 水桶 N bucket

shuǐtǔ liúshī 水土流失 N soil erosion

shuìwùshī 税务师 N tax accountant

shuǐxià dǎodàn 水下导弹 N underwater missile

shuìyī 睡衣 N nightclothes, pajamas

shuìzhe 睡着 ADJ asleep

shùjǐn 束紧 v to tie

shùjù lùxiàngjī 数据录象机 N DVD

shùjù tōngxìn 数据通信 N data communication

shúliànde 熟练的 ADJ skillful

shùliàng 数量 N amount

shùmǎgǎng 数码港 N cyberport

shūmǔ 叔母 N aunt (wife of father's younger brother)

shùnbiàn wèn yīxià 顺便问一下 ADV by the way

shùnlì 顺利 ADJ to go smoothly

shùnlù bàifǎng 顺路拜访 v to stop by; to pay a visit

shuō 说 v to speak, say

shuō cáocāo cáocāo dào 说曹操曹操到 IDIOM Speak of the devil and he does appear

shuōhuǎng 说谎 v to lie, tell a falsehood

shuōqǐlái róngyì zuòqǐlái nán 说起来容易做起来难 IDIOM easier said than done.

shūqián 输钱 v to lose money

shúrén 熟人 N acquaintance

shūshu 叔叔 N uncle (father's younger brother)

shǔyú 属于 v belong to

shūzhuō 书桌 N desk

shūzi 梳子 N comb

shùzì 数字 N figure, number

shùzì dìqiú 数字地球 N digital earth

sǐ 死 v to die

sì 四 NUM four

sǐ ér hòu yǐ 死而后已 until my heart stops beating

sīchóu 丝绸 N silk

sìdà jīngāng 四大金刚 N Four Heavenly Kings (Buddhism)

sīdài 丝带 N ribbon

sìfēnzhīyī 四分之一 N quarter

sìhéyuàn 四合院 N courtyard house (a type of Chinese residence)

sìhū 似乎 v to seem

sǐjī 死机 v, ADJ to crash (computer); crashed

sījī 司机 N driver

sīkāi 撕开 v to rip open

sǐle 死了 ADJ dead

sīqǐ 私企 N private enterprise

sīrénde 私人的 N private

sīrén qǐyè 私人企业 N private enterprise

sìshí 四十 NUM forty

sìshí bùhuò 四十不惑 PHR Life begins at forty

sǐwáng 死亡 N death

sǐwáng rénshù 死亡人数 N death toll

sǐwánglǜ 死亡率 N mortality rate

sīxiāng 思乡 N nostalgia

sīxiǎng 思想 N thoughts

sìyuàn 寺院 N temple (Chinese)

sīyí 司仪 N presenter; host

sīyíng qǐyè 私营企业 N privately owned enterprise

Sìyuè 四月 N April

sǐzhàng 死帐 N bad debt

sòng 送 V to send

sōngdòngde 松动的 ADJ loose (wobbly)

sōusuǒ yǐnqíng 搜索引擎 N search engine

suān 酸 ADJ sour

suàn 算 V to count

suānjú 酸桔 N lime, citrus

suànpán 算盘 N abacus

suāntián 酸甜 ADJ sweet and sour

suānyǔ 酸雨 N acid rain

sùdí 夙敌 N arch-rival

suāntòng 酸痛 ADJ sore, painful

suānyǔ 酸雨 N acid rain

sùdí 夙敌 N arch-rival

sùdù 速度 N speed

Sūgélán 苏格兰 N Scotland

Sūgélánde 苏格兰的 Scottish (in general)

Sūgélánrén 苏格兰人 N Scots

suì 岁 N years (old)

suìpiàn 碎片 N piece, portion, section

suīrán 虽然 CONJ although, though

suìsuì píng'ān 岁岁平安 GR peace all year round!

sùliào 塑料 N plastic

sùliàodài 塑料袋 N plastic bag

sǔnhuài 损坏 V to damage

sūnnǚ 孙女 N granddaughter (son's daughter)

sūnzi 孙子 N grandson (son's son)

suǒ 锁 N lock

suǒdeshuì 所得税 N income tax

suǒshàng 锁上 V to lock

suǒyǐ 所以 CONJ so, therefore

suǒyǒu 所有 N possessions

suǒyǒuwù 所有物 N belongings

sùzhì jiàoyù 素质教育 N education for all-around development

suǒzhù 锁住 ADJ locked

T

tā 他 PRON he, him

tā 她 PRON she, her

tǎ 塔 N tower

tāde 他的 PRON his

tāde 她的 PRON her, hers

tài 太 ADJ too (excessive)

tài duō 太多 ADV too much

Táiběi 台北 N Taipei

tàidu 态度 N attitude

táifēng 台风 N typhoon

táigàng 抬杠 V to argue for the sake of arguing

Tàiguó 泰国 N Thailand

Tàiguóde 泰国的 ADJ Thai (in general)

táijiē 台阶 N steps, stairs

tàitai 太太 N madam (term of address), Mrs

tàikōng lājī 太空垃圾 N space trash

tàikōngbù 太空步 N moonwalk

tàipíngyáng jiànduì 太平洋舰队 N Pacific Fleet (US)

táiquándào 跆拳道 N Taekwondo

Táiwān 台湾 N Taiwan

tàiyáng 太阳 N sun

tàiyángyù 太阳浴 N sunbath

Tàiyǔ 泰语 N Thai (language)

tāmen 他们 PRON they, them

tāmende 他们的 PRON, PL their, theirs

tāng 汤 N soup (spicy stew)

táng 糖 N sugar

tàng 烫 V to iron (clothing)

tángcù 糖醋 ADJ sweet and sour

tángguǒ 糖果 N sweets, candy

tángguǒ diàn 糖果店 N confectionery

Tánglǎoyā 唐老鸭 N Donald Duck

tǎngxià 躺下 V to lie down

tángyī pàodàn 糖衣炮弹 N sugar-coated bullets (sth used as a trap)

Tángzhuāng 唐装 N Chinese suit

tánhuà 谈话 V to talk

tánhuáng 弹簧 N spring (metal part)

tànjū 炭疽 N anthrax

tánlùn 谈论 V to talk about

tànmíng chǔliàng 探明储量 N verified reserves (mining)

tānpái 摊牌 V to lay one's card on the table

tánpàn de chóumǎ 谈判的筹码 N bargain chip

tānwū fǔhuà 贪污腐化 N corruption and degeneration

tánxìng jiùyè 弹性就业 N flexible employment

tānzi 摊子 N stall (of vendor)

tǎnzi 毯子 N blanket

tào 套 N set

tāoguāng yǎnghuì 韬光养晦 V to keep a low profile

T

tǎojià huánjià 讨价还价 v to haggle over prices

tàolì 套利 N arbitrage

tǎolùn 讨论 v, N to discuss; discussion

táopǎo 逃跑 v to run away

táopiào 逃票 N fare evasion

táopiàozhě 逃票者 N fare evader

táoshuì 逃税 v to evade tax

táoyě qíngcāo 陶冶情操 v to cultivate one's taste

tǎozhài gōngsī 讨债公司 N debt-collection agency

táozi 桃子 N peach

tèbié 特别 ADJ special

tèbié xíngzhèngqū 特别行政区 N special administrative region (SAR)

tèbiéde 特别地 ADV especially

tèdiǎn 特点 N characteristic

tèjì yǎnyuán 特技演员 N stunt man

tèkùn dìqū 特困地区 N destitute areas

Tèluòyī mùmǎ 特洛伊木马 N Trojan horse (legend)

tí 提 v to carry

tī píqiú 踢皮球 v to kick the ball

tiān 天 N day

tián 甜 ADJ sweet

tiǎn 舔 v to lick

tián jiàngyóu 甜酱油 N soy sauce (sweet)

tiān yǒu búcè fēngyún 天有不测风云 IDIOM a bolt from the blue

tiánbiǎo 填表 v to fill out (form)

tiānfù rénquán 天赋人权 N natural rights

tiānhuābǎn 天花板 N ceiling

tiánjìng 田径 N track and field

tiānkōng 天空 N sky

tiānpíng 天平 N scales

tiānqì 天气 N weather

tiānqì yùbào 天气预报 N weather forecast

tiánshí 甜食 N sweet, dessert

tiányāshì jiàoxué 填鸭式教学 N cramming method of teaching

Tiānzhǔjiào 天主教 N Catholic

Tiānzhǔjiàode 天主教的 ADJ Catholic (in general)

Tiānzhǔjiàotú 天主教徒 N Catholic (people)

tiào 跳 v to jump

tiàocáo 跳槽 N job-hopping

tiàocáozhě 跳槽者 N job-hopper

tiáojiàn 条件 N condition (subjective/objective)

tiáokǎn 调侃 v to tease

tiáokuǎn 条款 N item, individual thing

tiàoqí 跳棋 N Chinese checkers

tiáowèizhī 调味汁 N sauce

tiàowǔ 跳舞 v to dance

tiāoxuǎn 挑选 v to select, pick, choose

tiàozǎo shìchǎng 跳蚤市场 N flea market

tiǎozhàn 挑战 N challenge

tíchéng 提成 N sales commission

tídào 提到 v to mention

tiě 铁 N iron (metal)

tiědào 铁道 N railroad, railway

tiěfànwǎn 铁饭碗 IDIOM iron rice bowl (guaranteed job security)

tiěgēmen 铁哥们 N sworn friend

tiělù 铁路 N railroad, railway

tiěwàn rénwù 铁腕人物 N iron-handed person

tiěxuè 铁血 ADJ blood and iron

tígāo 提高 v to raise, lift

tígōng 提供 N offering

tíjià 提价 N price hike

tímù 题目 N topic

tīng 听 v to listen

tíng 停 v to stop, cease

tīngbudǒng 听不懂 not able to understand (by hearing)

tīngbujiàn 听不见 didn't hear

tīngbuqīngchu 听不清楚 cannot hear clearly

tíngchē 停车 v to park (vehicle)

tīngdedǒng 听得懂 able to understand (by hearing)

tīngdǒngle 听懂了 understood (by hearing)

tīnghuà 听话 ADJ obedient

tīngjiàn 听见 v to hear

tíngyuàn jīngjì 庭院经济 N courtyard economy

tíngzhǐ 停止 v to stop, halt

tíqǐ 提起 v to lift, raise

tìshēn yǎnyuán 替身演员 N body double

tíwài huà 题外话 N digression

tǐwēn 体温 N temperature (body)

tíxǐng 提醒 v to remind

tǐyàn 体验 v to experience

tǐyù cǎipiào 体育彩票 N sports lotteries

tǐzhòng 体重 N body weight

tīzi 梯子 N ladder

tóng 铜 N bronze, copper

tòng 痛 ADJ sore, painful

tóngbù wèixīng 同步卫星 N geosynchronous satellite

tōngcháng 通常 ADJ, ADV normal; normally

tóngchuáng 童床 N cot

tōngguān 通关 V to clear customs

tōngguò 通过 PREP through, past

tōnghuò biǎnzhí 通货贬值 N devaluation (currency)

tōnghuò jǐnsuō 通货紧缩 N deflation (currency)

tōnghuò shēngzhí 通货升值 N revaluation (currency)

tòngkǔ 痛苦 N suffering

tónglèi chǎnpǐn 同类产品 N similar product

tōngpiào 通票 N through ticket

tōngshāng kǒuàn 通商口岸 N treaty port(s)

tóngshēng chuányì 同声传译 N simultaneous interpretation

tóngshí 同时 ADV meanwhile

tóngshì 同事 N co-worker, colleague

tōngxìn 通信 V to correspond (write letters)

tōngxìn guānglǎn 通信光缆 N telecommunications cable

tóngxìngliàn 同性恋 N homosexuality

tóngyàng 同样 ADJ identical

tóngyàngde 同样地 ADV likewise

tóngyì 同意 V to agree

tǒngyī shìchǎng 统一市场 N single market

tǒngyī zhànxiàn 统一战线 N united front

tóngyīde 同一的 ADJ identical

tōngzhī 通知 V to inform; to give notice

tǒngyīshuì 统一税 N flat tax

Tōngyòng qìchē gōngsī 通用汽车公司 N General Motors (GM)

tóngzhì 同志 N comrade

tǒngzǐ lóu 筒子楼 N tube-shaped apartment (low-income apartment w/o ensuite)

tōu 偷 V to steal

tóu 头 N head

tōu qiánbāo 偷钱包 V to pickpocket

tóubiāo 投标 V to bid for

tōudùzhě 偷渡者 N illegal immigrant

tóufa 头发 N hair

tōugōng jiǎnliào 偷工减料 V to do shoddy work and use inferior material

tóuhào zhǒngzi xuǎnshǒu 头号种子选手 N top seed (player)

tóujīn 头巾 N headdress

tòumíngdù 透明度 N transparency

tóupiào 投票 V to vote

tóushǒu 投手 N pitcher (baseball)

tōushuì lòushuì 偷税漏税 N tax evasion

tóusù 投诉 V, N to complain; complaint

tóusù zhōngxīn 投诉中心 N complaint center

tóuténg 头疼 V to have a headache

tóutòng 头痛 V to have a headache

tóuxián 头衔 N title (of person)

tóuyūn 头晕 ADJ dizzy

tóuzī fēngxiǎn 投资风险 N investment risk

tóuzī huánjìng 投资环境 N investment environment

tóuzī zhǔtǐ 投资主体 N investment subject

tú 图 N drawing

tuánduì jīngshén 团队精神 N team spirit

tuánjié jiù shì lìliàng 团结就是力量 IDIOM Solidarity is strength

tuántǐ 团体 N group

tūchū 突出 V to stick out

tǔdì shǐyòngquán 土地使用权 N land-use right

tǔdìshāhuà 土地沙化 N desertification of land

tǔdìsuānhuà 土地酸化 N soil acidification

tuī 推 V to push

tuǐ 腿 N leg

tuīchí 推迟 V to postpone, delay

tuījiàn 推荐 V to recommend

tuìshì 退市 N, V delisting (stock)

tuìxiū 退休 ADJ retired

tuìxiūjīn 退休金 N retirement pension

tūn 吞 V to swallow

tuō 脱 V to take off (clothes)

tuō yǎnghé tánghésuān 脱氧核糖核酸 N deoxyribonucleic acid (DNA)

tuō Zhōngguóhuà 脱中国化 N de-Sinification

T

tuōfú kǎoshì 托福考试 N Test of English as a Foreign Language (TOEFL)

tuōkǒuxiù 脱口秀 N talk show

tuōlā zuòfēng 拖拉作风 ADJ sluggish in working

tuóniǎo zhèngcè 鸵鸟政策 N ostrich policy

tuōpán 托盘 N tray

tuōpín zhìfù 脱贫致富 V to overcome poverty and achieve prosperity

tuōqiàn gōngzī 拖欠工资 N wage arrears

tuōxiāo 脱销 ADJ out of stock

tuōxié 拖鞋 N slippers

tuǒyuánxíngde 椭圆形的 ADJ oval (shape)

tūrán 突然 ADV suddenly

túshūguǎn 图书馆 N library

tūtóude 秃头的 ADJ bald

tǔzhùde 土著的 ADJ indigenous (in general)

tǔzhùrén 土著人 N indigenous

W

wā qiángjiǎo 挖墙脚 V to undermine the foundation of sth

wài jiāo huò miǎn quán 外交豁免权 N diplomatic immunity

wài xū 外需 N overseas demand

wàicéng kōngjiān 外层空间 N outer space

wāifēng xiéqì 歪风邪气 N bad influence

wàiguóde 外国的 ADJ foreign

wàiguórén 外国人 N foreigner

wàiguó zīběn 外国资本 N foreign capital

wàihuì chǔbèi 外汇储备 N foreign exchange reserves

wàihuì guǎnzhì 外汇管制 N foreign exchange controls

wàijiāo bìhù 外交庇护 N diplomatic asylum

wàijiāo 外交 N diplomacy

wàijiào 外教 N foreign teacher

wàiliánwǎng 外联网 N extranet (computer)

wàimài 外卖 N take-out; takeaway

wàimào 外貌 N appearance, looks

wàimiàn 外面 N outside

wàiqǐ 外企 N foreign owned enterprise

wàishēng 外甥 N nephew (maternal)

wàishēngnǚ 外甥女 N niece (maternal)

wàishuìjú 外税局 N foreign-related tax bureau

wàisūnnǚ 外孙女 N granddaughter (maternal)

wàisūnzi 外孙子 N grandson (maternal)

wàitān 外滩 N the Bund (Shanghai)

wàitào 外套 N jacket

wàixiàngxíng jīngjì 外向型经济 N export-oriented economy

wàixīngrén 外星人 N extra-terrestrial (ET)

wàiyī 外衣 N coat, jacket

wàizhài 外债 N foreign debt

wàizǔfù 外祖父 N grandfather (maternal)

wàizǔfùmǔ 外祖父母 N grandparents (maternal)

wàizǔmǔ 外祖母 N grandmother (maternal)

wàmài diàn 外卖店 N take-out restaurant

wǎn 晚 ADJ late at night

wǎn 碗 N bowl

wàn 万 N ten thousand

wánchéng 完成 V to complete, finish

wǎndiǎn 晚点 ADJ delayed (train, bus etc)

wāndòu 豌豆 N peas

wǎnfàn 晚饭 N dinner, evening meal

wǎng 网 N net

wǎng 往 PREP to, toward (a place)

wǎng shì rú fēng 往事如风 IDIOM Past is past

wǎngbā 网吧 N Internet cafe

wàng zǐ chénglóng 望子成龙 V to hold high hopes for one's child

wǎngcháng 往常 ADJ usual

wǎngchóng 网虫 N Internet geek

wángchǔ 王储 N Crown Prince

wǎngfǎn jīpiào 往返机票 N return ticket

wǎngguān 网关 N gateway (Internet)

wàngjì 忘记 V to forget

wàngle 忘了 ADJ forgotten

wǎngliàn 网恋 N Internet romance, cyber-romance

wǎngluò 网络 N network

wǎngluò chūbǎn 网络出版 N online publishing

wǎngluò guǎnlǐ yuán 网络管理员 N network administrator

wǎngluò jīngjì 网络经济 N Internet economy

wǎngluò kǒngbù zhǔ yì 网络恐怖主义 N cyberterrorism

wǎngluò shèxiàngjī 网络摄像机 N webcam

wǎngmín 网民 N netizen

wǎngqiú 网球 N tennis

wǎngshàng chōnglàng 网上冲浪 V to surf the Internet

wǎngshàng jiāoyì píngtái 网上交易平台 N online trading platform

wángtàizǐ 王太子 N Crown Prince

wángù fènzǐ 顽固分子 N die-hard

wángùde 顽固的 ADJ stubborn, determined

wǎngyǒu 网友 N Internet friend, cyberpal

wǎngzhàn 网站 N website

wánjiéle 完了了 ADJ finished (complete)

wánjù 玩具 N toy

wánle 完了 ADJ over, finished

wánpíde 顽皮的 ADJ naughty

wánquán 完全 ADV completely

wánr 玩儿 V to play, have fun

wǎnshang 晚上 N evening

wànwàn 万万 NUM hundred million

wànwéi wǎng 万维网 N World Wide Web (www)

wàzi 袜子 N socks

wè miǎn guànjūn 卫冕冠军 N defending champion

wéi/wèi 喂 GR hello! (on phone)

wèi 为 CONJ for

wèi 喂 V to feed

wèi ... fúwù 为 ... 服务 V to serve

wèi ... nǐdìng de 为 ... 拟定的 ADJ intended for ...

Wēi'ěrsī 威尔斯 N Wales

Wēi'ěrsīde 威尔斯的 ADJ Welsh (in general)

Wēi'ěrsīrén 威尔斯人 N Welsh (people)

Wēi'ěrsīyǔ 威尔斯语 N Welsh (language)

wěiba 尾巴 N tail

wèichéngshúde 未成熟的 ADJ unripe

wěidà 伟大 ADJ great, impressive

wèidànde 味淡的 ADJ mild (not spicy)

wèidào 味道 N taste, flavor

wèihūnfū 未婚夫 N fiancé

wèihūnqī 未婚妻 N fiancée

wèijīng 味精 N MSG

wèimiǎn shìjiè guànjūn 卫冕世界冠军 N reigning world champion

Wēiruǎn gōngsī 微软公司 N Microsoft Corporation

wèishénme 为什么 ADV, EXCLAM why? what for?

wēixiǎn 危险 N danger

wēixiǎn de 危险的 ADJ dangerous

wèixīngchéng 卫星城 N satellite town

wèixīng dǎohang 卫星导航 N satellite navigation

wēixíngde 微型的 ADJ mini

wéiyī 唯一 ADJ sole, only

wéiyī de ruòdiǎn 唯一的弱点 N Achilles' heel

wèiyú 位于 CONJ to be situated, to be located

wén 闻 V to smell

wěn 吻 N kiss

wèn 问 V to enquire, ask about

wēnbǎo gōngchéng 温饱工程 N Adequate Food and Clothing Program

wěndìng wùjià 稳定物价 V to stabilize prices

wēndù 温度 N temperature (heat)

wènhòu 问候 N greetings

wénhuà 文化 N culture

wénhuà chǎnyè 文化产业 N cultural industry

wénhuà chōngjī 文化冲击 N cultural shock

wénhuà lǚyóu 文化旅游 N cultureoriented travel

wénjiàn 文件 N document, letter

wénjù 文具 N stationery

wénkē 文科 N the arts (education)

wénlián 文联 N literary federation (of China)

wénmíng jiēdào 文明街道 N model community

wēnnuǎn 温暖 N warmth

wēnnuǎnde 温暖的 ADJ mild (not cold)

wēnquán 温泉 N hot spring

wēnróude 温柔的 ADJ mild (not severe)

wénshēn 纹身 N tattoo

wēnshì qìtǐ 温室气体 N greenhouse gas

wéntāo wǔlüè 文韬武略 V to be master of both the pen and the sword

wèntí 问题 N question, problem

wénxué 文学 N literature

wènxùnchù 问讯处 N information desk

wényǎde 文雅的 ADJ gentle

wénzhāng 文章 N article (in newspaper)

wénzi 蚊子 N mosquito

wǒ 我 PRON I, me

wǒde tiān 我的天 EXCLAM goodness!

wǒde 我的 PRON my, mine

wǒmen 我们 PRON, PL we, us

wǒmende 我们的 PRON, PL our, ours

wòshì 卧室 N bedroom

wū 屋 N room (in house)

wǔ 五 NUM five

wù 雾 N fog

wūdiǎn 污点 N stain

wūdǐng 屋顶 N roof

wūdǐng huāyuán 屋顶花园 N roof garden

wǔfàn 午饭 N lunch, midday meal

wúfēng bùqǐ làng 无风不起浪 IDIOM There's no smoke without fire

wúféng wǎngluò 无缝网络 N seamless network

wúfú bīngxiāng 无氟冰箱 N freon-free refrigerator

wú gōnghài shūcài 无公害蔬菜 N organic vegetable

wūgòu 污垢 N dirt, filth

wūguī 乌龟 N turtle (land)

wǔhuì 舞会 N dance

wùhuì 误会 N misunderstanding

wùjiàjú 物价局 N Price Bureau

wùjiě 误解 V, N to misunderstand; misunderstanding

wúlǐ 无礼 ADJ impolite

wúliáo 无聊 ADJ bored

wùliú 物流 N logistics

wūlóngqiú 乌龙球 N own goal

wū lòu yòu fénglián yèyǔ 屋漏又逢连夜雨 IDIOM It never rains but it pours; Misfortunes never come singly

wúlùn héshí 无论何时 ADV, CONJ whenever

wùpǐn 物品 N item, individual thing

wǔqì 武器 N weapon

wūrǎn 污染 N pollution

wūrǎn zhǐshù 污染指数 N pollution index

wúrén shòupiào 无人售票 N self-service ticketing

wūrǔ 侮辱 V to insult

wúshéng diànhuà 无绳电话 N cordless telephone

wúshéngláidiàn xiǎnshì diànhuà 无绳来电显示电话 N cordless telephone with caller ID

wǔshí 五十 NUM fifty

wūshuǐ chǔlǐ 污水处理 N sewage treatment

wǔtiān zhìgōng zuòrì 五天制工作日 N five-day workweek

wútǔ zāipéi 无土栽培 N soil-less cultivation

wú wéi ér zhì 无为而治 V to govern by "letting it be"; manage in a laissez-faire way

wúxí dàikuǎn 无息贷款 N interest-free loan

wǔxiá xiǎoshuō 武侠小说 N martial arts novel

wúxiàn yìngyòng xiéyì 无线应用协议 N WAP (wireless application protocol)

wúxiànzhì 无限制 ADJ free of restraints

wúxíng zīchǎn 无形资产 N intangible assets

wǔyè 午夜 N midnight

wùyè gōngsī 物业公司 N property management company

wù yǐ lèi jù 物以类聚 IDIOM Birds of a feather flock together

wúyòngde 无用的 ADJ useless

Wǔyuè 五月 N May

wúzhī 无知 ADJ ignorant

wú zhōng shēng yǒu 无中生有 V to make something out of nothing

X

xī 吸 V to suck

xī 稀 ADJ thin (of liquids)

xǐ 洗 V to wash

xǐ ge línyù 洗个淋浴 V to take a shower

xǐ yōu cān bàn 喜忧参半 ADJ mingled with hope and fear

xǐ'ài 喜爱 V to prefer

xiā 虾 N prawn

xià 下 PREP, ADJ down, downward

xià dìngdān 下订单 V to order something

xià yī ge 下一个 ADV, N next (in line, sequence)

xiá'ài 狭隘 ADJ narrow

xià'è 下颚 N lower jaw

xiàba 下巴 N chin

xiàbèizi 下辈子 N the next life

xiàchē 下车 V to get off (bus/train)

xiàchuán 下船 V to get off (boat)

xià fēijī 下飞机 V to get off (plane)

xiàgǎng zhígōng 下岗职工 N laid-off workers

xiàhu 吓唬 ADJ frightened

xiàjiàng 下降 V to decline (get less)

xiálù 狭路 N lane (alley)

xiān 先 ADJ, ADV first, earlier; beforehand

xián 咸 ADJ salty

xiàn 线 N thread

xián bǐnggān 咸饼干 ADJ cracker, salty biscuit

xián jiàngyóu 咸酱油 ADJ soy sauce (salty)

xián pín ài fù 嫌贫爱富 V to despise the poor and curry favor with the rich

xiān xiàshǒu wéi qiáng 先下手为强 IDIOM strike first to gain an advantage; catch the ball before the bound

xiànchǎng zhíbō 现场直播 N live broadcast

xiàndàide 现代的 ADJ modern

xiànfǎ xiūzhèng'àn 宪法修正案 N amendments to the Constitution

xiànfǎ 宪法 N the Constitution

xiāng 香 N incense, fragrant

xiāng 箱 N box

xiǎng 想 V to think, ponder

xiàng 向 PREP toward

xiàng 巷 N alley, lane

xiàng 象 V to look like

xiàng ... tí yìjiàn 向 ... 提意见 V to advise; to propose (ideas)

xiàng qián 向前 ADJ, ADV forward

xiàng qiánkàn 向钱看 N mammonism

xiàng règuō shàng de mǎyǐ 像热锅上的蚂蚁 IDIOM ants on a hot pan (dangerous situation)

xiàng zhè zhǒng de 象这种的 CONJ such as, for example

xiāngbǐ 相比 V to compare

xiāngbīnjiǔ 香槟酒 N champagne

xiāngdāng 相当 ADV quite (fairly)

xiǎngfa 想法 N thoughts

xiāngfǎn 相反 ADJ opposite (contrary)

Xiānggǎng 香港 N Hong Kong

Xiānggǎng tèbié xíngzhèngqū 香港特别行政区 N Hong Kong Special Administrative Region (HKSAR)

xiānggé 相隔 ADV apart

Xiānggélǐlā 香格里拉 N Shangri-la

xiāngjiāo 香蕉 N banana

xiàngjiāo 橡胶 N rubber (material)

xiāngkǒujiāo 香口胶 N chewing gum

xiǎnglè zhǔyì 享乐主义 N hedonism

xiàngliàn 项链 N necklace

xiāngliào 香料 N spices

xiāngmáo 香茅 N lemongrass

xiǎngniàn 想念 V to miss (loved one)

xiàngpícā 橡皮擦 N rubber (eraser)

xiàngqí 象棋 N Chinese chess

xiāngqīn 相亲 N blind date

xiángqíng 详情 N details, particulars

xiàngshàng 向上 PREP, ADV up, upward

xiāngshí de rén 相识的人 N acquaintance

xiǎngshòu 享受 V to enjoy

xiāngshuǐ 香水 N perfume

xiāngsìde 相似的 ADJ similar

xiāngtóng 相同 ADJ alike

xiāngxià 乡下 N country (rural area)

xiàngxià 向下 PREP, ADV down, downward

xiǎngxiàng 想象 V to imagine, to fancy

xiāngxiàng 相象 V to resemble

Xiāngxièlìshè dàjiē 香榭里舍大街 N Avenue des Champs-Élysées (in Paris)

xiāngxìn 相信 V to believe

xiàngyá 象牙 N ivory

xiāngyān 香烟 N cigarette

xiāngzhèn qǐyè 乡镇企业 N rural and small town enterprises

xiāngzhuàng 相撞 V to collide

xiāngzi 箱子 N suitcase, chest (box)

xiànhài 陷害 V to frame sb; to accuse

xiànjīn liúliàng 现金流量 N cashflow

xiānjué tiáojiàn N 先决条件 condition (pre-condition)

xiànkuǎn 现款 N cash, money

xiànmù 羡慕 V to envy

xiānrù wéi zhǔ 先入为主 N preconceived idea

xiānsheng 先生 N Mr (term of address)

X

xiǎnshèng 险胜 N narrow victory

xiǎnshìqì 显示器 N monitor (of computer)

xiànzài 现在 ADV now, nowadays, presently

xiànzhù 陷住 ADJ stuck, won't move

xiǎo 小 ADJ little (small)

xiào 笑 V to smile, laugh

xiǎo dào xiāoxī 小道消息 N hearsay

xiǎo jīnkù 小金库 N private (secret) coffer

xiǎobā 小巴 N minibus

xiǎobiàn 小便 V to urinate

xiǎodiànzi 小垫子 N mat

xiǎofèi 小费 N tip (gratuity)

xiāofèi xìndài 消费信贷 N consumer credit

xiāofèishuì 消费税 N sales tax

xiāofèizhě xiéhuì 消费者协会 N consumers association

xiàoguǒ 效果 N effect, result

xiǎohái 小孩 N child (young person)

xiàohuà 笑话 N joke

xiǎohúzi 小胡子 N mustache

xiǎojie 小姐 N Miss (term of address)

xiǎokāng 小康 ADJ well-off, wealthy

xiǎokāng zhī jiā 小康之家 N relatively well-off family

xiǎolíngtōng 小灵通 N Personal Handy-phone System

xiǎolǚguǎn 小旅馆 N lodge, small hotel

xiǎolǎoshǔ 小老鼠 N mouse (animal)

xiǎoqì 小气 ADJ mean (stingy)

xiāoqiǎn 消遣 N pastime

xiǎorénwù 小人物 N nobody

xiǎoshān 小山 N hill

xiǎoshí 小时 N hour

xiǎoshí gōng 小时工 N hourly worker

xiǎoshū 小叔 N brother-in-law (husband's younger brother)

xiǎoshuō 小说 N novel

xiǎotiánbǐng 小甜饼 N cookie, sweet biscuit

xiǎotōu 小偷 N pickpocket

xiǎoxiā 小虾 N shrimp, prawn

xiǎoxīn 小心 EXCLAM careful!

xiǎoxīnde 小心的 ADJ cautious

xiǎoxíng héwǔqì 小型核武器 N mini-nuke

xiàoxùn 校训 N school motto

xiāoyè 宵夜 N late night light-supper

xiàoyuán wénhuà 校园文化 N campus culture

xiǎozǔ tǎolùn 小组讨论 N group discussion

xiàtiān 夏天 N summer

xiàwǎng 下网 ADJ offline

xiàwǔ 下午 N afternoon (3 pm to dusk)

xiàxīngqī 下星期 N next week

xiàxuě 下雪 V to snow

xiàyóu hángyè 下游行业 N downstream industry

xiàyǔ 下雨 V to rain

xiàzài 下载 V to download (from the computer or Internet)

xiázhǎi 狭窄 ADJ narrow

xiàzhì 夏至 N summer solstice

xīběi 西北 N, ADJ north-west

xībiān 西边 N, ADJ west

xībù 西部 N Western (China), Western US

xìchángde 细长的 ADJ slim

xié 鞋 N shoe

xiě 写 V to write

xié'ède 邪恶的 ADJ wicked

xié'è zhóuxīn 邪恶轴心 N axis of evil

xiédìng 协定 N agreement

xiéjiào 邪教 N cult (esp. evil ones)

xiétiáo shìjièshí 协调世界时 N Universal Time Coordinated (UTC)

xiēwēi 些微 ADJ slight

xièxie 谢谢 thank you

xiězhēnjí 写真集 N photo album

xiézhù 协助 N, V assistance; to assist

xiězuò 写作 N composition, writings

xǐfàjì 洗发剂 N shampoo

Xīfāngde 西方的 ADJ Western

Xīfāngrén 西方人 N Westerner

xífù 媳妇 N daughter-in-law

xīgài 膝盖 N knee

xīguā 西瓜 N watermelon

xíguàn 习惯 N, ADV habit; used to

xīhóngshì 西红柿 N tomato

xīhuà 西化 N westernization

xǐhuan 喜欢 V to be fond of

xīhuǒ 熄火 V to stall (car); to stop burning (stove)

xìjūnzhàn 细菌战 N germ war

xīlánhuācài 西兰花菜 N broccoli

xīmiè 熄灭 V to go out (fire, candle)

xǐlǐ 洗礼 N baptism

xī'nán 西南 N, ADJ southwest

xīn 新 ADJ new

xìn 信 V, N to trust; letter

xīn shíqì shídài 新石器时代 N the Neolithic Age

X

xīn'gànxiàn 新干线 N Shinkansen, bullet train

xīnchǒng 新宠 N new favorite

xìndéguò chǎnpǐn 信得过产品 N trustworthy product

xìnfēng 信封 N envelope

xíng 行 EXCLAM okay

xǐng 醒 ADJ awake

xìng 姓 N surname

xìngbié 性别 N sex, gender

xìngbié qíshì 性别歧视 N sexual discrimination

xíngchéng 形成 V to form a shape

xíngdòng 行动 N action

xíngérshàngxué 形而上学 N metaphysics

xíngfǎ 刑法 N criminal law

xīngfèn 兴奋 excited

xìnggé 性格 N character (personality)

xìng xíngwéi 性行为 N sex, sexual activity

xìngjià bǐ 性价比 N price/performance ratio

xǐnglái 醒来 V to awake, wake up

xíngli 行李 N baggage, luggage

xìngmíng 姓名 N name

xīngqī 星期 N week

Xīngqī'èr 星期二 N Tuesday

Xīngqīliù 星期六 N Saturday

Xīngqīrì 星期日 N Sunday

Xīngqīsān 星期三 N Wednesday

Xīngqīsì 星期四 N Thursday

Xīngqītiān 星期天 N Sunday

xīngqiú dàzhàn 星球大战 N Star Wars

Xīngqīwǔ 星期五 N Friday

Xīngqīyī 星期一 N Monday

xìngsāorǎo 性骚扰 N sexual harassment

xíngshì zhǔyì 形式主义 N formalism

xīngxīng 星星 N star

xīngxīng 猩猩 N orangutan

xìngyùnde 幸运地 ADV luckily, fortunately

xìngyùnde 幸运的 ADJ lucky

xíngzhuàng 形状 N shape

Xīnjiāpō 新加坡 N Singapore

Xīnjiāpōde 新加坡的 ADJ Singaporean (in general)

Xīnjiāpōrén 新加坡人 N Singaporean (people)

xīnláng 新郎 N bridegroom

xīnlǐ sùzhì 心理素质 N mental toughness

xīnnián hǎo 新年好 GR happy new year!

xīnniáng 新娘 N bride

xìnrèn 信任 V, N to trust; confidence, trust

xīnwén 新闻 N news

xīnwénjiè 新闻界 N press, journalism

xìnxī 信息 N information

xìnxī gāosù gōnglù 信息高速公路 N information superhighway

xìnxī gémìng 信息革命 N information revolution

xīnxiān 新鲜 ADJ fresh

xīnxiǎng shìchéng 心想事成 PHR May all your wishes come true

Xīnxīlán 新西兰 N New Zealand

Xīnxīlánde 新西兰的 ADJ things pertaining to New Zealand

Xīnxīlánrén 新西兰人 N New Zealander

xìnxīn 信心 N confidence

xīnxīng shìchǎng 新兴市场 N emerging market

xīnxiù 新秀 N rising star, rookie (sports)

xìnyǎng 信仰 N belief, faith

xìnyòng jǐnsuō 信用紧缩 N credit crunch

xìnyòng wēijī 信用危机 N credit crisis

xìnyòng wénhuà 信用文化 N credit culture

xìnyòngkǎ 信用卡 N credit card

xīnzàng 心脏 N heart

xīnzhào bùxuān 心照不宣 N tacit understanding

xiōngdìjiěmèi 兄弟姐妹 N siblings

xiōngměngde 凶猛的 ADJ fierce

xiōngqiāng 胸腔 N chest (breast)

xīpíshì 嬉皮士 N hippie

xǐqián 洗钱 N money laundering

xīshēng 牺牲 V, N to sacrifice; sacrifice

xīshì níngrén 息事宁人 V to settle disputes and bring about peace

xǐshǒujiān 洗手间 N restroom, bathroom

xísú 习俗 N custom, tradition

xiūbǔ 修补 V to mend

xiūchēháng 修车行 N garage (for repairs)

xiūchǐ 羞耻 N shame, disgrace

xiùhuāde 绣花的 ADJ embroidered

xiūjiàtiān 休假天 N day off

X

xiūlǐ 修理 v to repair

xiūxi 休息 N, v rest; to relax

xǐwǎn 洗碗 v to wash the dishes

xīwàng 希望 v, N to wish, hope; hope

xīwàng gōngchéng 希望工程 N Project Hope (charity in China)

xīyáng chǎnyè 夕阳产业 N sunset industry

xīyángjìng 西洋镜 N hanky-panky

xīyǐn 吸引 v to attract

xīyǒude 稀有的 ADJ rare (scarce)

Xīzàng 西藏 N Tibet

xǐzǎo 洗澡 v to bathe, take a bath

xìzhuāng 戏装 N costume

xuánér wèijué de wèntí 悬而未决的问题 N outstanding question

xuǎnjǔ 选举 N election

xuǎnjǔ rénpiào 选举人票 N electoral vote

xuǎnměi 选美 N beauty contest

xuǎnzé 选择 v, N to choose; choice

xǔduō 许多 ADV lots of

xué 学 v to learn, study

xuě 雪 N snow

xuè 血 N blood

xuéfèi 学费 N fee

xuéfēn 学分 N course credit

xuèguǎn 血管 N blood vessel

xuějiā(yān) 雪茄(烟) N cigar

xuésheng 学生 N student, pupil

xuéshēng jiǎn fù 学生减负 v to alleviate the burden on students

xuéshí 学时 N credit hours

xuéxí 学习 v to learn

xuéxiào 学校 N school

xuèyā 血压 N blood pressure

xūgòu 虚构 v to make up, invent, fabricate

xūjiǎ zhàngwù 虚假帐务 N fraudulent accounting

xǔkězhèng 许可证 N permit

xúnfúde 驯服的 ADJ tame

xúnháng dǎodàn 巡航导弹 N cruise missile

xùnliàn 训练 N training

xùnsī wǎngfǎ 徇私枉法 v to bend the law for the benefit of relatives or friends

xùnsī wǔbì 徇私舞弊 v to bend the law for personal gain and engage in fraud

xúnwènchù 询问处 N information desk

xúnxù jiànjìn 循序渐进 ADV step by step

xúnzhǎo 寻找 v to search for

xūyào 需要 v, N to need; need

Y

yā 压 v to press

yá 牙 N tooth, teeth

yágāo 牙膏 N toothpaste

yājīn 押金 N advance money, deposit

yālì 压力 N pressure

yān 烟 N smoke

yán 盐 N salt

yán'gé 严格 ADJ strict, severe

yǎnchū 演出 N performance

yándòng 岩洞 N cave

... yàng de rén? ... 样的人？ one who, the one which

yáng 羊 N sheep

yàngběn 样本 N sample

yángcōng 洋葱 N onion

yángguāng 阳光 N sunlight

yángròu 羊肉 N lamb, mutton

yángmáo 羊毛 N wool

yǎngyù 养育 v to bring up (children)

yàngzi 样子 N appearance

yānhuā 烟花 N fireworks

yánhuáng zǐsūn 炎黄子孙 N people of Chinese origin

yànhuì 宴会 N banquet

yǎnjiǎng 演讲 N, v speech; to make a speech

yǎnjing 眼睛 N eye

yǎnjìng 眼镜 N glasses, spectacles

yánjiū 研究 N research

yǎnlèi 眼泪 N tears

yánlì 严厉 ADJ severe

yǎnméi 眼眉 N eyebrow

yānnì 淹溺 v to drown

yánqī 延期 v to postpone

yánsè 颜色 N color

yānshuǐ 淹水 N flood

yǎnshuō 演说 N, v speech; to make a speech

yānsǐ 淹死 v to drown

yánsù 严肃 ADJ serious (somber)

yànwù 厌恶 v to dislike

yànwùde 厌恶的 ADJ disgusting

yánzhe 沿着 v to follow along

yánzhòng 严重 ADJ serious (severe)

yáo 摇 v to shake

yǎo 咬 v to bite

Y

yào 要 v to want, request
yào 药 n drug (medicine)
yáobǎi 摇摆 v to swing
yàobùrán 要不然 conj else, or else
yāodài 腰带 n belt
yàodiàn 药店 n pharmacy, drugstore
yàofāng 药方 n prescription
yàofáng 药房 n drugstore, pharmacy
yáohuǎng 摇晃 v to shake something
yàopiàn 药片 n pills, tablets
yāoqǐng 邀请 v, n to invite; invitation
yāoqiú 要求 v, n to demand, request
yàoshi 要是 conj if
yàoshi 钥匙 n key (to room)
yàowǎn 药丸 n pills
yáshuā 牙刷 n toothbrush
Yàyùnhuì 亚运会 n the Asian Games
yǎzhìde 雅致的 adj elegant
Yàzhōu 亚洲 n Asia
Yàzhōude 亚洲的 adj Asian (in general)
Yàzhōurén 亚洲人 n Asian (people)
yāzi 鸭子 n duck
yě 也 adv as well, also
yè 页 n page
yè 夜 n night
yě shì 也是 adv too (also)
yěbù 也不 adv nor
yěshēngde 野生的 adj wild
yěxǔ 也许 conj maybe, perhaps
yéye 爷爷 n grandfather (paternal)
yèzhǔ 业主 n property owner
yēzi 椰子 n coconut
yèzi 叶子 n leaf
yèzǒnghuì 夜总会 n nightclub
yī 一 num one
yì 亿 num hundred million
(yī chē) huòwù (一车) 货物 n load
yī cì 一次 n, adv once
yī dá 一打 n dozen
yī fān fēng shùn 一帆风顺 gr bon voyage!
yī fèn 一份 n portion, serving
yǐ fùkuǎn 已付款 adj paid
yī ge rén 一个人 adj alone
yī shuāng 一双 n a pair of
yī tào xīfú 一套西服 n business suit
yībān 一般 adj average (so-so, just okay)
yībàn 一半 n, adj half
yībèizi 一辈子 n lifetime
yībùfèn 一部分 adj partly

Yìdàlì 意大利 n Italy
Yìdàlìde 意大利的 adj Italian (in general)
Yìdàlìrén 意大利人 n Italian (people)
Yìdàlìyǔ 意大利语 n Italian (language)
yīdiǎn búcuò 一点不错 exclam exactly! just so!
yīdiǎnr 一点儿 adj little (not much)
yīdìng 一定 adj sure, certain
yídòng diànhuà 移动电话 n mobile phone, cell phone
yīfu 衣服 n clothes, clothing
yífu 姨夫 n uncle (husband of mother's sister)
yīgòng 一共 adv, n altogether; in total
yíhàn 遗憾 n regret
yíhànde 遗憾地 adv regrettably
yǐhé wéi guì 以合为贵 phr Peace is the best option
yīhù rényuán 医护人员 n doctors and nurses
yīhuǐr 一会儿 adv later
yǐhūn 已婚 adj married
yìjiàn yīzhì 意见一致 exclam agreed!
yìjiàn 意见 n opinion, advice
yíjiāo 移交 v to hand over
yíjiě 姨姐 n sister-in-law (wife's older sister)
yǐjīng 已经 adv already
yīkào 依靠 v to depend on
yīliáo 医疗 n medical
yīliáo bǎoxiǎn 医疗保险 n medical insurance
yímèi 姨妹 n sister-in-law (wife's younger sister)
yīmèir dìzhǐ 依妹儿地址 n email address
yīmèir 依妹儿 n email (message)
yímín 移民 n immigrant
yímǔ 姨母 n aunt (wife's mother's older/younger sister)
yín 银 n silver
yīn'àn 阴暗 adj dull (weather)
yǐncáng 隐藏 adj hidden
yīncǐ 因此 conj therefore
yīndào 阴道 n vagina
Yìndù 印度 n India
Yìndùde 印度的 adj Indian (in general)
Yìndùníxīyà 印度尼西亚 n Indonesia
Yìndùrén 印度人 n Indian (people)

Y

Yìndùyǔ 印度语 N Indian (language)
yíng 赢 v to win
yīng'ér 婴儿 N baby
yīng'érchuáng 婴儿床 N cot
yìngbì 硬币 N coin
yìngde 硬的 ADJ stiff
yīnggāi 应该 v ought to
Yīngguó 英国 N England, United Kingdom
Yīngguóde 英国的 ADJ British (in general)
Yīngguórén 英国人 N English (people)
yíngjiù 营救 v to rescue
yīngjùn 英俊 ADJ handsome
yìngpán 硬盘 N hard disk/drive (computer)
Yīngshì Yīngyǔ 英式英语 N British English
Yīngtèwǎng 英特网 N Internet
Yīngwén 英文 N English (language)
yǐngxiǎng 影响 v to affect, influence
yǐngxiǎnglì 影响力 N influence
Yīngyǔ 英语 N English (language)
yìngzhǐbǎn 硬纸板 N cardboard
yǐngzi 影子 N shadow
yínháng 银行 N bank (finance)
yīnjīng 阴茎 N penis
yīnliángchù 阴凉处 N shade
yǐnliào 饮料 N drink, refreshment
Yìnní 印尼 N Indonesia
Yìnníde 印尼的 ADJ Indonesian (in general)
Yìnnírén 印尼人 N Indonesian (people)
Yìnníyǔ 印尼语 N Indonesian (language)
yǐnqǐ xiànmù de 引起羡慕的 ADJ envious
yīntiān 阴天 ADJ overcast, cloudy
yīnwèi 因为 CONJ because
yìnxiàng 印象 N impression
yǐnxíng yǎnjìng 隐型眼镜 N contact lens
yīnyuè 音乐 N music
yīnyuè diànshì 音乐电视 N music TV
yīnyuèhuì 音乐会 N concert
yīnyuètīng 音乐厅 N concert hall
yìqǐ 一起 ADV together
yǐqián 以前 ADV ago, before (in time)
yíqiè 一切 PRON, ADJ everything
yīshēng 医生 N doctor
yìshí 意识 N awareness
yìshídào 意识到 v be aware

yìshù 艺术 N art
yìshùjiā 艺术家 N artist
yìsi 意思 N meaning
Yīsīlánjiào 伊斯兰教 N Islam
Yīsīlánjiàode 伊斯兰教的 ADJ Islamic
yìtú 意图 N intention
yìwàn fùwēng 亿万富翁 N billionaire
yǐxià 以下 ADJ following
yīxiē 一些 ADV, PRON some, a little
yíxìn 疑心 N suspicion
yíyàng 一样 PRON same
yīyuàn 医院 N hospital
Yīyuè 一月 N January
yìzhí 一直 ADV straight ahead
yǐzhì 以致 CONJ in order that, so that
yìzhì 抑制 v to restrain
yǐzi 椅子 N chair
yòng 用 v to use
yòng zìmǔ pīnxiě 用字母拼写 v to spell
yōngbào 拥抱 v to embrace
yǒnggǎn 勇敢 ADJ brave, daring
yònggōng 用功 ADJ hardworking, industrious
yòngguāngle 用光了 ADJ finished (none left), depleted
yōngjǐ 拥挤 ADJ busy (crowded)
yǒngjiǔde 永久的 ADJ permanent
yòngrén 佣人 N servant
yòngyì 用意 v to mean (intend)
yōngyǒu 拥有 v to own
yǒngyuǎn 永远 ADV forever
yóu 油 N oil
yǒu 有 v there is, there are
yòu ... yòu 又 ... 又 CONJ both ... and
yǒu bāndiǎn de 有斑点的 ADJ spotted (pattern)
yǒu lǐmào de 有礼貌的 ADJ well-mannered
yǒu nénglì 有能力 ADJ to be capable of
yǒu rénqíngwèi de 有人情味的 ADJ human
yǒu xìnxīn 有信心 ADJ to have confidence
yǒu xīwàng de 有希望地 ADV hopefully
yǒu xīyǐnlì de 有吸引力的 ADJ attractive
yǒu yìsi 有意思 ADJ interesting
yǒu zhìxù de 有秩序地 ADJ orderly, organized
yòubiān 右边 N right-hand side
yǒubìngde 有病的 ADJ ill, sick

yǒudúde 有毒的 ADJ poisonous

yǒuguān 有关 CONJ about (regarding), concerning

yǒuhǎo 友好 ADJ friendly

yōuhuì 优惠 ADJ discount

yóujú 邮局 N post office

yóukè 游客 N tourist

yōuměi 优美 ADJ beautiful (of places)

yǒumíng 有名 ADJ famous

yōumòde 幽默的 ADJ humorous

yóunì 油腻 N fat, grease

yóupiào 邮票 N stamp (postage)

yóuqī 油漆 V, N to paint (house, furniture); paint

yǒuqián 有钱 ADJ well off, wealthy

yóuqíshì 尤其是 ADV particularly, especially

yǒuqù 有趣 ADJ interesting

yǒurén 有人 PRON somebody, someone

yòurén 诱人 ADJ attractive

yǒushí 有时 ADV sometimes

yǒutiáowénde 有条纹的 ADJ striped

yóuxì 游戏 N game

yǒuxiào 有效 ADJ valid

yōuxiùde 优秀的 ADJ excellent

yóuyǒng 游泳 N swimming

yǒuyòng 有用 ADJ useful

yóuyǒngchí 游泳池 N swimming pool

yóuyǒngyī 游泳衣 N swimming costume

yóuyú 鱿鱼 N squid

yóuzhá 油炸 ADJ fried

yǒuzīyǒuwèide 有滋有味的 ADJ tasty, delicious

yǒuzuì 有罪 ADJ guilty (of a crime)

yú 于 PREP on (of dates)

yú 鱼 N fish

yǔ 雨 N rain

yǔ ... xiāngbǐ 与 ... 相比 V compared with

yuǎn 远 ADJ far

yuánliàng 原谅 V to forgive

yuánquān 圆圈 N circle

yuánrén 猿人 N ape

yuànwàng 愿望 N desire

yuánxíngde 圆形的 ADJ round (shape)

yuányīn 原因 N reason, cause

yuánzhūbǐ 圆珠笔 N ballpoint pen

yuànzi 院子 N courtyard

yùdìng 预定 V to reserve (ask for in advance)

yuè 月 N month

yuēdìng 约定 V to fix (a time, an appointment)

yuèfù 岳父 N father-in-law (wife's father)

yuèguò 越过 V to go past

yuēhǎo 约好 V to fix (a time, an appointment)

yuèjīngqī 月经期 N period (menstrual)

yuèliang 月亮 N moon

yuèmǔ 岳母 N mother-in-law (wife's mother)

Yuènán 越南 N Vietnam

Yuènánde 越南的 ADJ Vietnamese (in general)

Yuènánrén 越南人 N Vietnamese (people)

Yuènányǔ 越南语 ADJ Vietnamese (language)

yuèqì 乐器 N musical instrument

yùfùkuǎn 预付款 N advance money, deposit

yùgāng 浴缸 N bathtub

yúkuàide 愉快的 ADJ enjoyable

yǔlín 雨林 N rainforest

yúlù 鱼露 N fish sauce

yùmǐ 玉米 N corn, grain

yùn yīfu 熨衣服 V to iron (clothing)

yùndòng 运动 N sports

yùndòng yǐnliào 运动饮料 N sports drink

yùndǒu 熨斗 N iron (for clothing)

yùnqì 运气 N luck

yùnsòng 运送 V to deliver

yǔnxǔ 允许 V to allow, permit

yùpén 浴盆 N bathtub

yúshì 于是 CONJ thus, so

yùshì 浴室 N bathroom

yǔyán 语言 N language

yùyī 浴衣 N bathrobe

yùyuē 预约 N appointment

Z

zá páizi 砸牌子 V to ruin one's reputation

záfèi 杂费 N miscellaneous expenses

zài 在 PREP at

zài 再 ADV again

zài 载 V to carry

zài ... de qiánmiàn 在 ... 的前面 PREP in front of ...

zài ... dǐxià 在 ... 底下 PREP under

zài ... duìmiàn 在 ... 对面 PREP across from ...

Z

zài ... hòumiàn 在 ... 后面 PREP behind ...

zài ... lǐ 在 ... 里 PREP inside of

zài ... pángbiān 在 ... 旁边 PREP beside ...

zài ... qījiān 在 ... 期间 PREP during

zài ... shàng 在 ... 上 PREP on ..., at ...

zài ... wài 在 ... 外 PREP outside

zài ... wàimiàn 在 ... 外面 PREP outside of ...

zài ... yǐhòu 在 ... 以后 PREP after ...

zài ... zhè yīdài 在 ... 这一带 PREP around ... (nearby)

zài ... zhījiān 在 ... 之间 PREP between ...

zài ... zhīzhōng 在 ... 之中 PREP among ...

zài ... zhōuwéi 在 ... 周围 PREP around ... (surrounding)

zài jiā 在家 ADV at home

zǎi kè 宰客 v to rip off customers

zài nǎli/nǎr 在哪里 / 哪儿 ADV where

zài qínglǐ zhī nèi 在情理之内 ADJ within reason

zǎi rén 宰人 v to rip off

zài yī (ge) 再一（个）N another one (same again)

zàijiàn 再见 EXCLAM goodbye

zàijiàn 在建 ADJ under construction

zàijiàn gōngchéng 在建工程 N construction in progress

zàijiùyè 再就业 N re-employment

zàijiùyè fúwù zhōngxīn 再就业服务中心 N re-employment service center

zàijiùyè gōngchéng 再就业工程 N re-employment project

zāimín 灾民 N victims of natural disaster

zāinàn 灾难 N disaster

zàirén wèixīng 载人卫星 N manned satellite

zàishēngzhǐ 再生纸 N recycled paper

zàixiàn 在线 ADJ online

zàixiàn shūdiàn 在线书店 N online bookstore

zànchéng 赞成 EXCLAM agreed!

zāng 脏 ADJ dirty

zāngdàn 脏弹 N dirty bomb

zànglǐ 葬礼 N funeral

zǎoliàn 早恋 N puppy love

zàolín yùndòng 造林运动 N afforestation campaign

zánmen 咱们 PRON, PL we, us (includes the one addressed)

zánmende 咱们的 PRON, PL our (includes the one addressed)

zànshí 暂时 ADJ temporary

zànyáng 赞扬 v to praise

zāo 糟 ADJ bad

zǎo 早 ADJ early

zǎofàn 早饭 N breakfast, morning meal

zāopò 糟粕 N dross

zǎorì kāngfù 早日康复 GR get well soon!

zǎoshang 早上 N morning

zǎoshì 早市 N morning market

zàoyīn 噪音 N noise

zázhì 杂志 N magazine

zéguài 责怪 v to blame

zéi 贼 N thief

zēngjiā 增加 v to raise, increase

zēngjiā tǐzhòng 增加体重 v to gain weight

zēngzhǎng 增长 v to grow larger

zēngzhíshuì 增值税 N value added tax (VAT)

zěnme 怎么 ADV how

zérèn 责任 N duty (responsibility)

zérèn biānjí 责任编辑 N editor in charge

Zhādǎ yínháng 渣打银行 N the Chartered Bank

zhài 债 N debt

zhāijiè 斋戒 v to fast

zhàitái gāozhù 债台高筑 v to become debt-ridden

Zhāiyuè 斋月 N Ramadan (Muslim festival)

zhàizhuǎn'gǔ 债转股 N debt-to-equity swap

zhàn 站 v, N to stand; stop (bus, train)

zhàn biànyí 占便宜 v to profit at others' expense

zhàn dezhù jiǎo 站得住脚 ADJ can hold water

zhàndòu 战斗 N battle

zhànfǔ shìxún hángdǎodàn 战斧式巡航导弹 N Tomahawk missile

zhànfú 战俘 N prisoner of war (POW)

zhànfúyíng 战俘营 N prisoner-of-war camp

zhǎng 长 v to grow, be growing (plant)

zhàng'ài 障碍 N hindrance

zhǎngbèi 长辈 N elder

zhǎngdà 长大 v to grow up (child)
zhàngdān 帐单 N bill
zhàngfu 丈夫 N husband
zhǎngshàng diànnǎo 掌上电脑 N PDA
zhānguāng 沾光 v to benefit from one's association
zhǎnlǎn 展览 N display
zhànlüè huǒbàn guānxì 战略伙伴关系 N strategic partnership
zhànpiào 站票 N standing-room-only ticket
zhàntái piào 站台票 N platform ticket
zhǎnxiàn 展现 v to reveal (make visible)
zhànxiàn 占线 ADJ engaged (telephone)
zhànyǒu 占有 v to possess
zhànzhēng 战争 N war
zhǎo 找 v to look for, seek
zhāobiāo 招标 v to call for bids
zhāocái jìnbǎo 招财进宝 PHR May money and treasures be plentiful!
zhàogu 照顾 v to take care of
zhàoguǎn 照管 v to look after
zháohuǒ 着火 ADJ on fire
zhàojiàn 召见 v to call, summon
zhāopái 招牌 N signboard
zhāopáicài 招牌菜 N signature dishes
zhàopiàn 照片 N photograph
zhāopìnhuì 招聘会 N job fair
zhāoshāng yǐnzī 招商引资 v to attract investments
zhàoshì táoyì 肇事逃逸 ADJ hit-and-run (accident)
zhàoshì táoyì shìgù 肇事逃逸事故 N hit-and-run accident
zhāoshǒu 招手 v to wave
zhàoxiàng 照相 v to photograph
zhàoxiàngjī 照相机 N camera
zhāoyáng chǎnyè 朝阳产业 N sunrise industry
zhè 这 PRON this
zhédié 折叠 v to fold
zhéduàn 折断 v to break apart
zhéduànle 折断了 ADJ broken, snapped (of bones, etc.)
zhéjiù 折旧 N depreciation
zhèlǐ 这里 ADV here
zhème, nàme 这么, 那么 PRON so (degree)
zhēn 针 needle

zhēn diūliǎn! 真丢脸 INTERJ shame: what a shame!
zhēncái shíxué 真才实学 N genuine knowledge
zhēnchá fēijī 侦察飞机 N surveillance aircraft
zhēnchéngde 真诚的 ADV truly
zhēnde 真的 ADV really (in fact), true
zhēnde ma? 真的吗? INTERJ really?
zhēng 争 v to fight over
zhèng 挣 v to earn
zhěng ge 整个 ADJ whole, to be complete
zhèngǎn 震感 N earthquake tremors
zhèngcháng 正常 ADJ normal
zhèngchángde 正常的/地 ADJ, ADV normal; normally
zhēngchǎo 争吵 v to argue
zhèngdǎng 政党 N party (political)
zhēngde 蒸的 ADJ steamed
zhèngfāngxíng 正方形 N square (shape)
zhèngfǔ 政府 N government
zhèngfǔ gànyù 政府干预 N government intervention
zhèngfǔ gōngzuò bàogào 政府工作报告 N government work report
zhěngjié 整洁 ADJ tidy
zhèngjù 证据 N proof
zhēngliúshuǐ 蒸馏水 N distilled water
zhēnglùn 争论 N argument
zhèngmíng 证明 v to prove
zhēngqì 蒸汽 N steam
zhěngqí 整齐 ADJ tidy, neat
zhèngqì 正气 N uprightness; integrity
zhèngquè 正确 ADJ right, correct
zhèngrén 证人 N witness
zhèngshìde 正式的 official, formal
zhèngshū 证书 N certificate
zhěngtǐ lái kàn 整体来看 ADV on the whole
zhēngyì dìqū 争议地区 N disputed area
zhèngzhì 政治 N politics
zhèngzhì pòhài 政治迫害 N political persecution
zhèngzhì tǐzhì gǎigé 政治体制改革 N political restructuring
zhèngzhìjú 政治局 N politburo
zhènjí 震级 N magnitude (earthquake)
zhēnjūn 真菌 N fungus
zhēnkōng bāozhuāng 真空包装 N vacuum packing

zhènqū 震区 N seismic zone

zhēnshànměi 真善美 truth, goodness and beauty

zhèntou 枕头 N pillow

zhēnxī bīnwēi zhíwù 珍稀濒危植物 N rare or endangered species

zhènyǔ 阵雨 N shower (rain)

zhènyuán 震源 N epicenter (of an earthquake)

zhènzhōng 震中 N epicenter

zhènzhōng lièdù 震中烈度 N epicentral intensity

zhènzhōngqū 震中区 N epicentral area

zhēnzhū 珍珠 N pearl

zhèr 这儿 ADV here

zhètáng 蔗糖 N sugarcane

zhèxiē 这些 PRON these

zhèyàng 这样 CONJ thus, so

zhèyàngde 这样的 PRON such

zhǐ 只 ADJ, ADV, CONJ just, only

zhǐ 纸 N paper

zhì 炙 V to grill

zhǐ bāobúzhù huǒ 纸包不住火 IDIOM Sooner or later, the truth will out

zhǐ shàng tánbīng 纸上谈兵 N an armchair strategist

zhì shāng 智商 N intelligence quotient (IQ)

zhí yè péixùn 职业培训 N job training

zhí'ér 侄儿 N nephew (paternal)

zhíbō 直播 N live broadcast

zhíchèn 职称 N professional title

zhīchí 支持 V to back up

zhǐchū 指出 V to point out

zhīdao 知道 V to know (be aware of)

zhídào 直到 CONJ until

zhíde 直的 ADJ straight (not crooked)

zhíde 值得 ADJ to be worth, of value

zhǐdú cúnchǔqì 只读存储器 N read-only-memory (ROM)

zhífǎ rényuán 执法人员 N law enforcer

zhīfù 支付 N payment

zhígāo 职高 N vocational high school

zhìhǎiquán 制海权 N command of the sea

zhǐhuī 指挥 V to command

zhíjiǎ 指甲 N nail (finger, toe)

zhíjiē xuǎnjǔ 直接选举 N direct election

zhìkōngquán 制空权 N air supremacy

zhìliàng shǒuhéng dìnglǜ 质量守恒定律 N law of conservation of mass

zhìliáo 治疗 V to treat (medically)

zhīmá 芝麻 N sesame seeds

zhìmìng yào hài 致命要害 N Achilles' heel

zhìnángtuán 智囊团 N think tank

zhínǚ 侄女 N niece (paternal)

zhīqián 之前 ADV beforehand, earlier

zhìshǎo 至少 ADV at least

zhīshi 知识 N knowledge

zhǐshì 只是 ADJ sole, only; but

zhǐshì 指示 V to instruct, tell to do something

zhīshí chǎnquán 知识产权 N intellectual property

zhīshí jīngjì 知识经济 N knowledge economy

zhīshí jiù shì lìliàng 知识就是力量 IDIOM Knowledge is power

zhīshí zīběn 知识资本 N knowledge capital

zhǐtòngyào 止痛药 N painkiller

zhíwù 植物 N plant

zhíwù qúnluò 植物群落 N plant community

zhíwù fànzuì 职务犯罪 N crime committed in the course of one's profession

zhíwùrén 植物人 N persistent vegetative state

zhíwùyuán 植物园 N botanic gardens

zhíxiāo 直销 N direct selling

zhìxiāo shāngpǐn 滞销商品 N slow-moving sales goods

zhíxiáshì 直辖市 N municipality directly under the central government

zhìxù 秩序 N order

zhíyè 职业 N occupation, profession

zhìyè 置业 N house purchase

zhíyè gāozhōng 职业高中 N vocational high school

zhíyè jièshàosuǒ 职业介绍所 N employment agency

zhíyè jīnglǐrén 职业经理人 N professional manager

zhǐyǒu 只有 ADV only

zhìzào 制造 V to manufacture

zhǐzé 指责 V to accuse

zhǐzhāng 纸张 N sheet (of paper)

zhízhào 执照 N license, permit

zhīzhùchǎnyè 支柱产业 N mainstay industry

zhízi 侄子 N nephew (paternal)

Z

zhōng 钟 N clock
zhòng 种 V to plant
zhòng 重 ADJ heavy
zhōng/xiǎoxuéshēng 中/小学生 N middle school/primary school schoolchild
Zhōngdōng hépíng jìnchéng 中东和平进程 N the Middle East peace process
zhōngduān fúwùqì 终端服务器 N terminal server (computer)
Zhōngguó 中国 N China
Zhōngguóde 中国的 ADJ Chinese (in general)
Zhōngguó diànxìn 中国电信 N China Telecom
Zhōngguó liántōng gōngsī 中国联通公司 N China Unicom
Zhōngguó yídòng 中国移动 N China Mobile
Zhōngguójié 中国结 N Chinese knot
Zhōngguórén 中国人 N Chinese (people)
zhōngjiān 中间 N center, middle
zhǒnglèi 种类 N sort, type
zhōngjiè 中介 N agent; agency
zhòngkǒu nántiáo 众口难调 IDIOM One man's meat is another man's poison
zhòngliàng 重量 N weight
zhōnglìguó 中立国 N neutral power
zhōngliú dǐzhù 中流砥柱 N mainstay; chief cornerstone
Zhōngshānzhuāng 中山装 N Chinese tunic suit; Mao suit
zhōngshēn zhíwùzhì 终身职务制 N life-long tenure
zhòngshì 重视 V to value; to put great importance to sth
Zhōngshì kuàicān 中式快餐 N Chinese fast food
zhòngshǐ zhī dì 众矢之的 N target of public criticism
zhōngtóu 钟头 N hour
Zhōngwén 中文 N Chinese (language)
zhōngwǔ 中午 N midday, afternoon
zhōngxīn huánjié 中心环节 N key link
zhōngyāng 中央 ADJ central
zhōngyāng shāngwùqū 中央商务区 N central business district (CBD)
Zhōngyào 中药 N traditional Chinese medicine (TCM)
zhòngyào 重要 ADJ, N important; importance
zhòngyàode 重要的 ADJ major (important)
zhōngyú 忠于 V to stick to
zhōngyú 终于 ADV finally
zhòngzāiqū 重灾区 N severely-hit area
zhòngzhí 种植 V to grow, cultivate
zhōngzhǐ 终止 V to end (finish)
zhòngzhíyè 种植业 N plantation
zhōngzhuǎnzhàn 中转站 N connection (transport)
zhǒngzi 种子 N seed
zhōu 洲 N continent
zhǒu 肘 N elbow
zhōujì dàndào dǎodàn 洲际弹道导弹 N intercontinental ballistic missiles (ICBM)
zhòuméi 皱眉 V to frown
zhōumò 周末 N weekend
zhōuqīxìng piāntóutòng 周期性偏头痛 N migraine
zhōuwéi de shìwù 周围的事物 N surroundings
zhū 猪 N pig
zhǔ 煮 V to boil
zhù 住 V to stay, live
zhù 柱 N post, column
zhù hǎo 祝好 N best wishes
zhù nǐ hǎoyùn 祝你好运 GR good luck!
zhuǎn 转 V to turn around
zhuǎnbài wéi shèng 转败为胜 V to turn the tables
zhuǎnchē 转车 V to change bus/train
zhuàngchē 撞车 V to crash (car)
zhuānfǎng 专访 N exclusive interview
zhuǎnguǐ jīngjì 转轨经济 N transition economy
zhuānghuò 装货 V to load up
zhuāngmǎn 装满 V to fill
zhuāngpèi 装配 V to assemble, put together
zhuāngshì 装饰 V to decorate
zhuàngshí 壮实 ADJ stout
zhuāngshìpǐn 装饰品 N ornament
zhuàngtài 状态 N condition (status)
zhuàngxiàn 撞线 V to breast the tape (running)
zhuǎnjī yīnshēngwù 转基因生物 N GMO (Genetically Modified Organism)

zhuǎnjī yīnshípǐn 转基因食品 N GM food (genetically modified food)

zhuānjiā 专家 N expert

zhuānlì chǎnpǐn 专利产品 N patented product

zhuānmàidiàn 专卖店 N franchise store

zhuānmén réncái 专门人才 N professional talent

zhuànqián 赚钱 V to make money (in business)

zhuǎnshì 转世 N reincarnation

zhuānshǔ jīngjìqū 专属经济区 N exclusive economic zone

zhuāntí bàodào 专题报道 N special coverage

zhuǎnyè 转业 V to transfer to civilian work (from military)

zhuāzhe 抓着 V to hold, grasp

zhuāzhù 抓住 V to catch

zhuāzhù jīyù 抓住机遇 V to seize the opportunity

zhūbǎo 珠宝 N jewelry

zhùcè kuàijìshī 注册会计师 N certified public accountant (CPA)

zhùcè zīběn 注册资本 N registered capital

zhǔchírén 主持人 N presenter; host

zhǔdetòude 煮得透的 ADJ well-cooked, well-done

zhùdiàn 住店 N check in

zhùdiàn shǒuxù 住店手续 N check-in formalities

zhǔfèile 煮沸了 ADJ boiled

zhùhè nǐ 祝贺你 EXCLAM congratulations!

zhuī 追 V to chase

zhuīcháozú 追潮族 N fashion follower

zhuīchēzú 追车族 N auto fan

zhuīpíng 追平 V to equalize (soccer, etc.)

zhuīqiú 追求 V to seek, pursue

zhuīqiú xiǎngshòu 追求享受 V to play around

zhuīxīngzú 追星族 N groupie

zhǔjī 主机 N computer (main)

zhújiànde 逐渐地 ADV gradually

zhǔliú 主流 N mainstream

Zhūmùlǎngmǎfēng 珠穆朗玛峰 N Mount Qomolangma; Mount Everest

zhǔnbèi 准备 V to prepare, get ready

zhǔnbèihǎole 准备好了 ADJ prepared, ready

zhǔnshí 准时 ADJ on time

zhǔnxǔ 准许 V to permit, allow

zhuōbù 桌布 N tablecloth

zhuólù 着陆 V to land (plane)

zhuōzi 桌子 N table

zhùpǎo 助跑 N run-up

zhǔrén 主人 N host

zhūròu 猪肉 N pork

zhùrù 注入 V to inject

zhǔshóule 煮熟了 ADJ cooked

zhùsù 住宿 N accommodations

zhǔyào 主要 ADJ main, most important

zhǔyàode 主要的 ADV mainly

zhǔyè 主页 N home page

zhǔyi 主意 N idea

zhùyì 注意 V to notice; EXCLAM look out!

zhùzhái xiǎoqū 住宅小区 N residence community

zī bù dǐzhài 资不抵债 N insolvency

zìcóng 自从 CONJ since

zìdiǎn 字典 N dictionary

zìdòng 自动 ADJ automatic

zìdòng guìyuánjī 自动柜员机 N automatic teller machine (ATM)

zìfā 自发 ADJ spontaneous

zìfā bàgōng 自发罢工 N wildcat strikes

zìfèi liúxué 自费留学 V to study abroad at one's own expense

zīgé 资格 N qualification

zǐgōng 子宫 N uterus

zìháo 自豪 N pride

zìjǐ 自己 N self

zìjǐ 自给 ADJ self-sufficient

zìjǐde 自己的 ADJ own, personal

zìmǔ 字母 N alphabet

zìrán bǎohùqū 自然保护区 N natural reserve

zìrán fēngjǐng 自然风景 N scenery

zìránde 自然的 ADJ natural

zìránjiè 自然界 N nature

zìrán zīyuán bǎohùqū 自然资源保护区 N natural resource protection zone

zǐsè 紫色 N, ADJ purple

zīshì 姿势 N gesture

zǐtóng 紫铜 N copper

zìwǒ bǎohù 自我保护 N self-protection

zìwǒ jièshào 自我介绍 V to introduce oneself

zìxíngchē 自行车 N bicycle

zìxué chéngcái 自学成才 v to become well-educated through self-study

zìyíng 自营 ADJ self-run, self-operated

zìyóu 自由 N freedom

zìyóude 自由的 ADJ free, independent

zìyóu jìngzhēng 自由竞争 N free competition

zìyóu màoyìqū 自由贸易区 N free-trade zone

zìyóu zhíyèzhě 自由职业者 N freelancer

zìyóugǎng 自由港 N free port

zìzhì 自治 N, ADJ self-governance; self-governing

zìzhìquán 自治权 N autonomy

zìzhù yínhang 自助银行 N self-service bank

zìzhù 自助 ADJ self-service

zìzú jīngjì 自足经济 N self-sufficient economy

zìzú 自足 ADJ self-sufficient

zìzūn 自尊 N self-respect, self-esteem

zìzūnxīn 自尊心 N pride

zìzuò zìshòu 自作自受 to stew in one's own juice

zǒngcái zhùlǐ 总裁助理 N assistant to the president

zōnghé guólì 综合国力 N comprehensive national power

zōnghé 综合 ADJ comprehensive

zōngjiào 宗教 N religion

zǒnglǐ 总理 N prime minister

zōngsè 棕色 N, ADJ brown

zǒngshì 总是 ADV always

zǒngtǒng 总统 N president

zōngyì jiémù 综艺节目 N variety show

zǒu 走 v to leave, depart

zǒu hòumén 走后门 v to go through the back door

zǒudédào de jùlí 走得到的距离 N walking distance

zǒuhóng 走红 v to become popular

zǒuláng 走廊 N corridor

zǒulù 走路 ADV on foot

zǒusī 走私 v to smuggle (illegal goods)

zǒusī dúpǐn 走私毒品 N drug-smuggling

zǒuxíngshì 走形式 N a mere formality

zū 租 v to hire, rent

zǔ'ài 阻碍 v to hinder

zǔ'ài 阻碍 N obstruction

zǔ'ài sīfǎ 阻碍司法 N obstruction of justice

zuànshí 钻石 N diamond

zǔchuán 祖传 ADJ handed down from one's ancestors

zǔfù 祖父 N grandfather (paternal)

zǔfùmǔ 祖父母 N grandparents (paternal)

zúgòu 足够 v be enough

zuǐ 嘴 N mouth

zuì 最 ADJ most (superlative)

zuì hǎo 最好 ADJ best

zuìbùfādá guójiā 最不发达国家 N least developed countries

zuìchūde 最初的 ADJ original

zuǐchún 嘴唇 N lips

zuìdī gōngzī 最低工资 N minimum wage

zuìduō 最多 ADV most (the most of)

zuìfàn 罪犯 N criminal

zuìhòu 最后 ADJ last (final)

zuìhòude 最后的 ADV finally

zuìhuàide 最坏的 ADJ worst

zuìhuìguó 最惠国 N most favored nation

zuìhuìguó dàiyù 最惠国待遇 N most favored nation status

zuìshǎo 最少 ADJ least (smallest amount)

zuìzhōng yònghù 最终用户 N end user

zǔmǔ 祖母 N grandmother (paternal)

zūnjìng 尊敬 v to respect

zūnyán 尊严 N respect

zūnzhòng 尊重 v, N to respect; respect

zuò 坐 v to sit

zuò 做 v to act, make

zuò báirìmèng 做白日梦 v to daydream

zuò hǎo bǎngyàng 做好榜样 v to set a good example

zuò huǒchē 坐火车 v to travel by rail

zuò jiǎzhàng 做假帐 N accounts manipulation

zuò zuìhǎo de xīwàng 做最好的希望 v to hope for the best

zuò zuìhuài de dǎsuàn 做最坏的打算 v to prepare for the worst

zuò'ài 做爱 v to make love

zuǒbiān 左边 N left-hand side

Z

zuòcài 做菜 v to cook
zuòchē 坐车 v to ride (in car)
zuòchū nǔlì 做出努力 v to make an effort
zuòde hǎo! 做得好 INTERJ well done!
zuòfàn 做饭 v to cook
zuòguo 做过 v to have done something
zuòhǎole 做好了 ADJ done (finished)
zuòjiā 作家 N writer
zuòmèng 做梦 v to dream
zuǒqīng 左倾 ADJ left-wing (politics)
zuòshì bù guǎn 坐视不管 v to sit idle
zuótiān 昨天 N yesterday
zuówǎn 昨晚 N last night

zuòwèi 座位 N seat
zuòwén 作文 N composition, writings
zuòxiàlai 坐下来 v to sit down
zuǒyòu 左右 ADV roughly, approximately
zuǒyòu wéi nán 左右为难 ADJ be caught in a dilemma
zúqiú 足球 N soccer
zúqiúduì 足球队 N soccer team
zǔwěihuì 组委会 N organizing committee
zǔxiān 祖先 N ancestor
zǔzhǐ 阻止 v to prevent
zǔzhuāng 组装 v to assemble, put together

English–Chinese

A

a, an ART yī/yí ge 一/一个

a bolt from the blue IDIOM tiān yǒu búcè fēngyún 天有不测风云

a little ADJ yìdiǎnr 一点儿

a lot ADJ hěnduō 很多

a thousand mile journey begins with the first step IDIOM qiān-lǐ-zhī-xíng-shǐ-yú-zú-xià 千里之行始于足下

abacus N suánpán 算盘

abandon, desert, to V pāoqì 抛弃

abdomen N fùbù 腹部

abide by, to V zūnshǒu/xìnshǒu 遵守/信守

ability N nénglì 能力

able to ADJ néng/kěyǐ 能/可以

able to understand (reading) ADJ kàndedǒng 看得懂

able to understand (hearing) ADJ tīngdedǒng 听得懂

aboard ADV shàng huǒchē/fēijī/lúnchuán 上火车/飞机/轮船

abolish, to V feizhǐ 除止

abortion N duòtāi/liúchǎn 堕胎/流产

about, approximately ADV dàyuē 大约

about, regarding ADV yǒuguān 有关

above PREP shàngmiàn 上面

abroad ADV guówài 国外

abrupt ADJ tūrán de 突然的

ABS (anti-lock braking system) N fángbàosǐ xìtǒng 防抱死系统

absent ADJ quēxí 缺席

absurd ADJ huāngtang/huāngmiù 荒唐/荒谬

abundant, plentiful ADJ fēngfù 丰富

abuse N lànyòng/nüèdài 滥用/虐待

academic ADJ xuéshù de 学术的

accent N kǒuyīn 口音

accept, to V jiēshòu 接受

accessory N zhuāngshìpǐn/fùjiàn 装饰品/附件

accident N shìgù 事故

accidentally, by chance ADV ǒuránde 偶然地

accommodations N zhùsù 住宿

accompany, to V péi 陪

accomplice N tóngmóu/bāngxiōng 同谋/帮凶

accomplished fact N jìchéng shìshí 既成事实

according to ADV gēnjù 根据

account N 1 (*finance*) zhànghù/zhàngmù 账户/账目 2 (*narrative*) xùshù/miáoxiě 叙述/描写

accountant N kuàijìshī 会计师

accounting fraud N jiǎzhàng 假帐

accounts manipulation N zuò jiǎzhàng 做假帐

accumulate V jīlěi/jíjù 积累/集聚

accurate ADJ zhǔnquè de/jīngquè de 准确的/精确的

accuse, to V zhǐzé 指责

ache, to V tòng 痛

achieve a goal, to V shíxiàn mùbiāo 实现目标

Achilles' heel N wéiyī de ruòdiǎn 唯一的弱点, zhìmìng yào hài 致命要害

acid rain N suānyǔ 酸雨

acknowledge, to V 1 (*loan, debt*) chéngrèn 承认 2 (*fact, matter*) quèrèn 确认 3 (*status, achievement*) rènkě 认可

acne N cuóchuāng/fěncì 痤疮/粉刺

acquaintance N shúrén 熟人

acquainted, to be V rènshi mǒurén 认识某人

acre N yīngmǔ 英亩

acrobat N zájì yǎnyuán 杂技演员

acronym N shǒu zìmǔ pīnyīn cí 首字母拼音词

across PREP héngguò 横过

across from PREP, ADV zài ... duìmiàn 在 ... 对面

act, to V zuò 做

act as go-between, to V chuānzhēn yǐnxiàn 穿针引线

act restlessly, to V dǎo jiānghú 捣浆糊

action N xíngdòng 行动

active user N dāngqián yònghù 当前用户

activity N huódòng 活动

actually ADV qíshí 其实

adaptable ADJ shìyìngxìng qiáng de 适应性强的

add, to V jiā 加

addict (person) N chīmízhě 痴迷者

additional ADJ éwàide/fùjiāde 额外的/附加的

address N dìzhǐ 地址

adequate ADJ zúgòu de 足够的

adhesive tape N jiāodài 胶带

adjective N xíngróngcí 形容词

adjustment N tiáozhěng/jiāozhèng 调整/校正

administration N guǎnlǐ/xíngzhèng 管理/行政

admiral N jiànduì sīlìng/hǎijūn shàngjiàng 舰队司令/海军上将

admire, to V qīnpèi 钦佩

admit, confess, to V chéngrèn 承认

adolescent N qīngshàonián 青少年

adopt, to V (*child*) lǐngyǎng/shōuyǎng 领养/收养

adore, to V 1 àimù/jìngmù 爱慕/敬慕 2 xǐ'ài 喜爱

adult N chéngrén 成人

adult education N chéngjiào 成教

adult film N sānjípiàn 三级片

adult movie N chéngrén diànyǐng 成人电影

adultery N tōngjiān 通奸

advance, go forward, to V qiánjìn 前进

advance money, deposit N yùfùkuǎn/yājīn 预付款/押金

advanced ADJ 1 (*studies*) gāojí (de) 高级（的）2 (*age*) lǎo de 老的

advantage N hǎochù/yìchù 好处/益处

adventure N màoxiǎn (huódòng) 冒险（活动）

adverb N fùcí 副词

advertising man, ad man N guǎnggàorén 广告人

advice N quàngào 劝告

advise, to V chū zhǔyì 出主意

aerobics N yǒu yǎngjiànshēn yùndòng 有氧健身运动

affect, to V yǐngxiǎng 影响

affection N gǎnqíng 感情

affirmative ADJ kěndìng de肯定的

affix, paste on, to V tiēshang/zhāntiē 贴上/粘贴

affluent, well-to-do ADJ fùyù de 富裕的

afford, to V fùdāndeqǐ 负担得起

afforest, to V lǜhuà 绿化

afforestation N lǜhuà 绿化

afforestation campaign N zàolín yùndòng 造林运动

Afghanistan N Āfùhàn 阿富汗

Afghan War N Āfùhàn zhànzhēng 阿富汗战争

afraid ADJ pà 怕

Africa N Fēizhōu 非洲

after PREP zài ... yǐhòu 在 ... 以后

afternoon (3 pm to dusk) N xiàwǔ 下午

afternoon (midday) N zhōngwǔ 中午

after-sale services N shòuhòu fúwù 售后服务

afterwards, then ADV hòulái 后来

again ADV zài 再

against PREP 1 fǎnduì 反对 2 kào zài 靠在

age N niánlíng 年龄

aged, elderly ADJ niánlǎo de 年老的

agenda; to-do list N huìyì yìchéng/yìshì rìchéng 会议议程/议事日程

agent; agency N zhōngjiè 中介

aggressive ADJ hào dǒu de/chōng jìn shízú de 好斗的/冲劲十足的

agile ADJ línghuó de/mǐnjié de 灵活的/敏捷的

aging of the population N rénkǒu lǎolínghuà 人口老龄化

aging society N lǎolíng shèhuì 老龄社会

ago ADV yǐqián 以前

agony N tòngkǔ/jùliè de téngtòng 痛苦/剧烈的疼痛

agree, to V tóngyì 同意

agreed! EXCLAM zànchéng 赞成

agreement N xiédìng 协定

agricultural ecology N nóngyè shēngtàixué 农业生态学

agricultural reclamation N nóngkěn 农垦

agriculture N nóngyè 农业

agro-forestry N nónglínjiàn zuò 农林间作

ahead ADV 1 (zài) qiánmiàn（在）前面 2 tíqián de 提前的

aid, help, to V yuánzhù/bāngzhù 援助/帮助

AIDS (=acquired immune deficiency syndrome) N 艾滋病 àizībìng

aim, objective N mùbiāo/mùdì 目标/目的

air N kōngqì 空气
air conditioning N kōngtiáo 空调
air hostess N kōngzhōng xiǎojiě 空中小姐
air stewardess N kōngzhōng xiǎojiě 空中小姐
air supremacy N zhìkōngquán 制空权
aircraft carrier N hángmǔ/hángkōng mǔjiàn 航母/航空母舰
airfare N fēijī piàojià 飞机票价
airline N hángkōng gōngsī 航空公司
airmail N hángkōng yóujiàn 航空邮件
airplane N fēijī 飞机
airport N fēijīchǎng 飞机场
airy ADJ tōngfēng de 通风的
alarm clock N nàozhōng 闹钟
alas INTERJ āiyā 哎呀
album (music) N chàngpiàn 唱片
alcohol, liquor N jiǔ 酒
alcoholic I ADJ hán jiǔjīng de 含酒精的 II (*person*) N jiǔguǐ/xùjiǔzhě 酒鬼/酗酒者
alert ADJ jīmǐn de/jījǐng de/jǐngjué de 机敏的/机警的/警觉的
alias N huàmíng/jiǎmíng 化名/假名
alien N 1 wàiguórén/wàiqiáo 外国人/外侨 2 wàixīngrén 外星人
alike ADJ, ADV xiāngtóng 相同
aliment, sickness N xiǎobìng 小病
alimony N (*divorce*) shànyǎngfèi 赡养费
alive ADJ huózhe 活着
all PRON, ADV yīqiè 一切
all-around winner N quánnéng guànjūn 全能冠军
all-out efforts N quánlì yīfù 全力以赴
allege, claim, to V shēngchēng/xuānchēng 声称/宣称
allergy N guòmǐn 过敏
alleviate burdens on sb, to V jiǎnfù 减负
alleviate the burden on students, to V xuéshēng jiǎn fù 学生减负
alley, lane N xiàng 巷
alligator N èyú 鳄鱼
allocate, allot, to V fēnpèi/bōgěi 分配/拨给
allow, permit, to V yǔnxǔ 允许
allowance N xiàn'é/jīntiē/bǔzhù 限额/津贴/补助
allowed to V róngxǔ 容许
ally N méngguó/méngyǒu 盟国/盟友
almost ADV jīhū 几乎
alone ADV dāndú 单独

along PREP yánzhe 沿着
aloud ADV dàshēng de 大声地
alphabet N zìmǔ 字母
al-Qaeda group N jīdì zǔzhī 基地组织
already ADV yǐjīng 已经
also ADV yě 也
alter, to V gǎi/gǎibiàn 改/改变
alternative N lìnglèi 另类
alternative ADJ fēizhǔliú 非主流
alternative music N fēizhèngtǒng yīnyuè/lìnglèi yīnyuè 非正统音乐/另类音乐
although CONJ suīrán 虽然
altitude sickness N gāoyuán fǎnyìng 高原反应
altogether, in total ADV yīgòng 一共
always ADV zǒngshì 总是
am V shì 是
amateur N yèyú àihàozhě 业余爱好者
amazing ADJ lìngrén jīngyà de 令人惊讶的
ambassador N dàshǐ 大使
ambience, atmosphere N qìfēn 气氛
ambush N, V fújí 伏击
amend, to V xiūzhèng/xiūgǎi 修正/修改
amendments to the Constitution N xiànfǎ xiūzhèng'àn 宪法修正案
America N Měiguó 美国
American (in general) ADJ Měiguóde 美国的
American (people) N Měiguórén 美国人
American English N měishì yīngyǔ 美式英语
amnesia N jìyì sàngshī/jiàn-wàngzhèng 记忆丧失/健忘症
among PREP zài ... zhī zhōng 在 ... 之中
amount N shùliàng/shùmù 数量/数目
amulet N hùshēn fábǎo 护身法宝
amusement N yúlè/xiāoqiǎn 娱乐/消遣
an See **a, an**
ancestor N zǔxiān 祖先
anchor N (*boat*) máo 锚
ancient ADJ gǔdài 古代
and CONJ hé 和
anesthesia N mázuì/mázuìfǎ 麻醉/麻醉法
angel N tiānshǐ 天使
anger N fènnù 愤怒
angle N jiǎo 角, jiǎodù 角度
angry, cross ADJ shēngqì 生气

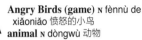

A

Angry Birds (game) N fènnù de xiǎoniǎo 愤怒的小鸟
animal N dòngwù 动物
ankle N huái 踝
anniversary N zhōuniánjìniànrì 周年纪念日
announce, to V xuānbù/xuāngào 宣布/宣告
annoyed ADJ shēngqì 生气
annual ADJ měi nián de 每年的
anorexia N yànshízhèng 厌食症
another (different) PRON bùtóngde 不同的
another (same again) PRON zài yī (ge) 再一（个）
answer, to (spoken) V huídá 回答
answer, to (written) V dáfù 答复
answer the phone, to V jiē diànhuà 接电话
answering machine N diànhuà liúyánjī 电话留言机
ant N mǎyǐ 蚂蚁
Antarctic N nánjí 南极
antenna N tiānxiàn 天线
anthrax N tànjū 炭疽
Anti-ballistic Missile Treaty (ABM) N fǎndàndàodǎodàn tiáoyuē 反弹道导弹条约
antibiotic N kàngshēngsù 抗生素
anti-matter N fǎnwùzhì 反物质
anti-nuclear activists N fǎnhé rénshì 反核人士
anti-nuclear campaign N fǎnhé yùndòng 反核运动
antiques N gǔwán 古玩
antiseptic N xiāodújì/fángfǔjì 消毒剂/防腐剂
anti-terrorism N fǎnkǒng 反恐
anti-terrorist war N fǎnkǒng zhànzhēng 反恐战争
antonym N fǎnyìcí 反义词
anus N gāngmén 肛门
anxious to stir up trouble ADJ wéikǒng tiānxià bú luàn 唯恐天下不乱
any I ADJ shénme/rènhé 什么/任何 II ADV yìdiǎnr 一点儿 III PRON yìxiē 一些
anyone, anybody PRON rènhé rén/shéi 任何人/谁
anything PRON rènhé shì 任何事
anyway ADV bùguǎn zěnme shuō 不管怎么说, fǎnzhèng 反正
anywhere PRON rènhé dìfang 任何地方
apart ADV xiānggé 相隔

apart from CONJ chúle ... yǐwài 除了 ... 以外
apartment N gōngyù 公寓
ape N yuánrén 猿人
apologize, to V dàoqiàn 道歉
apparently ADV míngxiǎnde 明显地
appealing, cute ADJ kě'ài 可爱
appear, to V chūlóng 出笼
appear, become visible, to V chūxiàn 出现
appearance, looks N yàngzi/wàimào 样子/外貌
appetite N wèikǒu 胃口
apple N píngguǒ 苹果
appliance (electrical) N diànqì 电器
apply for permission, to V shēnqǐng 申请
apply for reimbursement, to V bàoxiāo 报销
appointment N yuēhuì/yùyuē 约会/预约
appreciation N 1 xīnshǎng 欣赏 2 gǎnxiè 感谢 3 zēngzhí 增值
approach, to (in space) V jiējìn 接近
approach, to (in time) V láilín 来临
appropriate ADJ shìdàngde 适当的
approval N pīzhǔn/tóngyì/zànchéng 批准/同意/赞成
approximately, about ADV dàyuē 大约
approximately, around ADV dàyuē/zuǒyòu 大约/左右
April N Sìyuè 四月
Arabic I ADJ Ālābó de 阿拉伯的 II N Ālābóyǔ 阿拉伯语
arbitrage N tàolì 套利
arch-rival N sùdí 夙敌
architecture N jiànzhù 建筑
area N dìqū/fànwéi 地区/范围
argue, to V zhēngchǎo 争吵
argue for the sake of arguing, to V táigàng 抬杠
argument N zhēnglùn/biànlùn 争论/辩论
arid land, desert N shāmò 沙漠
arithmetic N suànshù 算术
arm N gēbo 胳膊
armchair N fúshǒuyǐ 扶手椅
armchair strategist N zhǐ shàng tánbīng 纸上谈兵
army N jūnduì/bùduì/lùjūn 军队/部队/陆军
around, approximately ADV dàyuē/zuǒyòu 大约/左右

around, nearby ADV fùjìn 附近
around (surrounding) ADV zài ... zhōuwéi 在 ... 周围
arrange, to V chóubàn 筹办
arrangements, planning N ānpái 安排
arrears N qiànkuǎn 欠款
arrest, to V dàibǔ 逮捕
arrival N dàodá 到达
arrive, to V dàodá 到达
arrow N jiàntóu 箭头
art N yìshù 艺术
article (in newspaper/journal) N wénzhāng 文章
artificial ADJ réngōngde 人工的
artificial intelligence (AI) N réngōng zhìnéng 人工智能
artist N yìshùjiā 艺术家
arts (education), the N wén kē 文科
as I CONJ 1 dāng ... shí 当 ... 时 2 yóuyú/yīnwèi 由于/因为 II PREP 作为 zuòwéi III ADV 1 xiàng ... yīyàng 像 ... 一样 2 hǎoxiàng 好像
as well CONJ yě 也
ASEAN (Association of South-East Asian Nations) N Dōngnányà guójiā liánméng 东南亚国家联盟
ASEAN Free Trade Area N Dōngméng zìyóu màoyìqū 东盟自由贸易区
ashamed, embarrassed ADJ nánwéiqíng 难为情
Asia N Yàzhōu 亚洲
Asian Games, the N Yàyùnhuì 亚运会
ask about, to V wèn 问
ask for, to V yàoqiú 要求
asleep ADJ shuìzhe 睡着
aspect N 1 miànmào 面貌 2 fāngmiàn/fāngxiàng 方面/方向
aspirin N āsīpīlín 阿司匹林
assemble, gather, to V jíhé 集合
assemble, put together, to V zhuāngpèi/zǔzhuāng 装配/组装
assess, to V cèsuàn/gūjià 测算/估价
assist, to V bāngzhu/xiézhù 帮忙/协助
assistance N bāngzhu/xiézhù 帮忙/协助
assistant to the president N zǒngcái zhùlǐ 总裁助理
association N 1 xiéhuì/shètuán 协会/社团 2 (idea) liánxì 联系
astonished ADJ chījīng/gǎndào jīngyà 吃惊/感到惊讶
at PREP zài 在
at home ADV zài jiā 在家

at least ADV qǐmǎ/zhìshǎo 起码/至少
at night ADV yèlǐ 夜里
at once ADV mǎshàng/lìkè 马上/立刻
at the latest ADV zuìchí 最迟
athlete N yùndòngyuán 运动员
atlas N dìtú/dìtúcè 地图/地图册
atmosphere, ambience N qìfēn 气氛
attach, to V fùshang 附上
attack (in war), to V gōngjī 攻击
attack (with words), to V píngjī 评击
attain, reach, to V dádào 达到
attempt N qǐtú 企图
attempt, to V chángshì 尝试
attend, to V cānjiā 参加
attendance rate N chūqínlǜ 出勤率
attitude N tàidu 态度
attract, to V xīyǐn 吸引
attract foreign investment, to V duìwài zhāoshāng 对外招商
attract investments, to V zhāoshāng yǐnzī 招商引资
attractive ADJ yǒu xīyǐnlì de/yǒu yòurén de 有吸引力的/有诱人的
auction, to V pāimài 拍卖
auctioned off ADJ pāimàidiào 拍卖掉
audience N (cinema, theater) guānzhòng 观众, (radio) tīngzhòng 听众
audio ADJ yīnxiǎng de 音响的
August N Bāyuè 八月
aunt (father's older/younger sister) N gūmǔ/gūgu 姑母/姑姑
aunt (wife of father's older brother) N bómǔ 伯母
aunt (wife of father's younger brother) N shūmǔ/shěnmǔ 叔母/婶母
aunt (wife of mother's older/younger brother) N jiùmǔ 舅母
aunt (wife's mother's older/younger sister) N yímǔ 姨母
Australia N àodàlìyà/àozhōu 澳大利亚/澳洲
Australian (in general) ADJ àodàlìyàde/àozhōude 澳大利亚的/澳洲的
Australian (people) N àodàlìyàrén/àozhōurén 澳大利亚人/澳洲人
authority, person in charge N quánwēi 权威
authority, power N quánlì 权力
auto fan N zhuīchēzú 追车族
automatic ADJ zìdòng 自动
automatic teller machine (ATM) N zìdòng guìyuánjī 自动柜员机

A

- **automobile, car** N qìchē 汽车
- **autonomy** N zìzhìquán 自治权
- **autumn** N qiūtiān 秋天
- **available** ADJ kěhuòdéde 可获得的
- **available, to make** V kěyòngde 可用的
- **avalanche** N xuěbēng 雪崩
- **avant-garde** ADJ qiánwèi 前卫
- **average (numbers)** ADJ píngjūn 平均
- **average, so-so, just okay** ADJ yībān 一般
- **avoid doing anything that may arouse suspicion, to** V bìxián 避嫌
- **avoidance** N bìmiǎn/fángzhǐ 避免/防止
- **awake** ADJ xǐng 醒
- **awake (wake up), to** V xǐnglái 醒来
- **awaken (wake someone up), to** V jiàoxǐng 叫醒
- **award** N 1 (*prize*) jiǎng/jiǎngzhāng 奖/奖章 2 (*prize money*) jiǎngjīn 奖金
- **aware** ADJ yìshídào 意识到
- **awareness** N yìshí 意识
- **away** ADV 1 líkāi 离开 2 bú zài 不在
- **away match** N kèchǎng bǐsài 客场比赛
- **awkward** ADJ 1 (*situation*) gāngà de 尴尬的 2 (*movement*) bènzhuō de 笨拙的
- **ax** N fǔtou 斧头
- **axis of evil** N xié'è zhóuxīn 邪恶轴心

B

- **baby** N yīng'ér 婴儿
- **back (part of body)** N bèi 背
- **back (rear)** N hòumiàn 后面
- **back, to go** V huíqu 回去
- **back up, to** V zhīchí 支持
- **back up (computer), to** V bèifèn 备份
- **backbone** N 1 jǐzhù 脊柱 2 gǔgàn 骨干
- **background** N bèijǐng 背景
- **backlog** N jīyā de gōngzuò 积压的工作
- **backpack** N bèináng 背囊
- **backspace** N tuì gé jiàn 退格键
- **backup singer** N bànchàng gēshǒu 伴唱歌手
- **backward** ADJ luòhòu 落后
- **bad** ADJ huài/zāo 坏/糟
- **bad debt** N dāizhàng/sǐzhàng 呆帐/死帐
- **bad influence** N wāifēng xiéqì 歪风邪气

- **bad luck** N dǎoméi 倒霉
- **badminton** N (*game*) yǔmáoqiú 羽毛球
- **bag** N dàizi 袋子
- **baggage** N xíngli 行李
- **bake, to** V kǎo 烤
- **bald** ADJ guāngtūde 光秃的
- **ball** N qiú 球
- **ballet** N bālěi 芭蕾
- **ballistic missile** N dàndào dǎodàn 弹道导弹
- **balloon** N qìqiú 气球
- **ballot** N xuǎnpiào 选票
- **ballpoint pen** N yuánzhūbǐ 圆珠笔
- **banana** N xiāngjiāo 香蕉
- **band** N 1 (*elastic*) dàizi 带子 2 (*music*) yuèduì 乐队
- **bandage** N bēngdài 绷带
- **bang** N 1 pēng de yīshēng 砰的一声 2 yī shēng jùxiǎng 一声巨响
- **bank (finance)** N yínháng 银行
- **bank (of river)** N hé'àn 河岸
- **bankrupt** ADJ (*business*) pòchǎn de 破产的
- **banquet** N yànhuì 宴会
- **baptism** N xǐlǐ 洗礼
- **bar (blocking way), to** V páichì 排斥
- **bar (serving drinks)** N jiǔbā 酒吧
- **bar counter** N bātái 吧台
- **barbecue, BBQ** N shāokǎo yěcān 烧烤野餐
- **barber** N lǐfàdiàn 理发店
- **barcode** N shāngpǐn tiáomǎ 商品条码
- **bare** ADJ 1 (*naked*) chìluǒ 赤裸 2 (*empty*) kong 空
- **barely** ADV jǐnjǐn/jīhū méiyǒu 仅仅/几乎没有
- **bargain, to** V jiǎngjià 讲价
- **bargain chip** N tánpàn de chóumǎ 谈判的筹码
- **bargain price, reduced price** N chǔlǐ jiàgé 处理价格
- **bark** N 1 (*dog*) gǒujiào/gǒujiào shēng 狗叫/狗叫声 2 (*tree*) shùpí 树皮
- **barren** ADJ pínjíde 贫瘠的
- **bartender** N diàojiǔshī 调酒师
- **base, bottom** N dǐ 底
- **base, foundation** N jīchǔ 基础
- **based on** V gēnjù 根据
- **basic** ADJ jīběn 基本
- **basic salary** N jīběn gōngzī 基本工资
- **basis** N jīchǔ 基础
- **bask in one's past glory, to** V chī lǎoběn 吃老本

basket N lánzi 篮子
basketball N lánqiú 篮球
bat N 1 (*animal*) biānfú 蝙蝠
　2 (*games*) qiúbàng 球棒
bathtub N yùgāng/yùpén 浴缸/浴盆
bathe, to V xǐzǎo 洗澡
bathrobe N yùyī 浴衣
bathroom N yùshì/xǐshǒujiān/cèsuǒ
　浴室/洗手间/厕所
battery N diànchí 电池
battle N zhàndòu 战斗
bay N hǎiwān 海湾
be, exist, to V shì/yǒu 是/有
be a mere formality, to V
　zǒuxíngshì 走形式
be a mistress for a rich man V
　bàngdàkuǎn 傍大款
be a vendor, to V liàntān 练摊
be able to, can V kěyǐ 可以
be an eye-opener ADJ dà kāi yǎnjiè
　大开眼界
be attached or affiliated to ADJ
　guàkào 挂靠
be caught in a dilemma ADJ zuǒyòu
　wéi nán 左右为难
be cocky ADJ qiàowěibā 翘尾巴
be crazy about ADJ chīkuáng 痴狂
be disgruntled ADJ nàoqíngxù 闹情绪
be down-to-earth ADJ jiǎotā shídì
　脚踏实地
be driven to drastic alternatives V
　bīshàng liángshān 逼上梁山
be listed (*economics*), **to** V shàng-
　shì 上市
**be master of both the pen and the
　sword** V wéntāo wǔlüè 文韬武略
be suddenly enlightened ADJ máosè
　dùnkāi 茅塞顿开
be too clever for one's own good
　ADJ nòngqiǎo chéng zhuō 弄巧成拙
be unlucky in love, to V shīliàn 失恋
be up to the standard, to V dábiāo
　达标
be very popular ADJ chīxiāng 吃香
beach N hǎitān 海滩
beak N niǎozuǐ 鸟嘴
bean N dòu 豆
beancurd N dòufu 豆腐
bear N xióng 熊
beard N húxū 胡须
beat, defeat, to V dǎbài 打败
beat, strike, to V qiāodǎ 敲打
beat around the bush, to IDIOM
　ràoquānzi 绕圈子

beautiful (*of people*) ADJ měi/měilì
　美/美丽
beautiful (*of places*) ADJ yōuměi 优美
beautiful (*of things*) ADJ hǎokàn 好看
beauty contest N xuǎnměi 选美
because CONJ yīnwèi 因为
become, to V chéngwéi 成为
become a Buddhist, to V guīyī
　sānbǎo 皈依三宝
become a nun or monk, to V chūjiā
　出家
become a scapegoat, to V bēihēiguō
　背黑锅
become debt-ridden, to V zhàitái
　gāozhù 债台高筑
become popular, to V zǒuhóng 走红
become visible, appear, to V
　chūxiàn 出现
**become well-educated through
　self-study, to** V zìxué chéngcái
　自学成才
bed N chuáng 床
bedclothes N shuìyī 睡衣
bedding N bèirù 被褥
bedroom N wòshì 卧室
bedsheet N chuángdān 床单
beef N niúròu 牛肉
beer N píjiǔ 啤酒
before (*in front of*) PREP zài ... qián-
　miàn 在 ... 前面
before (*in time*) PREP yǐqián 以前
beforehand, earlier ADV zhīqián
　之前
beg, plead, to V kǔkǔ āiqiú/qǐtǎo 苦
　苦哀求/乞讨
begin, to V kāishǐ 开始
beginning N kāitóu/kāiduān 开头/
　开端
behave, to V biǎoxiàn 表现
behind PREP zài ... hòumiàn
　在 ... 后面
Beijing N Běijīng 北京
belief, faith N xìnyǎng 信仰
believe, to V xiāngxìn 相信
bellwether N lǐngtóuyáng 领头羊
belly N dùzi/dùpí 肚子/肚皮
belongings N suǒyǒuwù/cáiwù
　所有物/财物
belong to V shǔyú 属于
beloved ADJ qīn'ài de 亲爱的
below PREP xiàmiàn 下面
belt N yāodài 腰带
beneath I ADV zàixià miàn 在下面
　II PREP zài ... xiàfāng 在 ... 下方

B

bend the law for personal gain and engage in fraud, to v xùnsī wǔbì 徇私舞弊

bend the law for the benefit of relatives or friends, to v xùnsī wǎngfǎ 徇私枉法

benefit from one's association, to v zhānguāng 沾光

Bermuda Triangle N Bǎimùdà sānjiǎo 百慕大三角

berth N 1 (*stopping place*) tíngbó wèi 停泊位 2 (*for sleep*) wòpù 卧铺

beside PREP zài ... pángbiān 在 ... 旁边

besides PREP, ADV chú cǐ zhīwài 除此之外

best ADJ zuì hǎo 最好

bestseller N quán tou chǎnpǐn 拳头产品

best wishes N zhù hǎo/liánghǎo zhùyuàn 祝好/良好祝愿

beta version (software/games) N cèshìbǎn 测试版

betray, to v bèipàn 背叛

better ADJ bǐjiào hǎo/gèng hǎo 比较好/更好

better, get (be cured) ADJ hǎozhuǎn 好转

better, get (improve) ADJ jìnbùle hěnduō/biànhǎo 进步了很多/变好

between PREP zài ... zhījiān 在 ... 之间

beverage N yǐnliào 饮料

beware, take note, to v jǐnfáng 谨防

beyond I ADV gèng yuǎn/zài wǎngqián 更远/再往前 II PREP zài 在

bicycle N zìxíngchē 自行车

bid farewell to the old and usher in the new IDIOM cí-jiù-yíng-xīn 辞旧迎新

bid for, to v tóubiāo 投标

bidding cities N shēnbàn chéngshì 申办城市

big ADJ dà 大

big shot N dàwàn 大腕

bigamy N chónghūn 重婚

bikini N bǐjīní 比基尼

bill N zhàngdān 帐单

Bill of Rights N quánlì fǎ'àn 权力法案

billion NUM shí yì 十亿

billionaire N yìwàn fùwēng 亿万富翁

binary (computer) N èrjìnzhì 二进制

biology N shēngwùxué 生物学

biosphere N shēngwùquān 生物圈

biotechnology N shēngwù gōngchéng 生物工程

bioterrorism N shēngwù kǒngbù zhǔyì 生物恐怖主义

bird N niǎo 鸟

bird flu N qínliúgǎn 禽流感

Birds of a feather flock together IDIOM rén yǐ qún fēn/wù yǐ lèi jù 人以群分/物以类聚

birth, to give v shēng 生

birth control N jìhuà shēngyù 计划生育

birth rate N rénkǒu chūshēnglù 人口出生率

birthday N shēngrì 生日

birthday party N shēngrì pàiduì 生日派对

biscuit N bǐnggān 饼干

bit, slightly ADV yīdiǎnr 一点儿

bite, to v yǎo 咬

bitter ADJ kǔde 苦的

black N, ADJ hēisè 黑色

black beans N dòuchǐ 豆豉

black hole N hēidòng 黑洞

blackmail N, v ézhà 讹诈, lèsuǒ 勒索

blackout N 1 (*electrical outage*) duàndiàn 断电 2 (*faint*) yūndǎo 晕倒

bladder N pángguāng 膀胱

blame, to v zéguài/guījiù 责怪/归咎

bland ADJ dāndiào 单调

blank ADJ kòngbáide 空白的

blank N kònggé 空格

blanket N tǎnzi 毯子

bleach N piǎobáijì 漂白剂

bleed, to v liúxuè 流血

blend, to v 1 hùnhé 混合 2 tiáohé 调和

blessing N zhùfú 祝福

blind date N xiāngqīn 相亲

blink, to v zhǎ yǎnjīng 眨眼睛

Blitz, the N shǎndiànzhàn 闪电战

blockbuster N dà hōngdòng 大轰动

blog N (*Internet*) wǎngyè/bókè 网页/博客

blood N xuè 血

blood vessel N xuèguǎn 血管

blouse N nǚ chènshān 女衬杉

blow, to v chuī/guā 吹/刮

blow N 1 (*strike*) zhòngjī 重击 2 (*mental*) dǎjī 打击

blue N, ADJ lánsè 蓝色

blue-collar N lánlǐng 蓝领

Blue-ray Disc N lánguāng guāngpán 蓝光光盘

bluetooth N lányá 蓝牙

board (boat), to v shàngchuán 上船
board (bus, train), to v shàngchē 上车
boat N chuán 船
body N shēntǐ 身体
body double N tìshēn yǎnyuán 替身演员
body weight N tǐzhòng 体重
boil, to v zhǔ 煮
boiled ADJ zhǔguode 煮过的
bomb I N zhàdàn 炸弹 II v hōngzhà/bàozhà 轰炸/爆炸
bon voyage! GR yī fān fēng shùn 一帆风顺
bone N gǔtou 骨头
bonus N (prize money) jiǎngjīn 奖金, (dividend) hónglì 红利
bounce, to v tiào 跳, tántiào 弹跳
bouquet N huāshù 花束
book N shū 书
border, boundary N biānjiè 边界
border, edge N biānyuán 边缘
bored ADJ mèn/wúliáo 闷/无聊
boring ADJ méi yìsi 没意思
boring, dull ADJ mèn 闷
born, to be v chūshēng 出生
borrow, to v jiè 借
boss N lǎobǎn 老板
botanic gardens N zhíwùyuán 植物园
both PRON liǎng ge 两个
both... and CONJ yòu ... yòu 又 ... 又
bother, disturb, to v dǎrǎo/dǎjiǎo 打扰/打搅
bother, disturbance N fánrǎo 烦扰
bottle N píngzi 瓶子
bottom, base N dǐ 底
bottom, buttocks N pìgu 屁股
bounce, to v tiào/tántiào 跳/弹跳
boundary, border N biānjiè 边界
boutique N jīngpǐndiàn 精品店
bow N 1 (act of bowing) jūgōng 鞠躬 2 (archery, violin) gōng/qíngōng 弓/琴弓 3 (decoration) húdiéjié 蝴蝶结
bowl N wǎn 碗
bowling N bǎolíngqiú 保龄球
box N xiāng 箱
box (cardboard) N hézi 盒子
boy N nánháir 男孩儿
boyfriend N nánpéngyou 男朋友
bra N rǔzhào 乳罩
bracelet N shǒuzhuó 手镯
brag, boast, to N chuī xū/chuīniú 吹嘘/吹牛
brain N nǎo 脑

brain drain N réncái liú shī 人才流失
brake, to v shāchē/shāzhù 刹车/刹住
branch (company) N fēnháng 分行
brand name N míngpái 名牌
brave, daring ADJ yǒnggǎn 勇敢
breach of contract N wéifǎn hétong 违反合同
bread N miànbāo 面包
bread-and-butter issue N shēngjì wèntí 生计问题
break, shatter, to v nònghuài 弄坏
break apart, to v zhéduàn 折断
break down (car, machine), to v huàile 坏了
break the deadlock, to v dǎpò jiāngjú 打破僵局
breakfast, morning meal N zǎofàn 早饭
breakfast, to eat v chī zǎofàn 吃早饭
breakthrough N tūpò 突破
breast, chest N xiōngqiāng 胸腔
breastfeeding N mǔrǔ wèiyǎng 母乳喂养
breasts N rǔfáng 乳房
breathe, to v hūxī 呼吸
breeze N wēifēng 微风
bribe N huìlù 贿赂
bride N xīnniáng 新娘
bridegroom N xīnláng 新郎
bridge N qiáo 桥
brief ADJ jiǎnduǎn 简短
briefcase N shǒutíbāo/gōngwénbāo 手提包/公文包
briefs N sānjiǎokù 三角裤
bright ADJ míngliàng 明亮
bring, to v nálái 拿来
bring up (children), to v yǎngyù 养育
bring up (topic), to v tídào 提到
Britain N Yīngguó 英国
British (in general) ADJ Yīngguóde 英国的
British (people) N Yīngguórén 英国人
British English N Yīngshì Yīngyǔ 英式英语
broad, spacious ADJ guǎngkuòde 广阔的
broadband N (Internet) kuāndài 宽带
broadband access N kuāndài jiērù 宽带接入
broadband networks N kuāndàiwǎng 宽带网
broadcast, program N guǎngbō 广播

broadcast, to v bōyīn 播音
broccoli N xīlánhuācài 西兰花菜
brochure N xiǎocèzi 小册子
broken, does not work, spoiled ADJ huàile 坏了
broken, shattered ADJ dǎpòle 打破
broken, snapped (of bones, etc.) ADJ zhéduànle 折断了
broken off v duànkāi 断开
bronze N tóng/qīngtóng 铜/青铜
broom N sàozhou 扫帚
broth, soup N ròutāng 肉汤
brother (older) N gēge 哥哥
brother (younger) N dìdi 弟弟
brother-in-law (husband's older brother) N dàbó 大伯
brother-in-law (husband's younger brother) N xiǎoshū 小叔
brother-in-law (wife's older brother) N nèixiōng 内兄
brother-in-law (wife's older sister's husband) N jiěfu 姐夫
brother-in-law (wife's younger brother) N nèidì 内弟
brother-in-law (wife's younger sister's husband) N mèifu 妹夫
brown N, ADJ hèsè/zōngsè 褐色/棕色
browser N (*Internet*) liúlǎnqì 浏览器
bruise N qīngzhǒng 青肿
brush N shuāzi 刷子
brush, to v shuā 刷
bucket N shuǐtǒng 水桶
Buckingham Palace N Báijīnhàngōng 白金汉宫
Buddhism N Fójiào 佛教
Buddhist (in general) ADJ Fójiàode 佛教的
Buddhist (people) N Fójiàotú 佛教徒
budget I N yùsuàn 预算 II v zuò yùsuàn 作预算 III ADJ jīngjì de/piányi de 经济的/便宜的
buffalo (water buffalo) N shuǐniú 水牛
build, to v gài/jiàn 盖/建
building N dàlóu 大楼
bulb N 1 (*lights*) dēngpào 灯泡 2 (*plants*) qiújīng 球茎
bullet N zǐdàn 子弹
bulletin board service (BBS) N diànzǐ gōnggàopái 电子公告牌
bully the weak but fear the strong, to v qī-ruǎn-pà-yìng 欺软怕硬
bun N xiǎo miànbāo 小面包

Bund (Shanghai), the N wàitān 外滩
bungee jumping N bèngjí 蹦极
burden, load N fùdān/zhòngdàn 负担/重担
burger, hamburger N yuán niúròubǐng 圆牛肉饼
burglary N dàoqièzuì 盗窃罪
Burma N Miǎndiàn 缅甸
Burmese (in general) ADJ Miǎndiànde 缅甸的
Burmese (people) N Miǎndiànrén 缅甸人
burn, injury N shāoshāng 烧伤
burn, to v shāo 烧
burned down/out ADJ bèi shāohuǐ/shāotā 被烧毁/烧塌
bury, to v mái/máizàng 埋/埋葬
bus N gōnggòngqìchē/bāshì 公共汽车／巴士
bus station N qìchēzhàn 汽车站
business N shāngyè 商业
business card N míngpiàn 名片
business sense N jīngjì tóunǎo 经济头脑
business travel N shāngwù lǚyóu 商务旅游
businessperson N shāngrén 商人
busy (doing something) ADJ máng 忙
busy, crowded ADJ yōngjǐ 拥挤
busy (telephone) ADJ zhànxiàn 占线
but CONJ dànshì 但是
butt N 1 (*cigarette*) yāntóu/yāndì 烟头/烟蒂 2 (*buttocks*) pìgu 屁股 3 (*gun*) qiāngtuō 枪托
butter N huángyóu 黄油
butterfly N húdié 蝴蝶
buttocks, bottom N pìgu 屁股
buy, to N mǎi 买
buy-one-get-one free PHR mǎi-yī song-yī 买一送一
buyer's market N mǎifāng shìchǎng 买方市场
by PREP 1 在 ... 旁边 zài ... pángbiān 2 经过 jīngguò 3 在 ... 以前 zài ... yǐqián
by chance, accidentally ADV ǒuránde 偶然地
by means of ADV yòng 用
by the way ADV shùnbiàn wèn yīxià 顺便问一下
byte N (*computer*) zìjié 字节

C

cabbage N juǎnxīncài 卷心菜

cabbage, Chinese N báicài 白菜

cabinet N 1 (*furniture*) guìzi 柜子
2 (*government*) nèigé 内阁

cable television N yǒuxiàn diànshì
有线电视

café N kāfēitīng 咖啡厅

caffeine N kāfēiyīn 咖啡因

cake, pastry N dàn'gāo 蛋糕

calculate, to V jìsuàn/hésuàn 计算/
核算

calculator N jìsuànjī 计算机

calendar N rìlì 日历

calf N 1 (*animal*) xiǎoniú 小牛
2 (*body*) xiǎotuǐ 小腿

call, summon N zhàojiàn/ chuánxùn
召见/传讯

call for bids, to V zhāobiāo 招标

call forwarding N hūjiào zhuǎnyí
呼叫转移

call on the telephone, make a
phone call, to V dǎ diànhuà 打电话

call waiting N hūjiào děngdài 呼叫等待

called, named V míng jiào 名叫

caller ID N láidiàn xiǎnshì 来电显示

caller ID telephone N láidiàn xiǎnshì
diànhuàjī 来电显示电话机

calm ADJ píngjìng 平静

Cambodia N Gāomián/Jiǎnpǔzhài
高棉/柬埔寨

Cambodian (in general) ADJ
Gāomiánde/Jiǎnpǔzhàide 高棉的/
柬埔寨的

Cambodian (people) N
Gāomiánrén/Jiǎnpǔzhàirén 高棉人/
柬埔寨人

camera N zhàoxiàngjī 照相机

camouflage (military) N mícǎifú
迷彩服

camper, RV N fángchē 房车

campus culture N xiàoyuán wénhuà
校园文化

can, be able to V kěyǐ 可以

can, may V néng 能

can, tin N guàntóu 罐头

cancel, to V qǔxiāo 取消

cancer N ái/áizhèng 癌/癌症

candle N làzhú 蜡烛

candy, sweets N tángguǒ 糖果

can't see kànbujiàn 看不见

can't see clearly kànbuqīngchu
看不清楚

Cantonese (in general) ADJ Guǎng-
dōngde 广东的

Cantonese (language) N Guǎng-
dōnghuà 广东话

Cantonese (people) N Guǎngdōng-
rén 广东人

cap, hat N màozi 帽子

capable of, to be V yǒu nénglì 有能力

capacity to earn foreign exchange
through exports N chūkǒu chuàng-
huì nénglì 出口创汇能力

cappuccino N kǎpǔqínuò kāfēi 卡普
奇诺咖啡

capture, to V bǔhuò 捕获

car, automobile N qìchē 汽车

car insurance N chēxiǎn 车险

carbon footprint N xiāohào
néngyuán de jìlù 消耗能源的纪录

card N kǎ 卡

cardboard N yìngzhǐbǎn 硬纸版

cards (game) N pùkèpái 扑克牌

care for, love, to V àihù 爱护

care of, to take V zhàogu 照顾

career, profession N shìyè 事业,
zhíyè 职业

careful! EXCLAM xiǎoxīn 小心

carnival N jiāniánhuá 嘉年华

carol N Shèngdàn sònggē 圣诞颂歌

carpenter N mùgōng shīfu 木工师傅

carpet N dìtǎn 地毯

carrot N húluóbo 胡萝卜

carry, to V tí/dài/zài 提/带/载

carsickness N yùnchē 晕车

cart (horsecart) N mǎchē 马车

cart (pushcart) N shǒutuīchē 手推车

cartoon N kǎtōng 卡通

carve, to V diāokè 雕刻

carving N diāokèpǐn 雕刻品

case study teaching N shílìhuà
jiàoxué 实例化教学

cash, money N xiànkuǎn 现款

cash a check, to V duìxiàn 兑现

cashflow N xiànjīn liúliàng 现金流量

cashier N chūnà/chūnàyuán 出纳/
出纳员

casino N dǔchǎng 赌场

cassette N héshì cídài 盒式磁带

cast pearls before swine, to IDIOM
duì-niú-tán-qín 对牛弹琴

cat N māo 猫

catalog N 1 (*shopping*) shāngpǐn
mùlù 商品目录 2 (*library*) túshūmùlù
图书目录

catch, to V zhuāzhù 抓住

catch up from behind, to v hòulái jū shàng 后来居上

category, class N zhǒnglèi 种类

cathedral N dàjiàotáng 大教堂

Catholic (religion) N Tiānzhǔjiào 天主教

Catholic (in general) ADJ Tiānzhǔjiàode 天主教的

Catholic (people) N Tiānzhǔjiàotú 天主教徒

cauliflower N huācài 花菜

cause N yuányī 原因

cautious ADJ xiǎoxīnde 小心的

cave N yándòng 岩洞

cavity N zhùyá dòng 蛀牙洞

CCTV, close-circuit television N bìlù diànshì 闭路电视

CD guāngpán/guāngdié 光盘/光碟

CD burner N kèlùjī 刻录机

CD-ROM N guāngpán yuèdúqì 光盘阅读器

ceiling N tiānhuābǎn 天花板

celebrate, to v qìngzhù 庆祝

celebrity N dàpái/shèhuì míngliú/zhùmíng rénshì 大牌/社会名流/著名人士

celery N qíncài 芹菜

cell phone, mobile phone N shǒujī/yídòng diànhuà 手机/移动电话

Celsius, Centigrade N shèshì wēndù 摄氏温度

cemetery, graveyard N gōngmù/mùdì 公墓/墓地

center (of city) N (shì) zhōngxīn (市) 中心

center, middle N zhōngjiān 中间

central ADJ zhōngyāng 中央

central business district (CBD) N zhōngyāng shāngwùqū 中央商务区

central processing unit (CPU) N jìsuànjī zhōngyāng chǔlǐqì 计算机中央处理器

century N shìjì 世纪

cereal N màipiàn/gǔwù shípǐn 麦片/谷物食品

cerebral death N dànǎo sǐwáng 大脑死亡

ceremony N diǎnlǐ 典礼

certain, sure ADJ yídìng 一定

certainly! EXCLAM dāngrán kěyǐ 当然可以

certificate N zhèngshū 证书

certificate of deposit N cúnkuǎndān 存款单

certified public accountant (CPA) N zhùcè kuàijìshī 注册会计师

chain smoker N liánxù chōuyān de rén 连续抽烟的人

chair N yǐzi 椅子

chalk N fěnbǐ 粉笔

challenge N tiǎozhàn 挑战

challenge, to v jiàobǎn 叫板

chameleon N biànsèlóng 变色龙

champion N guànjūn 冠军

chance, by ADV ǒurán 偶然

chance, opportunity N jīhuì 机会

change, exchange, to (money) v duìhuàn 兑换

change (loose money) N língqián 零钱

change, switch, to (clothes) v huàn 换

change, to (bus/train) v zhuǎnchē 转车

change, to (conditions, situations) v gǎibiàn 改变

change one's mind, to v gǎibiàn zhǔyi 改变主意

channel N 1 (TV) 频道 píndào 2 (straits) 海峡 hǎixiá 3 (conduit, pipeline) 管道 guǎndào

character (Chinese) N Hànzì 汉字

character, personality N xìnggé 性格

characteristic N tèdiǎn 特点

charge N 1 (cost) fèiyòng 费用 2 (legal case) zhǐkòng/zuìmíng 指控/罪名 3 (electrical) chōngdiàn 充电 4 (responsibility) fùzé 负责 5 (dash) tūrán měngchōng 突然猛冲

charger N (electrical) chōngdiànqì 充电器

charity N císhàn/císhàn shìyè 慈善/慈善事业

chart, diagram, graph N túbiǎo 图表

charter a plane, to v bāojī 包机

charter a vehicle, to v bāochē 包车

Chartered Bank, the N Zhādǎ yínháng 渣打银行

chartered plane N bāojī 包机

chase, to v zhuī 追

chase away/out, to v gǎnchū 赶出

cheap ADJ piányi 便宜

cheat, someone who cheats N piànzi 骗子

cheat, to v piàn 骗

check, verify, to v jiǎnchá 检查

checked (pattern) ADJ fānggéde 方格的

C

cheek N miànjiá 面颊
cheering squad N lālāduì 啦啦队
cheerleaders N lālāduì zhǎng 拉拉队长
cheers! INTERJ gānbēi 干杯
cheese N nǎilào/rǔlào 奶酪/乳酪
chef N dàchúshī 大厨师
chemical plant N huàgōngchǎng 化工厂
cheong-sam, chi-pao N qípáo 旗袍
chess N guójì xiàngqí 国际象棋
chest, box N xiāngzi 箱子
chest, breast N xiōngqiāng 胸腔
chew, to V jué/jǔjué 嚼/咀嚼
chewing gum N kǒuxiāngtáng/xiāngkǒujiāo 口香糖/香口胶
chicken N jī 鸡
child, offspring N háizi 孩子
child, young person N xiǎohái 小孩
child-care, day care for kids N bàntuō 半托
chilled ADJ bīngzhèn 冰镇
chilli pepper N làjiāo 辣椒
chilli sauce N làjiāojiàng 辣椒酱
chin N xiàba 下巴
China N Zhōngguó 中国
China Mobile N Zhōngguó yídòng 中国移动
China Telecom N Zhōngguó diànxìn 中国电信
Chinese (in general) ADJ Zhōngguóde 中国的
Chinese (language) N Zhōngwén/Hànyǔ 中文/汉语
Chinese (people) N Zhōngguórén/huárén 中国人/华人
Chinese checkers N tiàoqí 跳棋
Chinese chess N Zhōngguó xiàngqí 中国象棋
Chinese cabbage N báicài 白菜
Chinese character N Hànzì 汉字
Chinese fast food N Zhōngshì kuàicān 中式快餐
Chinese knot N Zhōngguójié 中国结
Chinese suit N tángzhuāng 唐装
Chinese tunic suit; Mao suit N Zhōngshānzhuāng 中山装
chocolate N qiǎokèlì 巧克力
choice N xuǎnzé 选择
Chongqing N Chóngqìng 重庆
choose, to V xuǎnzé 选择
chopsticks N kuàizi 筷子
Christian (in general) ADJ Jīdùjiàode 基督教的

Christian (people) N Jīdùtú 基督徒
Christianity N Jīdùjiào 基督教
Christmas N Shèngdànjié 圣诞节
church N jiàotáng 教堂
cigar N xuějiāyān 雪茄烟
cigarette N xiāngyān 香烟
cinema, movie theater N diànyǐngyuàn 电影院
circle N yuánquān 圆圈
Citibank N Huāqí yínháng 花旗银行
citizen N shìmín/gōngmín 市民/公民
citrus N gānjúshǔde 柑橘属的
city N chéngshì 城市
city refuse N chéngshì lājī 城市垃圾
civil servants, government employee N gōngwùyuán 公务员
civil trial N mínshì sùsòng 民事诉讼
civilian-run enterprise N mínyíng qǐyè 民营企业
clap, applaud, to V pāishǒu/gǔzhǎng 拍手/鼓掌
class, category N zhǒnglèi 种类
classes (at university) N kè 课
class for further studies N jìnxiūbān 进修班
classic N, ADJ jīngdiǎn 经典
classic movie N jīngdiǎn yǐngpiàn 经典影片
clean ADJ gānjìng 干净
clean, to V nòng gānjìng 弄干净
clean energy N qīngjié néngyuán 清洁能源
clean record, spotless record N búbài jìlù 不败记录
cleanliness N qīngjié 清洁
clear ADJ 1 (distinct) qīngchè de/míngliàng de 清澈的/明亮的
  2 (understood) qīngchu de/míngbai de 清楚的/明白的
clear, to V (tidy up) shōushi gānjìng 收拾干净
clear (of weather) ADJ fàngqíngle 放晴了
clear customs, to V tōngguān 通关
clearance sale N shuǎimài 甩卖
clench, to V wòjǐn quántou 握紧拳头
clever ADJ cōngmíng 聪明
cliché N chéncí làndiào/lǎoshēng chángtán 陈词滥调/老生常谈
climate N qìhòu 气候
climb onto, to V pāshàng 爬上
climb up hills/mountains, to V pāndēng 攀登
cling to V jǐnzhuī 紧追

77

C

clinic N bǎojiànshì/ménzhěn suǒ 保健室/门诊所

clock N shízhōng/zhōng 时钟/钟

cloisonné N jǐngtàilán 景泰蓝

clone N kèlóng 克隆

close, cover, to V héqí 合起

close to, nearby ADJ jìn/kàojìn 近/靠近

close together, tight ADJ kàojǐn 靠紧

closed (door/shop) ADJ guānmén/guānshàngle 关门/关上了

closed (road) ADJ fēngsuǒ 封锁

closed-book exam N bìjuàn 闭卷

closed-door policy N bìguān zhèngcè 闭关政策

closing price N shōupánjià 收盘价

cloth N bù 布

clothes, clothing N yīfu 衣服

cloud N yún 云

cloudy, overcast ADJ duōyún 多云

cloves N bàn 瓣

clown N xiǎochǒu 小丑

club N 1 (musical) jùlèbù 俱乐部 2 (stick, bar) dàbàng 大棒 3 (card games) méihuā 梅花

club together, to V còufènzi 凑份子

cluster bomb N jíshù zhàdàn 集束炸弹

CO₂ (carbon dioxide) N èryǎnghuàtàn 二氧化碳

co-worker, colleague N tóngshì 同事

coast N hǎi'àn 海岸

coat, jacket N wàiyī 外衣

coat, overcoat N dàyī 大衣

Coca-Cola, Coke N Kěkǒukělè 可口可乐

cocaine N kěkǎyīn 可卡因

cocktail N jīwěijiǔ 鸡尾酒

cocktail party N jīwěi jiǔhuì 鸡尾酒会

coconut N yēzi 椰子

code N 1 (postal) yóuzhèng biānmǎ 邮政编码 2 (computer) biānmǎ 编码 3 (ethics) xíngwéi zhǔnzé 行为准则

coffee N kāfēi 咖啡

coin N yìngbì 硬币

cold ADJ lěng 冷

cold, flu N gǎnmào 感冒

collapse V, N 1 bēngkuì/kuǎdiào 崩溃/垮掉 2 dǎotā 倒塌

colleague, co-worker N tóngshì 同事

collect payment, to V shōukuǎn 收款

collective economy N jítǐ jīngjì 集体经济

collide, to V xiāngzhuàng 相撞

collision (of cars) N zhuàngchē 撞车

color N yánsè 颜色

color blindness N sèmáng de 色盲的

color film processing N cǎikuò 彩扩

comb N shūzi 梳子

combine sounds into syllables, to V pīnyīn 拼音

come, to V lái 来

come back, to V huílai 回来

come in PHR jìnlái 进来

come on, let's go COMMAND kuài! 快

comedian N xǐjù yǎnyuán 喜剧演员

comfort women N wèiānfù 慰安妇

comfortable ADJ shūfu/shūshì 舒服/舒适

comic ADJ 1 huájī de 滑稽的 2 mànhuàde 漫画的

command, order N mìnglìng 命令

command, to V zhǐhuī 指挥

command of the sea N zhìhǎiquán 制海权

commencement ceremony N kāigōng diǎnlǐ 开工典礼

commercial loan N shāngyè dàikuǎn 商业贷款

commercial network N shāngyè wǎngdiǎn 商业网点

commercial speculation N shāngyè chǎozuò 商业炒作

commercialization N shāngpǐnhuà 商品化

committee N wěiyuánhuì 委员会

common, frequent ADJ pǔtōngde 普通的

Commonwealth of Independent States (CIS), the N dúliántǐ 独联体, dúlì guójiā liánhétǐ 独立国家联合体

communication N gōutōng/jiāoliú 沟通/交流

communist party, the N gòngchǎndǎng 共产党

community services N shèqū fúwù 社区服务

company, firm N gōngsī 公司

compare, to V bǐjiào 比较

compared with V yǔ ... xiāngbǐ 与 ... 相比

compassion N tóngqíngxīn 同情心

compete, to V jìngzhēng 竞争

competition N bǐsài 比赛

complain, to V bàoyuàn 抱怨

complaint N tóusù 投诉

complaint center N tóusù zhōngxīn 投诉中心

complete, to v wánchéng 完成

complete (finished) ADJ jiéshù 结束

complete, thorough ADJ chèdǐ 彻底

complete (whole) ADJ quánbù 全部

completion ceremony N jùngōngshì 竣工式

completely ADV wánquán/chèdǐ 完全/彻底

complicated ADJ fùzá 复杂

compliments N wènhòu/zhìyì 问候/致意

composition, writings N zuòwén/xiězuò 作文/写作

comprehensive ADJ zōnghé 综合

compromise solution N shézhōng fāng'àn 折衷方案

compulsory ADJ qiángzhìxìngde/guīdìngde 强制性的/规定的

computer N diànnǎo/jìsuànjī 电脑/计算机

computer (main) N zhǔjī 主机

computer illiterate N diànnǎománg 电脑盲

computer virus N diànnǎo bìngdú 电脑病毒

comrade N tóngzhì 同志

concentrate, to v jízhōng 集中

concept N gàiniàn 概念

concerning PREP yǒuguān/guānyú 有关/关于

concert N yīnyuèhuì 音乐会

concert hall N yīnyuètīng 音乐厅

concession N 1 ràngbù 让步 2 tèxǔquán 特许权

conclusion N jiéshù 结束, jiéjú 结局

concrete N hùnnítǔ 混泥土

condensed milk N liànrǔ 炼乳

condition (pre-condition) N xiānjué tiáojiàn 先决条件

condition, status N zhuàngtài/qíngkuàng 状态/情况

condition (subjective/objective) N tiáojiàn 条件

condom N bìyùntào/ānquántào 避孕套/安全套

conduct, behavior N xíngwéi/jǔzhǐ 行为/举止

conductor (bus) N chéngwùyuán 乘务员

confectionery N tángguǒdiàn 糖果店

conference, meeting N huìyì 会议

conference call, teleconference N diànhuà huìyì 电话会议

confess, admit, to v chéngrèn 承认

confidence N xìnxīn 信心

confidence, to have v yǒu xìnxīn 有信心

confirm, to v quèrèn 确认

Confucianism N Rújiāsīxiǎng/Rújiào 儒家思想/儒教

confuse, to v hùnxiáo 混淆

confused (in a mess) ADJ hùnluàn 混乱

confused (mentally) ADJ hútu 糊涂

confusing ADJ shǐ hùnluàn 使混乱

congestion N (*traffic*) yōngjǐ 拥挤

congratulations! EXCLAM zhùhè nǐ 祝贺你

connect together, to v liánjiē 连接

connection (transport) N liánjiēdiǎn/zhōngzhuǎnzhàn 连接点/中转站

conscious of, to be v yìshídào 意识到

consider, have an opinion, to v rènwéi 认为

consider, think over, to v kǎolǜ 考虑

constipation N biànmì 便秘

consolation prize N ānwèijiǎng 安慰奖

Constitution, the N xiànfǎ 宪法

construction in progress N zàijiàn gōngchéng 在建工程

consulate N lǐngshìguǎn 领事馆

consult, talk over with, to v gēn ... shāngliang 跟 ... 商量

consultancy company N diǎnzǐ gōngsī 点子公司

consultation (by doctor) N kànbìng/jiùzhěn 看病/就诊

consumer credit N xiāofèi xìndài 消费信贷

consumers association xiāofèizhě xiéhuì 消费者协会

contact, connection N liánxì 联系

contact, get in touch with, to v gēn ... liánxì 跟 ... 联系

contact lens N yǐnxíng yǎnjìng 隐型眼镜

contagious ADJ chuánrǎnde 传染的

contain, to v róngnà/bāohán 容纳/包含

contents N nèiróng 内容

continent N zhōu/dàlù 洲/大陆

continue, to v jìxù 继续

contraceptive N bìyùn 避孕

contraceptive pill N bìyùnyào 避孕药

contract N hétóng/qìyuē 合同/契约

contract to build, to v chéngjiàn 承建

contract with, to V chéngbāo 承包
contribution N 1 (*share*) gòngxiàn 贡献 2 (*charitable donations*) juānkuǎn 捐款
control V, N kòngzhì 控制
convenient ADJ fāngbiàn 方便
conventional disarmament N chángguī cáijūn 常规裁军
conventional industries N chuántǒng chǎnyè 传统产业
conversation N huìhuà 会话
convict, prisoner N qiúfàn/fànrén 囚犯/犯人
convince, to V shǐ ... xiāngxìn/ shuōfú 使 ... 相信/说服
cook (person) N chúshī 厨师
cook, to V zuòcài/zuòfàn 做菜/做饭
cooked ADJ zhǔshóude 煮熟的
cooker, stove N lúzi 炉子
cookie, sweet biscuit N xiǎotiánbǐng 小甜饼
cooking, cuisine N fēngwèi fàncài/ pēngtiáo 风味饭菜/烹调
cool, wicked (= excellent) ADJ kù 酷
cool ADJ liángkuài 凉快
cool, to V shǐ lěngquè 使冷却
copper N tóng/zǐtóng 铜/紫铜
copy N fùběn 副本
copy, to V chāoxiě/mófǎng 抄写/模仿
copyright law N bǎnquán fǎ 版权法
coral N shānhú 珊瑚
cordless telephone N wúshéng diànhuà 无绳电话
cordless telephone with caller ID N wúshéngláidiàn xiǎnshì diànhuà 无绳来电显示电话
corkage N kāipíng fèi 开瓶费
corn, grain N yùmǐ 玉米
corner N jiǎoluò 角落
corner (soccer) N jiǎoqiú 角球
corporate image N qǐyè xíngxiàng 企业形象
correct ADJ duì/zhèngquè 对/正确
correct, to V jiǎozhèng/gǎizhèng 矫正/改正
correspond, write letters, to V tōngxìn 通信
corridor N zǒuláng 走廊
corrupt ADJ fǔbài 腐败
corruption and degeneration N tānwū fǔhuà 贪污腐化
cosmetics N huàzhuāngpǐn 化妆品
cost N chéngběn 成本
cost, expense N fèiyòng 费用

cost, price N jiàgé 价格
cost-effectiveness N chéngběn xiàoyì 成本效益
costly ADJ guì/ánguì 贵/昂贵
costume N mínzú fúzhuāng/ xìzhuāng 民族服装/戏装
cot N yīng'érchuáng/ tóngchuáng 婴儿床/童床
cotton N miánbù 棉布
cotton wool N miánhuā 棉花
couch, sofa N shāfā 沙发
cough N késoushēng 咳嗽声
cough, to V késou 咳嗽
cough lolly N rùnhóutáng 润喉糖
cough syrup N késou yàoshuǐ 咳嗽药水
could, might V kěnéng 可能
count, to V shǔ/suàn 数/算
count, reckon, to V rènwéi 认为
countdown N dàojìshí 倒计时
counter (for paying, buying tickets) N guìtái 柜台
counterattack (sports) N fángshǒu fǎnjī 防守反击
counterfeit and shoddy products N jiǎmào wěiliè chǎnpǐn 假冒伪劣产品
country, nation N guójiā 国家
country, rural area N xiāngxià 乡下
coupon N yōuhuì quàn/lǐquàn 优惠券/礼券
course credit N xuéfēn 学分
courseware N kèjiàn 课件
court N 1 (*law*) fǎtíng 法庭 2 (*games*) qiú chǎng 球场
court of ethics N dàodé fǎtíng 道德法庭
courtesy N lǐmào 礼貌
courtyard N yuànzi 院子
courtyard economy N tíngyuàn jīngjì 庭院经济
courtyard house (a type of Chinese residence) N sìhéyuàn 四合院
cover, to V gài 盖
cow N mǔniú 母牛
crab N pángxiè 螃蟹
crack down on counterfeit goods, to V dǎjiǎ 打假
crack down on smuggling, to V dǎsī 打私
crack down on yakuza (mafia), to V dǎhēi 打黑
cracked ADJ lièkāile 裂开了
cracker, salty biscuit N xián bǐnggān 咸饼干

crafts N shǒugōngyì 手工艺

craftsperson N gōngjiàng/shǒuyìrén 工匠/手艺人

cramming method of teaching N tiányāshì jiàoxué 填鸭式教学

cramps N (*stomach*) jiǎotòng 绞痛, (*menstruation*) jīngtòng 经痛

crash, to (computer) V sǐjī 死机

crashed (car) ADJ zhuàngchē 撞车

crashed (computer) ADJ sǐjī 死机

craze for going abroad N chūguórè 出国热

craze for graduate school N kǎoyán rè 考研热

crazy ADJ fēngkuángde 疯狂的

create, to V chuàngzuò/chuàngzào 创作/创造

credit card N xìnyòngkǎ 信用卡

credit crisis N xìnyòng wēijī 信用危机

credit crunch N xìnyòng jǐnsuō 信用紧缩

credit culture N xìnyòng wénhuà 信用文化

credit hours N xuéshí 学时

credit rating system N gèrén xìnyòng zhìdù 个人信用制度

crew N 1 (*aircraft*) jīzǔ rényuán 机组人员, (*ship*) chuányuán 船员 2 (*laborers*) gōngzuò rényuán 工作人员

crime committed in the course of one's profession N zhíwù fànzuì 职务犯罪

criminal N zuìfàn 罪犯

criminal law N xíngfǎ 刑法

criminal record N àndǐ 案底

cripple, physically disabled N cánjírén/bǒzi 残疾人/跛子

crisis N wēijī 危机

crony capitalism N qúndài jīngjì 裙带经济

crop failure N qiànshōu 欠收

cross, angry ADJ shēngqì 生气

cross, go over, to V yuèguò 越过

crossroads N shízìlùkǒu 十字路口

crowd N rénqún/yīqúnrén 人群/一群人

crowd, to V 1 (*mass together*) qúnjí/qúnjù 群集/群聚 2 (*jam together*) jǐ/tuījǐ 挤/推挤 3 (*press together*) cuīcù 催促

crowded, busy ADJ yōngjǐ 拥挤

Crown Prince N wángchǔ 王储, wángtàizǐ 王太子

cruel ADJ cánrěn 残忍

cruise missile N xúnháng dǎodàn 巡航导弹

cry N jiàohǎn 叫喊

cry, to V kū 哭

cry out, to V hǎn 喊

cucumber N huángguā 黄瓜

cuisine, style of cooking N fēngwèi fàncài/pēngtiáo/fēngwèicài 风味饭菜/烹调/风味菜

cult N xiéjiào 邪教

cultivate one's taste, to V táoyě qíngcāo 陶冶情操

cultural industry N wénhuà chǎnyè 文化产业

cultural shock N wénhuà chōngjī 文化冲击

culture N wénhuà 文化

culture-oriented travel N wénhuà lǚyóu 文化旅游

cup N bēizi 杯子

cupboard N guìzi 柜子

cure (medical) N zhìliáo 治疗

cured, preserved (goods) ADJ yānzide 腌渍的

curiosity N hàoqíxīn 好奇心

currency N qiánbì 钱币

curtain N chuānglián 窗帘

custom, tradition N xísú 习俗

cut, injury N shāngkǒu 伤口

cut, to V gē 割

cute, appealing ADJ kě'ài 可爱

cyberport N shùmǎgǎng 数码港

cyberspace N diànnǎo kōngjiān 电脑空间

cyberterrorism N wǎngluò kǒngbù zhǔyì 网络恐怖主义

D

dad, daddy N bàba/diēdie 爸爸/爹爹

daily ADJ rìchángde 日常的

dairy N niúnǎi chǎng 牛奶场

Dalai Lama N Dálài lǎma 达赖喇嘛

damage N pòhuài 破坏

damage, to V sǔnhuài 损坏

damp ADJ cháoshī 潮湿

dance N wǔhuì 舞会

dance, to V tiàowǔ 跳舞

danger ADJ wēixiǎn 危险

dangerous ADJ wēixiǎnde 危险的

dark ADJ àn/hēi'àn 暗/黑暗

darkroom N ànfáng/ànshì 暗房/暗室

data communication N shùjù tōngxìn 数据通信

date N 1 (*calendar*) rìqī 日期
2 (*appointment*) yuēhuì 约会 3 (*fruit*)
hǎizǎo/zǎozi 海枣/枣子

date of birth N chūshēng rìqī 出生
日期

dating agency, marriage agency N
hūnjièsuǒ 婚介所

daughter N nǚ'ér 女儿

daughter-in-law N xífù 媳妇

dawdle along; skive on the job, to
v móyánggōng 磨洋工

dawn N límíng 黎明

day N tiān 天

day after tomorrow N hòutiān 后天

day before yesterday N qiántiān
前天

day care for kids, child-care N
bàntuō 半托

day of the week N gōngzuòrì 工作日

day off, rest day N xiūjiàtiān 休假天

day shift N báibān 白班

daydream, to v zuò báirìmèng 做
白日梦

day lighting N cǎiguāng 采光

dead ADJ sǐle 死了

deaf ADJ lóngde 聋的

dean's office N jiàowùchù 教务处

death N sǐwáng 死亡

death toll N sǐwáng rénshù 死亡人数

debit card N jièjìkǎ 借记卡

debt N zhài 债

debt of gratitude N rénqíngzhài
人情债

debt-collection agency N tǎozhài
gōngsī 讨债公司

debt-to-equity swap N zhàizhuǎn'gǔ
债转股

decade N shí nián 十年

decay v, N 1 fǔlàn 腐烂 2 shuāiwáng
衰亡

deceive, to v qīpiàn 欺骗

December N Shí'èryuè 十二月

decide, to v juédìng 决定

decision N juédìng 决定

declare, to v 1 xuānbù 宣布 2 shēn-
bào 申报

decline, get less, to v jiǎnruò/
jiǎnshǎo/xiàjiàng 减弱/减少/下降

decline, refuse, to v jùjué 拒绝

decorate, to v zhuāngshì 装饰

decorator N shìnèi shèjì shī 室内
设计师

decrease, to v jiǎnshǎo 减少

deep ADJ shēn 深

defeat, beat, to v dǎbài 打败

defecate, to v dàbià/jiě dàbiàn 大便/
解大便

defect N quēdiǎn 缺点

defend (in war), to v bǎowèi 保卫

defend (with words), to v biànhù
辩护

defendant N bèigào 被告

defending champion N wèimiǎn
guànjūn 卫冕冠军

deficit N chìzì/kuīsǔn 赤字/亏损

deflation (currency) N tōnghuò
jǐnsuō 通货紧缩

degrade oneself, to v diàojià/zìgān
duòluò 掉价/自甘堕落

degree, level N chéngdù 程度

degree of satisfaction N mǎnyì dù
满意度

degrees (temperature) N dù 度

dehydration N tuōshuǐ 脱水

delay, to v dān'ge 耽搁

delayed (train, bus etc.) ADJ wǎn-
diǎn 晚点

delete, to v shānchú 删除

deliberate ADJ gùyì de 故意的

delicacy N (*gourmet food*) měiwèi jiāyáo
美味佳肴

delicious ADJ hǎochī/shuǎngkǒu
好吃/爽口

delisting (stock) N tuìshì 退市

deliver, to v yùnsòng 运送

demand, to v yāoqiú 要求

dementia N 1 chīdāi 痴呆 2 jīngshén
cuòluàn 精神错乱

**Democratic Progressive Party
(Taiwan)** N mínjìndǎng 民进党

demography N rénkǒuxué 人口学

demon, devil N móguǐ 魔鬼

demonstrate, display, to v 1 xiǎnshì
显示 2 shìfàn/yǎnshì 示范/演示

dengue fever N dēnggé rè 登革热

dentist N yákē yīshēng 牙科医生

deny, to v 1 fǒurèn 否认 2 jùjué/bùgěi
拒绝/不给

depart, to v líkāi 离开

department N bùmén 部门

department store N bǎihuò
shāngdiàn 百货商店

departure N chūfā 出发

depend on, to v yīkào 依靠

**deposit, leave behind with some-
one, to** v cúnfàng 存放

deposit, advance money N
yùfùkuǎn/yājīn 预付款/押金

deposit, put money in the bank, to N cúnkuǎn 存款

depreciate, to V biǎnzhí 贬值

depreciation N zhéjiù/biǎnzhí 折旧/贬值

depression N 1 (*sickness*) yōuyùzhèng 忧郁症 2 (*economy*) jīngjì xiāotiáo 经济萧条

descendant N hòudài/hòuyì 后代/后裔

describe, narrate, to V miáoxiě/miáohuì 描写/描绘

desert, arid land N shāmò 沙漠

desert, abandon, to V pāoqì 抛弃

desertification N shāmòhuà 沙漠化

desertification of land N tǔdìshāhuà 土地沙化

desire N yuànwàng/xīwàng 愿望/希望

desire, to V xiǎng 想

desk N shūzhuō 书桌

despair, hopelessness N juéwàng 绝望

despise the poor and curry favor with the rich, to V xián-pín-ài-fù 嫌贫爱富

dessert, sweets N tiánshí/tiándiǎnxin 甜食/甜点心

destination N mùdìdì 目的地

destitute areas N tèkùn dìqū 特困地区

destroyed, ruined ADJ cuīhuǐ 摧毁

details, particulars N xìjié/xiángqíng 细节/详情

detective N zhēntàn 侦探

detergent N qùgòujì/xǐdíjì 去垢剂/洗涤剂

determined, stubborn ADJ jiānjué 坚决

detest, strongly dislike, to V zēnghèn/xiànwù 憎恨/嫌恶

devaluation (currency) N tōnghuò bǐanzhí 通货贬值

devalue, to V biǎnzhí 贬值

develop (film), to V chōngxǐ 冲洗

develop, happen, to V kāizhǎn 开展

developed countries N fādá guójiā 发达国家

developing countries N fāzhǎnzhōng guójiā 发展中国家

device, means, method N 1 (*tool*) shèbèi/shèshī 设备/设施 2 (*device*) zhuāngzhì 装置 3 (*means*) shǒuduàn/fāngfǎ 手段/方法

dew N lùshuǐ 露水

diabetes N 糖尿病 tángniàobìng

diagonal ADJ duìjiǎoxiàn 对角线

diagonally ADV duìjiǎode 对角地

dial, telephone, to V bō diànhuà 拨电话

dialect N fāngyán 方言

dialysis N tòuxī 透析

diamond N zuànshí 钻石

diaper N niàobù 尿布

diary N rìjì 日记

dictionary N cídiǎn/zìdiǎn 词典/字典

die, to V sǐ 死, (*polite*) guòshì 过世

die-hard N wángù fènzǐ 顽固分子

diesel oil N cháiyóu 柴油

diet N yǐnshí/rìcháng shípǐn 饮食/日常食品

differ, to V bùtóng 不同

difference (discrepancy in figures) N chābié 差别

difference (in quality) N chāyì 差异

different, other ADJ bùtóng 不同

difficult ADJ kùnnan 困难

difficulty N kùnnan/nánchu 困难/难处

digestion N xiāohuà 消化

digital earth N shùzì dìqiú 数字地球

digression N tíwài huà 题外话

dilapidated building N wēifáng 危房

dimple N jiǔwō 酒窝

dining room N cāntīng/fàntīng 餐厅/饭厅

DINK (Double Income No Kids) N dīngkè 丁克

dinner, evening meal N wǎnfàn 晚饭

dinosaur N kǒnglóng 恐龙

diplomacy N wàijiāo 外交

diplomatic asylum N wàijiāo bìhù 外交庇护

diplomatic immunity N wài jiāo huò miǎn quán 外交豁免权

direct election N zhíjiē xuǎnjǔ 直接选举

direct selling N zhíxiāo 直销

direction N fāngxiàng 方向

director (of company) N dǒngshìzhǎng 董事长

directory N 1 (*telephone*) xìngmíng dìzhǐ lù 姓名地址录 2 (*computer*) wéndàng mùlù 文档目录

dirt, filth N wūgòu 污垢

dirty ADJ zāng 脏

dirty bomb N zāngdàn 脏弹

disability N cánjí/cánzhàng 残疾/残障

disadvantaged social groups N ruòshì qúntǐ 弱势群体

disagree, to v bùtóngyì/bùhé 不同意/不合

disappointed ADJ shīwàng 失望

disarmament N cáijūn 裁军

disaster-affected area N shòuzāi dìqū 受灾地区

discipline I N 1 (*penalty*) chǔfèn/chǔfá 处分/处罚 2 jìlǜ 纪律 II v 1 (*punish*) chéngfá 惩罚 2 (*control*) guǎnjiào 管教

discotheque N dísīkēwǔtīng 迪斯科舞厅

disco dancing N bèngdí 蹦迪

discount N yōuhuì 优惠

discover, to v fāxiàn 发现

discrimination N qíshì 歧视

discuss, to v tǎolùn 讨论

discussion N tǎolùn 讨论

disease N jíbìng 疾病

disgrace, dishonor I N chǐrǔ 耻辱 II v gěi... diūliǎn 给 ... 丢脸

disguise, to v wěizhuāng 伪装

disgusting ADJ yànwùde 厌恶的

dish, platter N pánzi 盘子

dish (particular food) N fàncài 饭菜

disinfectant N xiāodújì 消毒剂

diskette N cípán 磁盘

dislike, to v yànwù/tǎoyàn 厌恶/讨厌

dismiss, to v 1 (*gathering*) jiěsàn 解散 2 (*from job*) kāichú 开除

Disneyland N Dísīnílè yuán 迪斯尼乐园

dispensary N yàofáng 药房

display N zhǎnlǎn 展览

display, to v chénliè 陈列

dispute N jiūfēn 纠纷

disputed area N zhēngyì dìqū 争议地区

disrupt, to v 1 rǎoluàn 扰乱 2 zhōng-duàn 中断

distance N jùlí 距离

distance (telephone) calls N chángtú diànhuà 长途电话

distant ADJ 1 yuǎnjùlí de 远距离的 2 shūyuǎn de 疏远的

distasteful ADJ lìngrén yànwù de/lìngrén fǎngǎn de 令人厌恶的/令人反感的

distributor N fēnxiāo shāng 分销商

disturb, bother, to v dǎrǎo/dǎjiǎo 打扰/打搅

disturbance, bother N fánrǎo/sāoluàn 烦扰/骚乱

diversified economy N duōzhǒng jīngyíng 多种经营

divide, split up, to v fēnkāi 分开

divided by v chú yú 除于

dividend N gǔxī/hónglì 股息/红利

divorce N, v líhūn 离婚

divorced ADJ lílehūn 离了婚

DNA (deoxyribonucleic acid) N tuōǎnghé tánghésuān 脱氧核糖核酸

do one's best, to v jìn suǒ néng/bùyí yúlì 尽所能/不遗余力

do shoddy work and use inferior material, to v tōugōng jiǎnliào 偷工减料

doctor N yīshēng/dàifu 医生/大夫

doctors and nurses (the medical professionals) N yīhù rényuán 医护人员

document, letter N wénjiàn 文件

dog N gǒu 狗

dollar N Měiyuán/yuán 美元/元

Donald Duck N Tánglǎoyā 唐老鸭

done (cooked) ADJ zhǔshúle 煮熟了

done (finished) ADJ zuòhǎole 做好了

donkey N lǘzi 驴子

don't! EXCLAM, COMMAND búyào 不要

don't mention it! EXCLAM bú kèqi 不客气

dope N dúpǐn 毒品

door N mén 门

door-to-door service N shàngmén fúwù 上门服务

dosage N fúyòng liáng 服用量

double ADJ shuāngbèi 双倍

double degree N shuāngxué wèi 双学位

double-edged sword N shuāng-rènjiàn 双刃剑

doubt, to v huáiyí 怀疑

douse, to v pōshuǐ/jiǎoshuǐ 泼水/浇水

down, downward PREP xiàng xià 向下

down-payment N shǒuqī ànjiē 首期按揭

download (from the computer or Internet), to v xiàzài 下载

downpour N qīngpén dàyǔ 倾盆大雨

downsize staff and improve efficiency, to v jiǎnyuán zēngxiào 减员增效

downstairs ADV, N lóuxià 楼下

downstream industry N xiàyóu hángyè 下游行业

downtown N shìzhōngxīn 市中心

doze, to v dǎkēshuì 打瞌睡

dozen N yī dá 一打

dragon N lóng 龙

Dragon Boat Festival, the N duān-wǔjié 端午节

drama N xìjù 戏剧

draw to a close, to V jiànjìn wěishēng 渐近尾声

drawing N tú 图

dream N mèng 梦

dream, to V zuòmèng 做梦

Dream Team N mèng zhī duì 梦之队

dress, frock N liányīqún 连衣裙

dressed, to get V chuānbàn 穿扮

dressing gown N chényī 晨衣

drew a large audience ADJ, N jiàozuò 叫座

drink, refreshment N yǐnliào 饮料

drink, to V hē 喝

drive (a car), to V kāichē 开车

driver N jiàshǐyuán/sījī 驾驶员/司机

drizzle N xìyǔ/máomaoyǔ 细雨/毛毛雨

drop shot (sports) N diàoqiú 吊球

dropout (student) N shīxué értóng 失学儿童

dross N zāopò 糟粕

drought N hànzāi 旱灾

drown, to V yānnì/yānsǐ 淹溺/淹死

drug (medicine) N yào 药

drug, narcotic stuff N dúpǐn 毒品

drug rehabilitation center N jièdúsuǒ 戒毒所

drug smuggling N zǒusī dúpǐn 走私毒品

drug trafficker N dúxiāo 毒枭

drunk ADJ hēzuì 喝醉

dry ADJ gān 干

dry (weather) ADJ gānzào 干燥

dry, to V nònggān 弄干

dry out (in the sun), to V liànggān/shàigān 晾干/晒干

dry red wine N gànhóng 干红

dry white wine N gānbái 干白

dual nationality N shuāngchóng guójí 双重国籍

duck N yāzi 鸭子

dull, boring ADJ mèn 闷

dull (weather) ADJ yīn'àn 阴暗

dumb, mute ADJ yǎba de 哑巴的

dumpling N jiǎozi 饺子

dumping (pricing) N qīngxiāo 倾销

dunk (basketball), to dunk N, V kòulán 扣篮

duplex apartment N fùshì zhùzhái 复式住宅

durable consumer goods N nàiyòng xiāofèipǐn 耐用消费品

duration N chíxù shíjiān 持续时间

during PREP zài ... qījiān 在 ... 期间

dusk N huánghūn 黄昏

dust N huīchén 灰尘

dust clouds N chényún 尘云

duty, import tax N guānshuì 关税

duty, responsibility N zérèn 责任

duty-free ADJ miǎnshuì 免税

duty-free commodities N miǎnshuì shāngpǐn 免税商品

duty-free shop N miǎnshuìdiàn 免税店

DVD N shùjù lùxiàngjī 数据录象机

dwarf N xiǎo'ǎirén/zhūrú 小矮人/侏儒

dynamic ADJ dònggǎn/yǒu shēngqì de 动感/有生气的

dysentery N lìji 痢疾

E

each, every PRON měi 每

eager ADJ rèqiè 热切, rèzhōng 热衷

eagle N lǎoyīng 老鹰

ear N ěrduǒ 耳朵

earlier, beforehand ADJ, ADV shìxiān 事先

early ADJ zǎo 早

early in the morning ADV qīngzǎo 清早

early retirement N nèituì 内退

earn, to V zhèng/zhuàn 挣/赚

earnings N gōngzī/xīnshui 工资/薪水

earrings N ěrhuán 耳环

earth, soil N nítǔ 泥土

Earth, the world N dìqiú 地球

earthquake N dìzhèn 地震

earthquake tremors N zhèngǎn 震感

Easier said than done IDIOM shuōqǐlái róngyì zuòqǐlái nán 说起来容易做起来难

east ADJ, N dōngbiān 东边

Easter N Fùhuójié 复活节

easy ADJ róngyì 容易

eat, to V chī 吃

eat dinner, to V chī wǎnfàn 吃晚饭

ebb V, N tuìcháo 退潮

e-book N diànzǐ shū 电子书

e-commerce N diànzǐ shāngwù 电子商务

echo N huíshēng/huíyīn 回声/回音

eclipse N rìshí/yuèshí 日食/月食

ecological forest N shēngtàilín 生态林

economic aggregate N jīngjì zǒngliàng 经济总量

economic boom N jīngjì fánróng
经济繁荣

economic globalization N jīngjì
quánqiúhuà 经济全球化

economic reform N jīngjì gǎigé
经济改革

economic restructure N jīngjì
tiáozhěng 经济调整

economic resurgence N jīngjì fùsū
经济复苏

economical ADJ shíhuì 实惠

economics (specialist study) N
jīngjìxué 经济学

economy N jīngjì 经济

economy class N (air ticket)
jīngjìcāng 经济舱

ecotourism N shēngtài lǚyóu 生态旅游

eczema N shī zhěn 湿疹

edge N biānyuán 边缘

edible ADJ kěyǐ shíyòng de 可以食用的

editor in charge N zérèn biānjí 责任
编辑

editorial N shèlùn 社论

educate, to jiàoyù 教育

education N jiàoyù 教育

**education for all-around develop-
ment** N sùzhì jiàoyù 素质教育

effect, result N xiàoguǒ 效果

efficiency N xiàolǜ 效率

effort N nǔlì 努力

effort, to make an N zuòchū nǔlì
做出努力

egg N jīdàn 鸡蛋

eggplant, aubergine N qiézi 茄子

eight NUM bā 八

eighteen NUM shíbā 十八

eighty NUM bāshí 八十

either PRON, CONJ rènhé yī ge 任何
一个

eject, to V dànchū/tuīchū/pēnchū
弹出/推出/喷出

El Niño phenomenon N è'ěrnínuò
xiànxiàng 厄尔尼诺现象

elastic ADJ (flexible) yǒu tánxìng de
有弹性的

elastic N (band) xiàngpíquān/sōng-
jǐndài 橡皮圈/松紧带

elbow N zhǒu 肘

elder N zhǎngbèi 长辈

elderly, aged ADJ lǎonián de/shàngle
niánjìde 老年的/上了年纪的

election N xuǎnjǔ 选举

electoral vote N xuǎnjǔ rénpiào 选举
人票

electric ADJ diàndòngde 电动的

electrical appliance N diànqì 电器

electricity N diànliú 电流

electronic ADJ diànzi 电子

electronic dictionary N diànzǐ
cídiǎn 电子词典

electronic publishing N diànzǐ
chūbǎn 电子出版

elegant ADJ yǎzhìde/gāoyǎ 雅致的/
高雅

elephant N dàxiàng 大象

elevated highway N gāojià gōnglù
高架公路

elevated railway N gāojià qīngguǐ
高架轻轨

elevator N diàntī 电梯

eleven NUM shíyī 十一

eligible ADJ yǒu zīgé de 有资格的

eliminate, to V 1 xiāochú/xiāomiè
消除/消灭 2 táotài 淘汰

else: anything else ADV biéde 别的

else: or else ADV (yào) bùrán/fǒuzé
(要) 不然/否则

email (message) N diànzi yóujiàn/
yīmèir 电子邮件/伊妹儿

email, to V fā diànzi yóujiàn/fā
yīmèir 发电子邮件/发伊妹儿

email address N diànzi yóujiàn dìzhǐ
电子邮件地址

embarrassed, ashamed ADJ nánwéi-
qíng 难为情

embarrassing ADJ shǐ rén nánkān
使人难堪

embassy N dàshǐguǎn 大使馆

embezzle public funds, to V qīntūn
gōngkuǎn 侵吞公款

embezzlement N dàoyòng gōngkuǎn
盗用公款

embrace, to V yōngbào 拥抱

embroidered ADJ xiùhuāde 绣花的

embroidery N cìxiù 刺绣

emerge, to V xiǎnlù/chūxiàn 显露/
出现

emergency N jízhěn 急诊

emerging market N xīnxīng shì-
chǎng 新兴市场

emotion N gǎnqíng/qíngxù 感情/情绪

emotion quotient (EQ) N qíng-
shāng 情商

emperor N huángdì 皇帝

employee N gùyuán 雇员

employer N gùzhǔ 雇主

employment agency N zhíyè
jièshàosuǒ 职业介绍所

empty, vacant ADJ 1 (*blank*) kōng/ kōng de 空/空的 2 (*hollow*) kōngdòng de/kōngxū de 空洞的/ 空虚的

encoded channel N jiāmì píndào 加密频道

encore! INTERJ zài lái yī gè 再来一个

encourage, to V gǔlì/zhīchí 鼓励/ 支持

encroach upon, to V rǎnzhǐ 染指

encrypt, encrypted, to V, ADJ jiāmì 加密

encyclopedia N bǎikē quánshū 百科 全书

end (finish) N zhōngzhǐ 终止

end (tip) N jiānduān/dǐngduān 尖端/ 顶端

end, to V jiéshù 结束

end user N zuìzhōng yònghù 最终 用户

endorse, affirm, to V zàntóng/zhīchí 赞同/支持

enemy N dírén 敌人

energy N 1 huólì 活力 2 néngliàng 能量

engaged (telephone) ADJ zhànxiàn 占线

engaged (to be married) ADJ dìnghūn 订婚

engine N fādòngjī 发动机

engineer N gōngchéngshī 工程师

engineering company N gōngchéng gōngsī 工程公司

England N Yīngguó 英国

English (in general) ADJ Yīngguóde 英国的

English (language) N Yīngwén/ Yīngyǔ 英文/英语

English (people) N Yīngguórén 英国人

engrave, to V kèshàng/diāo 刻上/雕

enjoy, to V xiǎngshòu 享受

enjoy oneself, to V guòde kuàihuó 过得快活

enjoy special privilege, to V chī piānfàn 吃偏饭

enjoyable ADJ yúkuàide 愉快的

enlarge, to V kuòdà 扩大

enough zúgòu 足够

enquire, to V wèn/xúnwèn 问/询问

ensure, to V quèbǎo/dānbǎo 确保/ 担保

enter, to V jìnrù 进入

enter through the back door, to V zǒu hòumén 走后门

enterprise group N qǐyè jítuán 企业 集团

enterprising spirit N chuàngyè jīngshén 创业精神

entertainer N yǎnyì rényuán/biǎo- yǎnzhě 演艺人员/表演者

enthusiastic fan N fāshāoyǒu 发烧友

entirety, whole N quánbùde 全部的

entrance, way in N rùkǒu 入口

entrepreneur N chuàngyèzhě 创业者

envelope N xìnfēng 信封

envious ADJ yǐnqǐ xiànmù de 引起 羡慕的

environment, the N huánjìng 环境

environment-friendly battery N huánbǎo diànchí 环保电池

environmental protection N huán- jìng bǎohù 环境保护

environmentally friendly agricul- ture N shēngtài nóngyè 生态农业

epicenter (of an earthquake) N zhènyuán/zhènzhōng 震源/震中

epidemic N liúxíngbìng/ chuánrǎnbìng 流行病/传染病

epilepsy N diānxián/yángxiánfēng 癫痫/羊痫疯

episode N 1 yī jí 一集 2 yīduàn jīnglì 一段经历

equal ADJ píngděngde 平等的

equalize (soccer, etc.), to V zhuīpíng 追平

equator N chìdào 赤道

equipment N shèbèi/zhuāngbèi 设备/ 装备

err, commit a wrong, to V fàn cuòwu 犯错误

error N cuòwù 错误

escalator N diàndòng lóutī 电动楼梯

escape V, N táolí/táobì 逃离/逃避

especially ADV yóuqíshì 尤其是

essential ADJ bìyào de 必要的

establish, set up V jiànlì 建立

eternity N yǒnghéng/yǒngyuǎn 永恒/ 永远

ethics N dàodé guīfàn 道德规范

eulogy N sòngcí 颂词

Europe N ōuzhōu 欧洲

euthanasia N ānlèsǐ 安乐死

evacuate, to V chèlí 撤离

evade tax, to V bìshuì/táoshuì 避税/ 逃税

even (smooth) ADJ pínghuá 平滑

evening N wǎnshang 晚上

evening meal, dinner N wǎnfàn 晚饭

event N shìjiàn 事件

ever, have already ADV céng 曾

every ADJ měi 每

every kind of ADJ gèshì-gèyàng 各式各样

every time ADV měi cì 每次

everybody, everyone PRON měi ge rén 每个人

everything PRON měi jiàn shì/yīqiè 每件事/一切

Everything goes well IDIOM jí-xiáng-rú-yì 吉祥如意

everywhere PRON měi ge dìfang/dàochù 每个地方/到处

evidence N zhèngjù/zhèngcí 证据/证词

evil ADJ 1 xié'è de 邪恶的 2 èmó de 恶魔的

exact, exactly ADJ, ADV jīngquède/quèqiè 精确的/确切

exactly! just so! EXCLAM yīdiǎn búcuò 一点不错

exam, test N kǎoshì 考试

examine, to V jiǎnchá 检查

example N lìzi 例子

example, for bǐrú 比如

exceed, go past, to V chāoguò/chāochū 超过/超出

excellent ADJ yōuxiù de 优秀的

except CONJ chú ... zhīwài 除 ... 之外

excess personnel N chāobiān rényuán 超编人员

excessive consumption N chāoqián xiāofèi 超前消费

exchange (money, opinions), to V duìhuàn 兑换

exchange rate N duìhuànlǜ 兑换率

exchange student N jiāohuàn liúxuéshēng 交换留学生

excluding PREP bù bāokuò/chúle 不包括/除了

exercise N 1 (*training*) (tǐyù) duànliàn 锻炼 2 (*sports*) tǐcāo/jiànshēn cāo 体操/健身操 3 (*activity*) huódòng 活动 4 (*practice*) liànxí 练习

excited ADJ gǎndào xīngfèn 感到兴奋

exciting ADJ lìng rén xīngfèn de 令人兴奋的

exclusive economic zone N zhuānshǔ jīngjìqū 专属经济区

exclusive interview N zhuānfǎng 专访

excuse; pretext N dǎngjiàn pái/jièkǒu 挡箭牌/借口

excuse me! (apology) EXCLAM duìbuqǐ 对不起

excuse me! (attracting attention) EXCLAM qǐngwèn 请問

excuse me! (getting past) EXCLAM láojià 劳驾

executive director N chángwù dǒngshì 常务董事

executive member of the council N chángwù lǐshì 常务理事

exhausted ADJ lèi jíle de/hěn píláo de 累极了的/很疲劳的

exhibition match N biǎoyǎnsài 表演赛

exit, way out N chūkǒu 出口

exit visa N chūjìng qiānzhèng 出境签证

expand, grow larger, to V péngzhàng 膨胀

expect, to V qīwàng 期望

expedition N tànxiǎ duì/kǎochá duì 探险队/考察队

expenditure for social security N shèhuì bǎozhàng zhīchū 社会保障支出

expenses N fèiyòng 费用

expensive ADJ guì 贵

experience N jīngyàn 经验

experience, to V tǐyàn/jīnglì 体验/经历

experiment V, N shíyàn/shìyàn 实验/试验

expert N zhuānjiā 专家

explain, to V jiěshì 解释

explore through practice; feel one's way through, to IDIOM mō zhe shítou guò hé 摸着石头过河

explosive N zhàyào 炸药

export, to V chūkǒu 出口

export of labor services N láowù shūchū 劳务输出

export processing zones N chūkǒu jiāgōngqū 出口加工区

export rebate rate N chūkǒu tuìshuìlǜ 出口退税率

export-oriented economy N wài-xiàngxíng jīngjì 外向型经济

export-oriented industry N chūkǒu chuànghuìxíng chǎnyè 出口创汇型产业

expose, to V bàoguāng/xièlòu 曝光/泄露

express, state, to V biǎoshì 表示

expression N 1 biǎoqíng 表情 2 biǎodá fǎ 表达法

expressway N kuàisù gōnglù 快速公路
extend, to V 1 shēnzhǎn 伸展
　2 yáncháng 延长
extension (telephone) N fēnjī 分机
extensive operation N cūfàng
　jīngyíng 粗放经营
external ADJ wàibù de/wàimiàn de
　外部的/外面的
extinct species N mièjué de
　wùzhǒng 灭绝的物种
extinguish, blow out, to V miè/
　xiāomiè 灭/消灭
extra ADJ éwàide 额外的
extramarital affair N hūnwàiliàn
　婚外恋
extranet (computer) N wàiliánwǎng
　外联网
extra-terrestrial (ET) N wàixīngrén
　外星人
extraordinary ADJ 1 fēifán de/jíqí
　chūsè de 非凡的/极其出色的 2 hěn
　tèbié de 很特别的
extravagant ADJ shēchǐ háo de/làn-
　fèi de 奢侈的/浪费的
extremely ADV jídùde 极度地
extremely beautiful (woman) ADJ
　qīngguó qīngchéng 倾国倾城
extremely cool, wicked (meaning
　excellent) ADJ kùbì 酷毙
eye N yǎnjing 眼睛
eyebrow N yǎnméi 眼眉
eyeglasses, spectacles N yǎnjìng 眼镜
eyewitness N mùjī zhě 目击者

F

fable N yùyán gùshi/yùyán 寓言故事/
　寓言
fabric, textile N bùliào 布料
face N liǎn 脸
face, to V miànduì 面对
facility N shèshī 设施
facsimile, fax N chuánzhēn 传真
fact N shìshí 是实
factor N yīnsù 因素
factory N gōngchǎng 工厂
fad N yìshí de fēngshàng 一时的风尚
fade, to V 1 (*memories*) zhújiàn
　xiāoshī 逐渐消失 2 (*coloring*) tuìsè
　褪色
Fahrenheit (°F) N Huáshì 华氏
fail, to V bù jígé/shībài 不及格/失败
failure N shībài 失败
faint ADJ wēiruòde 微弱的

faint, to V yūndǎo 晕倒
fair ADJ 1 (*treatment*) gōngzhèng
　de 公正的 2 (*standard, level*)
　zhōngděng shuǐpíng de 中等水平的
　3 (*weather*) qínglǎng de 晴朗的
fair N 1 (*marketplace*) jíshì 集市
　2 (*exhibition*) bólǎnhuì 博览会
　3 (*trade*) jiāoyìhuì 交易会
fair-weather friend N jiǔ ròu péng-
　you 酒肉朋友
fairy tale N tónghuà/tónghuà gùshi
　童话/童话故事
faith N 1 xìnrèn 信任 2 xìnyǎng 信仰
fall (season) N qiūtiān 秋天
fall, to V luòxià/diàoxià 落下/掉下
fall in price, to V diàojià 掉价
fall over, to V shuāidǎo/dǎoxiàlái
　摔倒/倒下来
falls (waterfalls) N pùbù 瀑布
false (imitation) ADJ màopáihuò/
　jiǎmàode 冒牌货/假冒的
false (not true) ADJ jiǎde 假的
fame N míngqi/míngshēng 名气/名声
familiar ADJ shúxi de 熟悉的
family N jiātíng/qīnshǔ 家庭/亲属
family business N jiāzú qǐyè 家族企业
family reunion dinner (during
　Spring Festival) N niányèfàn 年夜饭
famine N jīhuāng 饥荒
famous ADJ yǒumíng/chúmíng 有名/
　出名
famous actor; famous high quality
　brand N míngyōu 名优
fan (admirer) N mí/kuángrè
　àihàozhě/fěnsī 迷/狂热爱好者/粉丝
fan (electrical) N diànfēngshàn
　电风扇
fan (for cooling) N shànzi 扇子
fancy ADJ qítède 奇特的
FAO (Food and Agriculture Orga-
　nization of the United Nations) N
　liánhéguó liángnóng zǔzhī 联合国
　粮农组织
FAQ N chángjiàn wèntí 常见问题
far ADJ yuǎn 远
fare N piàojià 票价
fare evasion N táopiào 逃票
farewell N gàobié 告别
farm N nóngchǎng 农场
fashion follower N zhuīcháozú
　追潮族
fast, rapid ADJ kuài 快
fast, to V shǒuzhāi/zhāijiè 守斋/斋戒
fat, grease N yóunì 油腻

fat, plump ADJ pàng 胖
fatal ADJ zhìmìng de 致命的
fate N mìngyùn 命运
father N fùqin/bàba 父亲/爸爸
father-in-law (wife's father) N yuèfù 岳父
fatigue N pílào/píjuàn 疲劳/疲倦
fault N guòcuò 过错
favorite ADJ zuìxǐ'ài de 最喜爱的
fax, to v fā chuánzhēn 发传真
fax (machine) N chuánzhēnjī 传真机
fax (message) N chuánzhēn 传真
fear N kǒngjù 恐惧
feast N yànhuì/shèngyàn 宴会/盛宴
feat N shìjì 事迹
February N èryuè 二月
fee N shōufèi 收费
feeble ADJ wēiruò de/xūruò de 微弱的/虚弱的
feed, to v wèi 喂
feedback N fǎnkuì 反馈
feel, to v juéde 觉得
feeling N gǎnjué 感觉
feint (sports) N jiǎ dòngzuò 假动作
fellow apprentice N shīxiōngdì 师兄弟
female ADJ nǚde/cíde 女的/雌的
feminine ADJ nǚxìng de 女性的
feminist movement N nǚquán yùndòng 女权运动
fence N líbā/shānlán 篱笆/栅栏
feng shui, geomancy N fēngshuǐ 风水
ferry N dùchuán 渡船
fertile ADJ féiwòde 肥沃的
fertilizer N féiliào 肥料
festival N jiérì 节日
fetch, to v qǔ 取
fetus N tāi'ér/pēitāi 胎儿/胚胎
fever N fāshāo 发烧
few ADJ jíshǎo/jǐge 极少/几个
fiancé N wèihūnfū 未婚夫
fiancée N wèihūnqī 未婚妻
fiction N xiǎoshuō 小说
field, empty space N kōngdì 空地
fierce ADJ xiōngměngde 凶猛的
fierce competition N jīliè jìngzhēng 激烈竞争
fifteen NUM shíwǔ 十五
fifth NUM dì wǔ 第五
fifty NUM wǔshí 五十
fight, to (physically) v dǎjià 打架
fight a guerrilla warfare, to v dǎ yóujī 打游击
fight one on one, to v dāntiāo 单挑

fight over, to v zhēng 争
fight to change for the better, to v dǎfān shēnzhàn 打翻身战
figure, number N shùzì 数字
file N 1 (*case*) dàng'àn 档案 2 (*computer*) wénjiàn 文件 3 (*filing fingernails*) cuòdāo 锉刀
Filipino (in general) ADJ Fēilǜbīnde 菲律宾的
Filipino (language) N Fēilǜbīnyǔ 菲律宾语
Filipino (people) N Fēilǜbīnrén 菲律宾人
Filipino (Tagalog) N Fēilǜbīnyǔ 菲律宾语
fill, to v zhuāngmǎn 装满
fill out (form), to v tiánbiǎo 填表
film (camera) N jiāojuǎn 胶卷
film, movie N diànyǐng 电影
filth, dirt N wūgòu 污垢
filthy ADJ āngzāng/wūhuìbùkān 肮脏/污秽不堪
final N, ADJ zuìhòu 最后
finally ADV zhōngyú 终于
financial crisis N jīnróng wēijī 金融危机
financial deficit N cáizhèng chìzì 财政赤字
financial liberalization N jīnróng zìyóuhuà 金融自由化
financial statement N cáiwù bàobiǎo 财务报表
finalist N juésài xuǎnshǒu 决赛选手
find, to v zhǎo 找
find a sugar daddy (of a girl), to v bàngdàkuǎn 傍大款
fine, okay ADJ hǎo 好
fine (punishment) N fákuǎn 罚款
finger N shǒuzhǐ 手指
finish N wánchéng 完成
finish off, to v jiéshù 结束
finished (completed) ADJ wánjiéle/jiéshù 完结了/结束
finished (none left) ADJ yòngguāngle 用光了
finishing move N shāshǒujiǎn 杀手锏
fire N huǒ 火
fire someone, to v jiěgù 解雇
firewall N fánghuǒqiáng 防火墙
fireworks N yānhuā 烟花
First come, first served IDIOM jìnshuǐ lóutái xiān de yuè 近水楼台先得月
firm (definite) ADJ jiāndìng 坚定

firm (mattress) ADJ jiānshíde 坚实的
firm, company N shāngháng/gōngsī 商行/公司
first, earlier, beforehand ADJ xiān 先
fiscal revenue N cáizhèng shōurù 财政收入
fiscal year N cáizhèng niándù 财政年度
fish N yú 鱼
fish, to V diàoyú/bǔyú 钓鱼/捕鱼
fish sauce N yúlù 鱼露
fishing ban period N jìnyúqī 禁渔期
fishy ADJ 1 yú xīngqì de 鱼腥气的 2 kěyí de 可疑的
fist N quántou/quán 拳头/拳
fit, to V (shì) shìhé (使) 适合
fitness training N jiànshēn duànliàn 健身锻炼
fitting, suitable ADJ shìhéde 适合的
fitting room N shìyīshì 试衣室
five NUM wǔ 五
five-day workweek N wǔtiān zhìgōngzuòrì 五天制工作日
fix, to (a time, appointment) V yuēdìng 约定
fix, to (repair) V xiūlǐ 修理
flag N qí 旗
flagship product N lóngtóu chǎnpǐn 龙头产品
flame N huǒ/huǒyàn 火/火焰
flash (camera) N shǎnguāngdēng 闪光灯
flashlight, torch N shǒudiàntǒng 手电筒
flask N 1 jiǔ píng 酒瓶 2 shāopíng 烧瓶
flat, apartment N gōngyù 公寓
flat, smooth ADJ píngtǎnde 平坦的
flat tax N tǒngyīshuì 统一税
flavor N wèidào 味道
flaw, shortcoming, defect N quēxiàn/quēdiǎn 缺陷/缺点
flea market N tiàozǎo shìchǎng 跳蚤市场
flee, run away, to V táozǒu/táodiào 逃走/逃掉
flesh N ròu 肉
flexible employment N tánxìng jiùyè 弹性就业
flier, flyer N guǎnggào zhǐ 广告纸
flight N bānjī 班机
flight number N bānjīhào 班机号
floating debt N duǎnqī zhàiwù 短期债务

floating wages N fúdònggōngzī 浮动工资
flock N yī qún 一群
flood N hóngshuǐ 洪水
floor N lóu/céng 楼/层
floor trader N chǎngnèi jiāoyìrén 场内交易人
floorage N jiànzhù miànjī 建筑面积
floppy disk N ruǎnpán 软盘
florist N huādiàn 花店
flour N miànfěn 面粉
flow, to V liú/liúdòng 流/流动
flower N huā 花
flu N liúgǎn/liúxíngxìng gǎnmào 流感/流行性感冒
fluent ADJ liúlì 流利
fluid, liquid N liútǐ/yètǐ 流体/液体
flush (wash), to V chōngxǐ 冲洗
flush toilet N chōushuǐ mǎtǒng 抽水马桶
flute N chángdí 长笛
fly, to V fēi 飞
fly (insect) N cāngyíng 苍蝇
foam N pàomò 泡沫
foam, to V qǐ pàomò 起泡沫
foe, enemy N chóudí/dírén 仇敌/敌人
fog N wù 雾
fold, to V zhédié 折叠
follow along, to V yánzhe/gēnzhe 沿着/跟着
follow behind, to V gēnhòumiàn 跟后面
follower, supporter N zhīchízhě 支持者
following PREP, ADV gēnsuí/yǐxià 跟随/以下
fond of, to be ADJ xǐ'ài 喜爱
food N shíwù 食物
food is the first necessity of man IDIOM mín yǐ shí wéi tiān 民以食为天
food market N càichǎng 菜场
food stall N dàpái dàng 大排档
foolish ADJ shǎ de/yúchǔn de 傻的/愚蠢的
foot N jiǎo 脚
foot-and-mouth disease N kǒutíyì 口蹄疫
football N zúqiú 足球
for PREP wèi 为
forbid, to V bùxǔ 不许
forbidden ADJ bèi jìnzhǐ de 被禁止的
force N lìliang 力量
force, compel, to V qiángpò 强迫

F

force majeure; sth not anticipated or stoppable N bùkě kànglì 不可抗力

Ford (car) N fútè 福特

forecast V, N yùbào 预报

forefathers, ancestors N zǔxiān 祖先

forehead N é (tóu) 额头

foreign ADJ wàiguóde 外国的

foreign capital N wàiguó zīběn 外国资本

foreign debt N wàizhài 外债

foreign exchange controls N wàihuì guǎnzhì 外汇管制

foreign exchange reserves N wàihuì chǔbèi 外汇储备

foreign owned enterprise N wàiqǐ 外企

foreign teacher N wàijiào 外教

foreign-related economics N shèwài jīngjì 涉外经济

foreign-related tax bureau N wài-shuìjú 外税局

foreigner N wàiguórén/lǎowài 外国人/老外

foresight N qiánzhān 前瞻

foresightful ADJ qiánzhān xìng 前瞻性

forest N sēnlín 森林

forest coverage N sēnlín fùgàilǜ 森林覆盖率

forever ADV yǒngyuǎn 永远

foreword N qiányán 前言

forgery N 1 wěizàozuì/wěizào 伪造罪/伪造 2 wěizàopǐn 伪造品

forget, to V wàngjì 忘记

forget about, to V hūlüè 忽略

forgive, to V yuánliàng 原谅

forgiveness, mercy N kuānshù 宽恕

forgotten ADJ wàngle 忘了

fork N chāzi 叉子

form (to fill out) N biǎogé 表格

formalities N shǒuxù 手续

former I ADJ yǐqián de 以前的 II N qiánzhě 前者

formula N 1 fāng'àn 方案 2 pèifāng 配方

fortnight N liǎng gè xīngqī 两个星期

fortress N bǎolěi 堡垒

fortunately ADV xìngyùnde 幸运地

fortune N 1 cáifù 财富 2 yùnqì 运气

Fortune 500 N cáifù wǔbǎiqiáng 财富五百强

forty NUM sìshí 四十

forward ADV, ADJ xiàng qián 向前

foundation, base N jīchǔ 基础

fountain N pēnquán/pēnquán chí 喷泉/喷泉池

four NUM sì 四

fourteen NUM shísì 十四

France N Fǎguó 法国

franchise store N zhuānmàidiàn 专卖店

fraction N 1 xiǎo bùfen 小部分 2 fēnshù 分数

fracture N 1 gǔzhé 骨折 2 lièfèng 裂缝

freak accident N líqí de shìgù 离奇的事故

free competition N zìyóu jìngzhēng 自由竞争

free kick N rènyìqiú 任意球

free medicare N gōngfèi yīliáo 公费医疗

free, independent ADJ zìyóude 自由的

free of charge ADJ miǎnfèi 免费

free of restraints ADJ wúxiànzhì 无限制

free port N zìyóugǎng 自由港

free wildlife from captivity, to V fàngshēng 放生

free-trade zone N zìyóu màoyìqū 自由贸易区

freedom N zìyóu 自由

freedom of marriage N hūnyīn zìyóu 婚姻自由

freelancer N zìyóu zhíyèzhě 自由职业者

freeze, to V jiébīng 结冰

freeze (computer), to V sǐjī 死机

French (in general) ADJ Fǎguóde 法国的

French (language) N Fǎyǔ/Fǎwén 法语/法文

French (people) N Fǎguórén 法国人

freon-free refrigerator N wúfú bīngxiāng 无氟冰箱

frequent ADJ jīngcháng 经常

frequent, common ADJ pǔtōngde 普通的

fresh ADJ xīnxiān 新鲜

freshwater degradation N dànshuǐ èhuà 淡水恶化

Friday N Xīngqīwǔ/Lǐbàiwǔ 星期五/礼拜五

fridge N bīngxiāng 冰箱

fried ADJ yóuzhá 油炸

friend N péngyou 朋友

friendly ADJ yǒuhǎo 友好

friendship N yǒuyì 友谊

frightened ADJ bèi xiàzhe 被吓着

frog N qīngwā 青蛙

from PREP cóng 从

front N qiánmiàn 前面

front: in front of PREP zài ... de qiánmiàn 在 ... 的前面

frown N zhòuméi 皱眉

frown, to V duì ... zhòu méitou 对 ... 皱眉头

frozen ADJ bīngdòng 冰冻

fruit N shuǐguǒ 水果

fry, to V jiān 煎

fuel N ránliào 燃料

fugitive N táofàn/táowángzhě 逃犯/逃亡者

fulfill, to V lǚxíng 履行

full ADJ mǎn 满

full, eaten one's fill ADJ chībǎo 吃饱

fumes N yānwù 烟雾

fun, to have V wánr 玩儿

function, work, to V qǐ zuòyòng 起作用

fundamental ADJ jīběn de/gēnběn de 基本的/根本的

fundraising N chóuzī 筹资

fundraising channels N chóuzī qúdào 筹资渠道

funds, funding N jīngfèi 经费

funeral N zànglǐ 葬礼

fungus N zhēnjūn 真菌

funny ADJ hǎoxiào 好笑

fur N máopí 毛皮

furnishings N jiājù/shìnèi chénshè 家具/室内陈设

furniture N jiājù 家具

further, additional ADV, ADJ jìnyíbùde 进一步的

further processing N shēnjiāgōng 深加工

furthermore ADV érqiě/bù jǐn rúcǐ 而且/不仅如此

fuse N bǎoxiǎnsī 保险丝

fussy ADJ dà-jīng-xiǎo-guài de 大惊小怪的

future: in future N jiānglái 将来

futures (finance) N qīhuò 期货

futures trading N qīhuò jiāoyì 期货交易

G

gadget N xiǎowányìr 小玩意儿

gain in both fame and wealth, to V mínglì shuāngshōu 名利双收

galaxy N xīngxì 星系

gall bladder N dǎnnáng 胆囊

gallery N 1 huàláng 画廊 2 měishù guǎn 美术馆

gallop V, N (*horse*) fēibēn 飞奔

gambling N dǔbó 赌博

game N yóuxì 游戏

gap N 1 kòngxì 空隙 2 chājù 差距

garage (for parking) N chēfáng/chēkù 车房/车库

garage (for repairs) N xiūchēháng 修车行

garbage N lājī 拉圾

garden, yard N huāyuán 花园

garden city N huāyuán chéngshì 花园城

garden in the city center N jiēxīn huāyuán 街心花园

gardener N yuányì gōngrén/huājiàng 园艺工人/花匠

gardens, park N gōngyuán 公园

garlic N dàsuàn 大蒜

garment N yīfu/fúzhuāng 衣服/服装

gas mask N fángdú miànjù 防毒面具

gasoline N qìyóu 汽油

gasoline station N jiāyóuzhàn 加油站

gate (main entrance) N dàmén 大门

gate-crasher N búsù zhī kè 不速之客

gateway (Internet) N wǎng guān 网关

gather, to V shōují 收集

gather, assemble, to V jíhé 集合

gathering ADJ jíhuì 集会

gay N nán tóngxìngliànzhě 男同性恋者

gaze N, V níngshì/zhùshì 凝视/注视

gem N bǎoshí 宝石

gender N xìngbié 性别

gene N jīyīn 基因

gene banks N jīyīnkù 基因库

general, all-purpose ADJ quánmiànde 全面的

General Motors (GM) N tōngyòng qìchē gōngsī 通用汽车公司

generally ADV pǔbiànde 普遍地

generate, to V chǎnshēng/yǐnqǐ 产生/引起

generate profit, to V chuànglì 创利

generation gap N dàigōu 代沟

generator N fādiànjī 发电机

generous ADJ kāngkǎide 慷慨的

genetic engineering N jīyīn gōngchéng 基因工程

genetic mutation N jīyīn tūbiàn 基因突变

Genghis Khan N Chéngjí sīhán 成吉思汗

genius N tiāncái 天才

geography N dìlǐ 地理

geology N dìzhìxué 地质学

gentle ADJ wényǎde 文雅的

genuine knowledge N zhēncái shíxué 真才实学

geomagnetic storm N dìcíbào 地磁暴

geosynchronous satellite N tóngbù wèixīng 同步卫星

geothermal resources N dìrè zīyuán 地热资源

geriatrics N lǎoniányīxué 老年医学

germ war N xìjūnzhàn 细菌战

German (in general) ADJ Déguóde 德国的

German (language) N Déyǔ/ Déwén 德语/德文

German (people) N Déguórén 德国人

Germany N Déguó 德国

gesture N zīshì 姿势

get, receive, to V dédào 得到

get in touch with, contact, to V gēn ... liánxì 跟 ... 联系

get jealous, to V chīcù 吃醋

get less, decline, to V jiǎnruò/ jiǎnshǎo/xiàjiàng 减弱/减少/下降

get off (boat), to V xiàchuán 下船

get off (bus/train), to V xiàchē 下车

get on (boat), to V shàngchuán 上船

get on (bus/train), to V shàngchē 上车

get up (from bed), to V qǐchuáng 起床

get well soon! EXCLAM zǎorì kāngfù 早日康复

geyser N jiànxì pēnquán 间隙喷泉

ghost N guǐ 鬼

giddy ADJ xuànyùn de 眩晕的

gift N lǐwù 礼物

gifted scholars and beautiful ladies N cáizǐ jiārén 才子佳人

gigabyte, GB N qiānzhàozìjié 千兆字节

gigantic, enormous ADJ jùdà de 巨大的

gill N yú sāi 鱼鳃

ginger N jiāng 姜

giraffe N chángjǐnglù 长颈鹿

girl N nǚháir/gūniang 女孩儿/姑娘

girlfriend N nǚpéngyou 女朋友

gist N zhǔyào nèiróng/yàodiǎn 主要内容/要点

give, to V gěi/sòng 给/送

give a large discount to one's customers, to V dà chóubīn 大酬宾

give special favor, to V kāi xiǎozào 开小灶

given name N míngzi 名字

glacier N bīngchuān 冰川

glad ADJ gāoxìng 高兴

glance, to V cōngcōng yīpiē/kàn yìyǎn 匆匆一瞥/看一眼

glare, to V fènnù de zhùshì/dèng 愤怒地注视/瞪

glass (for drinking) N bēizi 杯子

glass (material) N bōli 玻璃

glasses, spectacles N yǎnjìng 眼镜

glitch N gùzhàng 故障

global positioning system (GPS) N quánqiú dìngwèi xì tǒng 全球定位系统

global village N dìqiúcūn 地球村

global warming N quánqiú biànnuǎn 全球变暖

globe, the Earth N dìqiú 地球

glove N shǒutào 手套

glue N jiāo/jiāoshuǐ 胶/胶水

glutinous rice N nuòmǐ 糯米

GM food (genetically modified food) N zhuǎnjī yīnshípǐn 转基因食品

go, to V qù 去

go along, join in, to V cānyù 参与

go around, visit, to V cānguān 参观

go back, to V huíqù 回去

go beyond, to V chāochū 超出

go for a walk, to V chūqù zǒuzou/sànbù 出去走走/散步

go forward, advance, to V qiánjìn 前进

go home, to V huíjiā 回家

go on duty, to V shànggǎng 上岗

go out (fire, candle), to V xīmiè 熄灭

go out, exit, to V chūqù 出去

go to bed, to V shuìjiào 睡觉

go to jail/prison the second time, to V èrjìngōng 二进宫

go up, climb, to V dēngshàng 登上

goal N mùdì 目的

goalkeeper N (games) shǒuményuán 守门员

goat N shānyáng 山羊

God N Shàngdì 上帝

god N shén 神

goddess N nǚshén 女神**

godfather N jiàofù 教父

godmother N jiàomǔ 教母

goggles N hùmùjìng 护目镜

gold N jīn 金

Gold can't be pure and man can't be perfect IDIOM jīnwúzúchì rénwúwánrén 金无足赤人无完人

gold standard N jīnběnwèi/huángjīn biāozhǔn 金本位/黄金标准

goldfish N jīnyú 金鱼

golf N gāo'ěrfūqiú 高尔夫球

gone, finished ADJ bújiànle 不见了

gong N luó 锣

good ADJ hǎo 好

good luck! EXCLAM zhù nǐ hǎoyùn 祝你好运

goodbye EXCLAM zàijiàn 再见

goodness! EXCLAM wǒde tiān 我的天

goods N huòwù/shāngpǐn 货物/商品

Google N Gǔgē 谷歌

goose N é 鹅

gossip, to V shuō biéren de xiánhuà 说别人的闲话

gourmet festival N měishíjié 美食节

govern, to V zhìlǐ/guǎnxiá 治理/管辖

govern by "letting it be", manage in a laissez-faire way, to V wú wéi ér zhì 无为而治

government N zhèngfǔ 政府

government employee, civil servants N gōngwùyuán 公务员

government intervention N zhèngfǔ gānyù 政府干预

government work report N zhèngfǔ gōngzuò bàogào 政府工作报告

grace period N kuānxiànqī 宽限期

grade N 1 děngjí 等级 2 niánjí 年级

gradually ADV zhújiànde 逐渐地

grain N gǔwù/liángshi 谷物/粮食

grain, corn N yùmǐ 玉米

grammar N yǔfǎ 语法

grand, great ADJ wěidàde 伟大的

grand prix N dà jiǎngsài 大奖赛

grand slam N dàmǎnguàn 大满贯

granddaughter (maternal) N wàisūnnǚ 外孙女

granddaughter (paternal) N sūnnǚ 孙女

grandfather (maternal) N wàizǔfù/lǎoye 外祖父/姥爷

grandfather (paternal) N zǔfù/yéye 祖父/爷爷

grandmother (maternal) N wàizǔmǔ/lǎolao 外祖母/姥姥

grandmother (paternal) N zǔmǔ/nǎinai 祖母/奶奶

grandparents (maternal) N wàizǔfùmǔ 外祖父母

grandparents (paternal) N zǔfùmǔ 祖父母

grandson (maternal) N wàisūnzi 外孙子

grandson (paternal) N sūnzi 孙子

grapes N pútao 葡萄

graph N túbiǎo 图表

grasp, to V zhuājǐn 抓紧

grass N cǎo 草

grassroots work N jīcéng gōngzuò 基层工作

grateful ADJ gǎnjī 感激

gratis, FOC ADJ miǎnfèi de 免费的

grave, tomb N fénmù 坟墓

gravity N dìxīnyǐnlì 地心引力

gravy N ròu zhī 肉汁

gray N, ADJ huīsè (de) 灰色（的）

gray-collar N huīlǐng 灰领

great, impressive ADJ wěidà 伟大

greedy ADJ 1 zuǐchán/tānchī 嘴馋/贪吃 2 tānxīn de 贪心的

green ADJ lǜsè 绿色

green coverage rate N lǜdì fùgàilǜ 绿地覆盖率

green food N lǜsè shípǐn 绿色食品

greenhouse gas N wēnshì qìtǐ 温室气体

greens N shūcài 蔬菜

greet, to V huānyíng 欢迎

greetings N wènhòu 问候

grievance, gripe N bàoyuàn/láosāo 抱怨/牢骚

grill, to V shāokǎo 烧烤

grip, to V jǐnjǐn de wòzhù 紧紧地握住

grocery store N záhuò diàn 杂货店

groom, bridegroom N xīnláng 新郎

gross domestic product (GDP) N guónèi shēngchǎn zǒngzhí 国内生产总值

ground, earth N dìmiàn 地面

ground crew N dìqín rényuán 地勤人员

group N tuántǐ 团体

group discussion N xiǎozǔ tǎolùn 小组讨论

group psychology N cóngzhòng xīnlǐ 从众心理

group wedding N jítǐ hūnlǐ 集体婚礼

groupie N zhuīxīngzú 追星族

groupism N jítǐ guānniàn 集体观念

grow, be growing (plant), to v zhǎng 长

grow, cultivate, to v zhòngzhí 种植

grow larger, to v zēngzhǎng 增长

grow up (child), to v zhǎngdà 长大

grown-up N chéngrén 成人

grumble, to v fā láosāo 发牢骚

GSM N quánqiútōng 全球通

Guangzhou (Canton) N Guǎngzhōu 广州

guarantee N bǎozhèng 保证

guarantee, to v dānbǎo 担保

guarantee period N bǎozhìqī 保质期

guarantee something, to v dǎbǎo piào 打保票

guaranty money for deposits N cúnkuǎn bǎozhèngjīn 存款保证金

guard, to v bǎohù 保护

guardian N 1 (of child) jiānhùrén 监护人 2 bǎowèizhě 保卫者

guess, to v cāi 猜

guess N cāixiǎng 猜想, cāicè 猜测

guest N kèrén 客人

guest of honor N guìbīn 贵宾

guesthouse N bīnguǎn 宾馆

guide, lead N dǎoyóu 导游

guidebook N lǚyóu zhǐnán 旅游指南

guilty (of a crime) ADJ yǒuzuì 有罪

guilty, to feel v nèijiù 内疚

Guinness (Book of Records), the N jínísī shìjiè jìlù 吉尼斯世界纪录

guitar N jítā 吉他

Gulliver's Travels N Gélièfó yóujì 格列佛游记

gun N qiāng 枪

gust N yízhèn 一阵

guy N 1 rén 人 2 jiāhuo/xiǎohuozi 家伙/小伙子

gym, gymnasium N jiànshēnfáng/tǐyùguǎn 健身房/体育馆

gynecologist N fùkēyīshēng 妇科医生

H

habit N xíguàn 习惯

hacker N hēikè 黑客

haggle over prices, to v tǎojià huánjià 讨价还价

hail N bīngbáo 冰雹

hair N tóufa 头发

haircut N lǐfà 理发

hairdresser N měifàshī 美发师

hairy ADJ máoróngróng de 毛茸茸的

half ADJ yībàn 一半

half-life N bànshuāiqī 半衰期

half-time N (games) zhōngchǎng xiūxi 中场休息

hall N lǐtáng 礼堂

halt, stop, to v tíngzhǐ 停止

hammer N chuízi 锤子

hamper N dà lánzi 大篮子

hand N shǒu 手

hand out, to v fēnfā 分发

hand over, to v yíjiāo 移交

handed down from one's ancestors ADJ zǔchuán 祖传

handicap N zhàng'ài 障碍

handicapped person N cánjírén 残疾人

handicraft N shǒugōng yìpǐn 手工艺品

handkerchief, hankie N shǒupà 手帕

handle N bǎshǒu 把手

handle, to v chǔlǐ 处理

handshake N wòshǒu 握手

handsome ADJ yīngjùn 英俊

handwriting N shūxiě/shǒuxiě 书写/手写

handyman N shǒuqiǎo de rén/gàn záhuó de rén 手巧的人/干杂活的人

hang, to v guà 挂

hanging N jiǎoxíng 绞刑

hangover N sù zuì 宿醉

hanky-panky N xīyángjìng 西洋镜

happen, occur, to v fāshēng 发生

happened, what happened? fāshēng shénme shì? 发生什么事?

happening, incident N shìjiàn 事件

happiness N xìngfú/kuàilè 幸福/快乐

happy ADJ kāixīn/gāoxìng 开心/高兴

happy birthday! GR shēngrì kuàilè! 生日快乐!

happy new year! GR xīnnián hǎo 新年好

harassment N sāorǎo/qīnrǎo 骚扰/侵扰

harbor N gǎngkǒu 港口

hard copy, printout N dǎyìn wénběn 打印文本

hard currency N yìngtōnghuò 硬通货

hard disk/drive (computer) N yìngpán 硬盘

hard-hit area N zhòngzāiqū 重灾区

hard-up, short of money ADJ quē qián de/qián hěn jǐn de 缺钱的/钱很紧的

hardly ADV jiǎnzhí bù 简直不

hardworking, industrious ADJ yònggōng/qínfèn 用功/勤奋

harmful ADJ yǒuhài de 有害的

harmonious ADJ róngqià 融洽

harmony N héxié/róngqià 和谐/融洽

Harmony brings wealth IDIOM héqì shēngcái 和气生财

harsh ADJ kēkè de/yánlì de 苛刻的/严厉的

harvest N shōuhuò 收获

has V See have

hat N màozi 帽子

hat trick N màozi xìfǎ 帽子戏法

hate, to V hèn 恨

hatred N chóuhèn 仇恨

haunted ADJ nàoguǐ de 闹鬼的

have, to V yǒu/yōngyǒu/jùyǒu 有/拥有/具有

have an opinion, consider, to V rènwéi 认为

have been somewhere ADJ qùguo 去过

have done something ADJ zuòguo 做过

have enough to eat and wear IDIOM chī-bǎo-chuān-nuǎn 吃饱穿暖

have no interest V méi xìngqù 没兴趣

have some question or doubt, to V dǎ wènhào 打问号

have to, must to V děi 得

hazard N wēixiǎn 危险

haze N yānwù 烟雾

H-bomb, Hydrogen bomb N qīngdàn 氢弹

he, him PRON tā 他

head N tóu 头

head for/go toward, to V cháo ... qiánjìn 朝 ... 前进

headache N tóuténg/tóutòng 头疼/头痛

headdress N tóujīn 头巾

headline N biāotí 标题

heal, to V zhìyù 治愈

health N jiànkāng 健康

health-care products N bǎojiànpǐn 保健品

health-care food N bǎojiàn shípǐn 保健食品

healthy ADJ jiànkāng 健康

hear, to V tīngjiàn 听见

hearing N tīngjué/tīnglì 听觉/听力

hearsay N xiǎo dào xiāoxī 小道消息

heart N xīnzàng 心脏

heat, to V jiārè 加热

heater N jiārèqì 加热器

heating N cǎinuǎn 采暖

heaven N tiāntáng 天堂

heavy ADJ zhòng/chénzhòng 重/沉重

hedge N shùlí 树篱

hedge fund N duìchōng jījīn 对冲基金

hedonism N xiǎnglè zhǔyì 享乐主义

heed, to V tīng/tīngqǔ 听/听取

height N gāodù 高度

height (body) N shēn'gāo 身高

heir, heiress N cáichǎn jìchéngrén 财产继承人

hell N dìyù 地狱

hello, hi GR nǐhǎo 你好

hello! (on phone) GR wèi 喂

help! EXCLAM Jiùmìng a! 救命啊

help, to V bāngzhù/bāngmáng 帮助/帮忙

hemorrhoids, piles N zhì chuāng 痔疮

her, hers PRON tāde 她的

herbal medicine N cǎoyào 草药

Hercules N dàlìshén 大力神

here ADV zhèbiān/zhèlǐ/zhèr 这边/这里/这儿

heritage N yíchǎn 遗产

hero N yīngxióng/yǒngshì 英雄/勇士

hesitate, to V yóuyù/ná búdìng zhǔyi 犹豫/拿不定主意

hey! EXCLAM hēi 嘿

hiccup N ènì/dǎ è 呃逆/打呃

hidden ADJ yǐncáng 隐藏

hide, to V cángqǐlái 藏起来

high ADJ gāo 高

high definition N gāoqīng xīdù 高清晰度

high salary N gāoxīn 高薪

high scores and low abilities (students) N, ADJ gāofēn dīnéng 高分低能

high tide N gāocháo 高潮

high-ranking official; senior cadre N gāogàn 高干

high-tech sector N gāokējì bǎnkuài 高科技板块

highlighter N liàngguāngbǐ 亮光笔

highway N gōnglù 公路

hijack, to V jiéchí 劫持

hike N túbù lǚxíng 徒步旅行

hill N qiū/xiǎoshān 丘/小山

him PRON tā 他

hinder, to V zǔ'ài 阻碍

hindrance N zhàng'ài 障碍

hippie N xīpíshì 嬉皮士

hire, to v 1 (*person for work*) gùyòng/pìnrèn 雇用/聘任 2 (*rent sth*) zūyòng 租用

his PRON tāde 他的

history N lìshǐ 历史

hit, strike, to v dǎ 打

hit, bang into, to v pèng/zhuàng 碰/撞

hit song N jīnqǔ 金曲

hit-and-run accident N zhàoshì (táoyì) shìgù 肇事（逃逸）事故

HIV (Human Immunodeficiency Virus) N rénlèi miǎnyì quēxiàn bìngdú 人类免疫缺陷病毒

hive N fēngcháo/fēngfáng 蜂巢/蜂房

hoarse ADJ sīyǎ 嘶哑

hobby N àihào 爱好

hold, to (event) N jǔbàn 举办

hold, to (grasp) v zhuāzhe 抓着

hold back, to v kòngzhì 控制

hold high hopes for one's child, to v wàngzǐ chénglóng 望子成龙

hold the line, to v chípíng 持平

holding company N kònggǔ gōngsī 控股公司

hole N dòng 洞

holiday (festival) N jiérì 节日

holiday (vacation) N jiàrì 假日

holiday economy N jiàrì jīngjì 假日经济

hollow N xiǎo shāngǔ 小山谷

Hollywood N hǎoláiwù 好莱坞

Hollywood blockbuster N hǎoláiwù dàpiàn 好莱坞大片

holocaust N dà túshā 大屠杀

holy ADJ shénshèng 神圣

home, house N jiā 家

home run N běnlěidǎ 本垒打

home theater N jiātíng yǐngyuàn 家庭影院

homepage N zhǔyè 主页

homesick ADJ xiǎngjiā de/sīxiāng de 想家的/思乡的

homework N gōngkè 功课

homicide N xiōngshā àn 凶杀案

homogeneous ADJ tóngyī de/xiāngsì de 同一的/相似的

homosexuality N tóngxìngliàn 同性恋

honest ADJ chéngshí de 诚实的

honey N fēngmì 蜂蜜

honeymoon N mìyuè 蜜月

Hong Kong N Xiānggǎng 香港

Hong Kong and Taiwan N Gǎngtái 港台

Hong Kong Special Administrative Region (HKSAR) N Xiānggǎng tèbié xíngzhèngqū 香港特别行政区

Hong Kong, Macao and Taiwan N Gǎng'àotái 港澳台

Hongkong and Shanghai Banking Corporation, HSBC N Huìfēng yínháng 汇丰银行

honored guest, VIP N jiābīn 嘉宾

hoof N tí/tízi 蹄/蹄子

hook N gōuzi 钩子

hope, to v xīwàng 希望

hope for the best, to v zuò zuìhǎo de xīwàng 做最好的希望

hopefully ADV yǒu xīwàng de 有希望地

horn N 1 (*musical instrument*) lǎba 喇叭 2 (*animal's*) jiǎo 角

horror N kǒngbù 恐怖

horse N mǎ 马

horsecart N mǎchē 马车

horticulture N yuányìxué 园艺学

hose N shuǐguǎn 水管

hospital N yīyuàn 医院

host N zhǔrén 主人

host city N jǔbàn chéngshì 举办城市

hostel N 1 lǚshè 旅舍 2 xuésheng-sùshè 学生宿舍

hostile ADJ díduì 敌对

hostile forces N díduì shìlì 敌对势力

hot (spicy) ADJ là 辣

hot (temperature) ADJ rè 热

hot air balloon N rèqìqiú 热气球

hot spring N wēnquán 温泉

hot spots of society N shèhuì rèdiǎn wèntí 社会热点问题

hot topic N rèmén huàtí 热门话题

hotel N lǚguǎn/bīn'guǎn 旅馆/宾馆

hotline N rèxiàn 热线

hour N xiǎoshí/zhōngtóu 小时/钟头

hourly worker N xiǎoshí gōng 小时工

house N fángzi 房子

house purchasing N zhìyè 置业

household living perpetually in debt N chāozhīhù 超支户

households to be relocated N dòngqiānhù 动迁户

housekeeping service N jiāzhèng fúwù 家政服务

housewife N jiātíng zhǔfù 家庭主妇

how? ADV zěnme 怎么

how are you? nǐ hǎo ma? 你好吗?

how far? Duō yuǎn? 多远?

how long? Duō cháng? 多长?

how many? Duōshao?/Jǐ ge? 多少/几个?

how much? Duōshao qián? 多少钱?

how old? Duō dà niánjì/ suìshù? 多大年纪/岁数?

however ADV dànshì 但是

howl, to V 1 háojiào 嚎叫 2 hǒujiào 吼叫

HTTP (hypertext transfer protocol) N chāowénběn chuánsòng xiéyì 超文本传送协议

hug N, V yōngbào 拥抱

huge ADJ jùdàde 巨大的

huge-crowd strategy (sports) N rénhǎi zhànshù 人海战术

hula hoop N hūlāquān 呼啦圈

human (feelings) N rénqíngwèi 人情味

human genome N rénlèi jīyīn túpǔ 人类基因图谱

human-computer interaction N rénjī jiāohù 人机交互

humankind N rénlèi 人类

humble ADJ qiānxū de 谦虚的

humid ADJ cháoshī 潮湿

humiliation N xiūrǔ 羞辱

humor N yōumò 幽默

humorous ADJ yōumòde 幽默的

hundred NUM bǎi 百

hundred million NUM yì/wànwàn 亿/万万

hundred thousand NUM shíwàn 十万

hungry ADJ è 饿

hurricane N jùfēng 飓风

hurry up! EXCLAM gǎnkuài! 赶快!

hurt (injured) ADJ shòushāng 受伤

hurt, to (cause pain) V shānghài 伤害

husband N zhàngfu 丈夫

hut, shack N péngwū 棚屋

hydrogen bomb N qīngdàn 氢弹

hygiene N wèishēng 卫生

hymn N zànměi shī/sònggē 赞美诗/颂歌

hyperactive ADJ guòyú huóyuè de 过于活跃的

hyperinflation N èxìng tōnghuò péngzhàng 恶性通货膨胀

hyperlink N chāo liànjiē 超链接

hypertension N gāoxuèyā 高血压

hypocrite N wěijūnzǐ 伪君子

hysteria N 1 yìbìng 癔病 2 kuángrè 狂热

I

I, me PRON wǒ 我

ice N bīng 冰

ice ballet N bīngshàng bālěi 冰上芭蕾

ice cream N bīngjīlíng/bīngqílín 冰激凌/冰淇淋

ice hockey N bīngqiú 冰球

ice sculpture N bīngdiāo 冰雕

ice sports N bīngshàng yùndòng 冰上运动

icon N 1 ǒuxiàng 偶像 2 túbiāo 图标

icy ADJ 1 bīnglěng de 冰冷的 2 jiébīng de 结冰的

idea N zhǔyi 主意

ideal ADJ lǐxiǎng de/zuì héshì de 理想的/最合适的

identical ADJ tóngyīde/tóngyàng 同一的/同样

identity N 1 shēnfen 身份 2 gèxìng 个性

idiom N chéngyǔ 成语

idiot N báichī/bèndàn 白痴/笨蛋

idle ADJ 1 lǎnduò de/xiánsǎn de 懒惰的/闲散的 2 méiyòng de 没用的 3 méiyǒu yìyì de 没有意义的

idol N ǒuxiàng 偶像

if CONJ rúguǒ/yàoshi 如果/要是

ignorant ADJ wúzhī 无知

ignore, to V bùgù/hūshì 不顾/忽视

ikebana N chāhuā 插花

ill, sick ADJ yǒubìngde 有病的

ill-treatment N nüèdài 虐待

illegal ADJ fēifǎ 非法

illegal immigrant N tōudùzhě 偷渡者

illegal taxi N hēichē 黑车

illegible ADJ nányǐ biànrèn de 难以辨认的

illegitimate ADJ 1 sī shēng de 私生的 2 fēifǎ de 非法的

illiterate ADJ wénmáng de/bùshìzì de 文盲的/不识字的

illness N bìng 病

illusion N huànjué/huànxiǎng 幻觉/幻想

illustration N 1 tújiě 图解 2 chātú 插图

ILO (International Labor Organization) N guójì láogōng zǔzhī 国际劳工组织

imagination N xiǎngxiànglì 想像力

imagine, to V xiǎngxiàng 想象

IMF (International Monetary Fund) N guójì huòbì jījīn zǔzhī 国际货币基金组织

imitate, to v 1 mófǎng 模仿 2 mónǐ 模拟

immediate ADJ 1 zhíjiē de 直接的 2 mùqián de 目前的 3 lìjí de 立即的

immediately ADV lìkè 立刻

immense ADJ jùdà de/hóngdà de 巨大的/宏大的

immerse, to v chénjìn/jìnmò 浸没/沉浸

immigrant N yímín 移民

immoral ADJ búdàodé de 不道德的

immortal ADJ 1 chángshēngbùlǎo de 长生不老的 2 bùxiǔ de 不朽的

immunity N miǎnyì 免疫

impaired ADJ shòusǔn de 受损的

impart, to v 1 chuánshòu 传授 2 fùyǔ 赋予

impatient ADJ búnàifán de/méiyǒu nàixīn de 不耐烦的/没有耐心的

imperative ADJ juéduì bìyào de/jǐnpò de 绝对必要的/紧迫的

impersonal ADJ lěngmò de 冷漠的

impertinent, rude ADJ méiyǒu lǐmào de 没有礼貌的

implant N zhírù 植入

implement N gōngjù/yòngjù 工具/用具

imply, to v ànshì 暗示

impolite ADJ bú kèqi/wúlǐ 不客气/无礼

import, to v jìnkǒu 进口

import N jìnkǒu 进口

import tax, duty N guānshuì 关税

importance N zhòngyào 重要

important ADJ zhòngyàode 重要的

impose, compel, to v qiángjiā/pòshǐ 强加/迫使

impossible ADJ bù kěnéng 不可能

imposter N màochōng de rén/màomíng dǐngtizhe 冒充的人/冒名顶替者

impoverished ADJ fēicháng pínkùn de 非常贫困的

impress, to v gěi rén hǎo yìnxiàng 给人好印象

impression, to make an v gěi rén shēnkè yìnxiàng 给人深刻印象

impressive ADJ gěi rén shēnkè yìnxiàng de 给人深刻印象的

imprisonment N jiānjìn 监禁

improper ADJ bù tuǒdāng/bù héshì 不妥当/不合适

improve, to v gǎishàn/gǎijìn 改善/改进

impulse buying N chōngdòngxìng gòumǎi 冲动性购买

in (time, years) PREP zài 在

in, at (space) PREP zài ... lǐ 在 ... 里

in a mess (confused) ADJ hùnluàn 混乱

in addition ADV cǐwài 此外

in great demand ADJ qiǎngshǒu 抢手

in order that, so that CONJ yǐzhì 以致

in total, altogether ADV yīgòng 一共

in-fighting N nèihào 内耗

inaccurate ADJ bù zhǔnquè 不准确

inadequate ADJ bùzú de/qiànquē de 不足的/欠缺的

inappropriate ADJ bù héshì de/bú qiàdàng de 不合适的/不恰当的

inaudible ADJ tīngbujiàn de 听不见的

inauguration N jiùzhí diǎnlǐ 就职典礼

inbound tourism N rùjìng lǚyóu 入境旅游

incapable ADJ bú huì (de) 不会(的)

incense N xiāng 香

incentive N jītlì/gǔlì 激励/鼓励

inch N yīngcùn 英寸

incident N shìjiàn 事件

incidence (of criminal cases) N fā ànlǜ 发案率

incinerator N fénhuàlú 焚化炉

inclination, tendency N qīngxiàng 倾向

include, to v bāokuò 包括

included, including PREP bāokuò 包括

income N shōurù 收入

income tax N suǒdeshuì 所得税

incoming call; falling in love with someone N, v láidiàn 来电

incomplete ADJ bù wánzhěng de/bù wánquán de 不完整的/不完全的

inconsiderate ADJ bù wéi tārén kǎolǜ de 不为他人考虑的

inconvenient ADJ bùfāngbiàn de/máfan de 不方便的/麻烦的

incorrect, inaccurate ADJ bùzhèngquè de/cuòwù de 不正确的/错误的

increase, to v zēngjiā 增加

incredible, hard to believe ADJ nányǐ zhìxìn de 难以置信的

incubator N fūhuà qì 孵化器

incur, to v yǐnqǐ/dǎozhì 引起/导致

incurable ADJ bùkě yīzhì de 不可医治的

indecent ADJ 1 xiàliú de 下流的 2 yōngsú de 庸俗的

indeed! EXCLAM shìde 是的

indemnify V 1 bǎozhàng 保障 2 péicháng/péikuǎn 赔偿/赔款

independence N 独立 dúlì

Independent Commission Against Corruption (ICAC) N liánzhèng gōngshǔ 廉政公署

India N Yìndù 印度

Indian (in general) ADJ Yìndùde 印度的

Indian (language) N Yìndùyǔ 印度语

Indian (people) N Yìndùrén 印度人

indicate, to V 1 zhǐshì 指示 2 shìyì 示意

indifferent ADJ mò bù guānxīn de 漠不关心的

indigenous (in general) ADJ tǔzhùde 土著的

indigenous (people) N tǔzhùrén 土著人

indirect ADJ jiànjiē de 间接的

indiscreet ADJ bù jǐnshèn de 不谨慎的

individual N, ADJ gèrén (de) 个人(的)

individual share N gègǔ 个股

Indonesia N Yìnní/Yìndùníxīyà 印尼/印度尼西亚

Indonesian (in general) ADJ Yìnníde 印尼的

Indonesian (language) N Yìnníyǔ 印尼语

Indonesian (people) N Yìnnírén 印尼人

indoor ADJ shìnèi de 室内的

indulgent ADJ 1 fàngzòng de 放纵的 2 nì'ài de 溺爱的

industrial and commercial bureau N gōngshāngjú 工商局

industrial depression N chǎnyè bù jǐngqì 产业不景气

industrial park N gōngyèyuán qū 工业园区

industry N 1 gōngyè 工业 2 chǎnyè 产业

inedible ADJ bùkě shíyòng de 不可食用的

ineffective ADJ wúxiào guǒ de 无效果的

ineligible ADJ wú zīge de 无资格的

inexpensive ADJ piányi 便宜

infant N yīng'ér 婴儿

infection N gǎnrǎn 感染

inferior ADJ cìděng de/dīliè de 次等的/低劣的

inflation N tōnghuò péngzhàng 通货膨胀

influence N, V yǐngxiǎng 影响

influenza, flu N liúxíngxìng gǎnmào 流行性感冒

inform, to V tōngzhī 通知

information N xìnxī 信息

information desk N xúnwènchù 询问处

information revolution N xìnxī gémìng 信息革命

information superhighway N xìnxī gāosù gōnglù 信息高速公路

infrastructure N jīchǔ shèshī 基础设施

ingenuity N xīnlíng shǒuqiǎo 心灵手巧

ingredient N chéngfèn 成份

inhabitant N jūmín 居民

inhale, to V xīrù 吸入

initial funding N qǐdòng jījīn 启动基金

initiative N zhǔdòngxìng 主动性, jījíxìng 积极性

initiator N qiāntóurén 牵头人

inject, to V zhùrù 注入

injection N dǎzhēn 打针

injure, to V sǔnshāng/shānghài 损伤/伤害

injured ADJ shòushāng 受伤

injury, burn N shāoshāng 烧伤

injury, cut N shāngkǒu 伤口

injury, hurt N shānghài 伤害

injustice N bù gōngzhèng 不公正

ink N mòshuǐ 墨水

ink and wash painting N shuǐmòhuà 水墨画

inlet N xiǎo hǎiwān 小海湾

innovation N chuàngxīn 创新

inoculate, to V gěi ... jiēzhòng 给 ... 接种

inpatient N zhùyuàn bìngrén 住院病人

inquiry N xúnwèn/cháxún 询问/查询

inquisitive ADJ hàoqí de 好奇的

insane ADJ fēngkuángde 疯狂的

insect N chóngzi 虫子

insert, to V chārù/jiājìn 插入/加进

inside PREP lǐmiàn 里面

inside of PREP zài ... lǐ 在 ... 里

insipid ADJ dàn ér wúwèi de/wúwèi de 淡而无味的/无味的

insist, to V jiānchí 坚持

insolvency N zī bù dǐzhài 资不抵债

insomnia N shīmián 失眠

inspect, to V jiǎnchá 检查

inspire, to V gǔwǔ/jīfā 鼓舞/激发

install, to V ānzhuāng 安装

installment (hire purchase) N fēnqī fùkuǎn 分期付款

installment N ānzhuāng 安装

instant food N fāngbiàn shípǐn 方便食品

instant noodles N fāngbiànmiàn 方便面

instant success N mǎdàochénggōng 马到成功

instant-boiled mutton N shuàn-yángròu 涮羊肉

instead of PREP dàitì 代替

instinct N běnnéng/tiānxìng 本能/天性

institution N 1 jīgòu 机构 2 zhìdù 制度

instruct, tell to do something, to V zhǐshì 指示

instruction N 1 zhǐshì/zhǐlìng 指示/指令 2 jiāoshòu 教授

insufficient ADJ bùzú de/bùgòu de 不足的/不够的

insult N wūrǔ 侮辱

insult someone, to V wūrǔ mǒurén 侮辱某人

insurance N bǎoxiǎn 保险

insurance premium N bǎofèi 保费

intangible assets N wúxíng zīchǎn 无形资产

integrity N chéngxìn/zhèngzhí 诚信/正直

intellectual property N zhīshí chǎnquán 知识产权

intelligence quotient (IQ) N zhì shāng 智商

intend, to V dǎsuàn 打算

intended for ADJ wèi ... nǐdìng de 为 ... 拟定的

intensive training class N qiáng-huàbān 强化班

intent, intention N mùdì yìtú 目的意图

intention N yìtú 意图

inter-city train N chéngjì lièchē 城际列车

interactive advertisement N hùdòng guǎnggào 互动广告

interactive demonstration N hùdòng yǎnshì 互动演示

interchange N jiāohuàn/hùhuàn 交换/互换

intercontinental ballistic missiles (ICBM) N zhōujì dàndào dǎodàn 洲际弹道导弹

interest (bank) N lìxī 利息

interest-free loan N wúxī dàikuǎn 无息贷款

interested in ADJ gǎn xìngqù 感兴趣

interesting ADJ yǒuqù 有趣

interface N jiēkǒu 接口

interference N gānshè 干涉

interior ADJ nèibù de 内部的

intermediate ADJ zhōngděng de/zhōngjiān de 中等的/中间的

intermission N mùjiān xiūxi 幕间休息

internal migrants N liúdòng rénkǒu 流动人口

international ADJ guójì 国际

International Date Line (IDL) N guójì rìqībiàn gēngxiàn 国际日期变更线

International Olympic Committee (IOC), the N guójì àowěihuì 国际奥委会

international waters N guójì hǎiyù 国际海域

internationalism N guójì zhǔyì 国际主义

internationally common practice N guójì guànlì 国际惯例

Internet N Yīngtèwǎng 英特网

Internet café N wǎngbā 网吧

Internet economy N wǎngluò jīngjì 网络经济

Internet friend, cyberpal N wǎngyǒu 网友

Internet geek N wǎngchóng 网虫

Internet romance, cyber-romance N wǎngliàn 网恋

interpersonal relationship N rénjì jiāowǎng 人际交往

interpreter N fānyì/kǒuyìyuán 翻译/口译员

interrogation N shěnxùn 审讯

interrupt, to V dǎduàn/dǎrǎo 打断/打搅

intersection N shízìlùkǒu 十字路口

interview N 1 miànshì 面试, miàntán 面谈 2 cǎifǎng 采访

intimidate, to V dònghè/wēixié 恫吓/威胁

into PREP dào ... lǐ 到 ... 里

intoxication N zuìjiǔ 醉酒

intranet N nèiliánwǎng 内联网

introduce oneself, to V zìwǒ jièshào 自我介绍

introduce someone, to V jièshào 介绍

intruder N rùqīnzhě 入侵者

invade, to V qīnrù/qīnlüè 侵入/侵略

invalid I ADJ (*not effective*) wúxiào de 无效的 II N (*sick person*) bìngrén 病人

invent, to fāmíng 发明

investigate, to V diàochá 调查

investment environment N tóuzī huánjìng 投资环境

investment risk N tóuzī fēngxiǎn 投资风险

investment subject N tóuzī zhǔtǐ 投资主体

invisible ADJ yǐnxíng de/kànbujiàn de 隐形的/看不见的

invitation, to invite N, V yāoqǐng 邀请

invoice N fāpiào 发票

involve, to V shèjí 涉及

involved ADJ shèjídào 涉及到

IPO (Initial Public Offering) N shǒucì shàngshì gǔpiào 首次上市股票

Ireland N Ài'ěrlán 爱尔兰

Irish (in general) ADJ Ài'ěrlánde 爱尔兰的

Irish (people) N Ài'ěrlánrén 爱尔兰人

iron (for clothing) N yùndǒu 熨斗

iron (metal) N tiě 铁

iron, to (clothing) V yùn yīfu 熨衣服

iron rice bowl (guaranteed job security) IDIOM tiěfànwǎn 铁饭碗

iron-fisted person N tiěwàn rénwù 铁腕人物

irrational investment N mángmù tóuzī 盲目投资

irregular ADJ 1 bùguīzé de 不规则的 2 búdìngshí de 不定时的

irrelevant ADJ bù xiāngguān de 不相关的

irritation ADJ nǎohuǒ/nǎonù 恼火/恼怒

Islam N Yīsīlánjiào 伊斯兰教

island N dǎo 岛

ISO (International Organization for Standardization) N guójì biāozhǔnhuà zǔzhī 国际标准化组织

ISP (Internet Service Provider) N hùliánwǎng fúwù tígōngshāng 互联网服务提供商

issue N 1 wèntí 问题 2 zhēngdiǎn/zhēngduān 争点/争端

it PRON 它

It never rains but it pours IDIOM wū lòu yòu fénglián yèyǔ 屋漏又逢连夜雨

its PRON, ADJ tā de 它的

It's always wise to play safe IDIOM bù pà yīwàn jiù pà wànyī 不怕一万就怕万一

Italian (in general) ADJ Yìdàlìde 意大利的

Italian (language) N Yìdàlìyǔ 意大利语

Italian (people) N Yìdàlìrén 意大利人

Italy N Yìdàlì 意大利

item, individual thing N wùpǐn/shìxiàng/tiáokuǎn 物品/事项/条款

ivory N xiàngyá 象牙

J

jab, to V dǎzhēn/zhùshè 打针/注射

jacket, coat N wàiyī/wàitào 外衣/外套

jackknife (dive) N qūtǐ 屈体

jackpot N yí dàbǐ qián/dàjiāng 一大笔钱/大奖

jade N bìyù 碧玉

jail N jiānyù 监狱

jam N guǒjiàng 果酱

jam, traffic congestion N jiāotōng dǔsè 交通堵塞

January N Yīyuè 一月

Japan N Rìběn 日本

Japanese (in general) ADJ Rìběnde 日本的

Japanese (language) N Rìwén/Rìyǔ 日文/日语

Japanese (people) N Rìběnrén 日本人

jar N guànzi 罐子

jaw (lower) N xià'è 下颚

jaw (upper) N shàng'è 上颚

jaywalking N luàn chuān mǎlù 乱穿马路

jazz N juéshì yuè 爵士乐

jealous ADJ dùjì/jìdu 妒忌/忌妒

jeans N niúzǎi kù 牛仔裤

jeer, to V cháoxiào/hōngxiào 嘲笑/哄笑

jelly N guǒdòng/guǒjiàng 果冻/果酱

jest N xiàohua/qiàopíhuà 笑话/俏皮话

Jesus (Jesus Christ) N Yēsū 耶稣

J

jet N 1 pēnqìshì fēijī 喷气式飞机 2 pēnshè liú 喷射流

jetty N mǎtou 码头

Jew N Yóutàirén 犹太人

jewelry N zhūbǎo/shǒushì 珠宝/首饰

jihad (Islam) N shèngzhàn 圣战

jingle (advertising) N guǎnggàocí 广告词

job N gōngzuò 工作

job fair N zhāopìnhuì 招聘会

job training N zhíyè péixùn 职业培训

job-hopper N tiàocáozhě 跳槽者

job-hopping N tiàocáo 跳槽

job-waiting ADJ dàiyè 待业

jogging N mànpǎo 慢跑

join, go along, to V cānjiā 参加

join together, to V liánjiē qǐlái 连接起来

joint N guānjié 关节

joint liability N liándài zérèn 连带责任

joint ventures N hézī qǐyè 合资企业

joke N xiàohuà 笑话

joke, to V kāi wánxiào 开玩笑

journal N 1 rìjì 日记 2 bàokān 报刊

journalist N jìzhě 记者

journey N lùtú 路途

joy N jídá de kuàilè/huānyú 快乐/欢愉

jubilee N (*anniversary*) (èrshíwǔ/wǔshí) zhōunián jìniàn rì（25/50）周年纪念日

judge N fǎguān/shěnpànyuán 法官/审判员

judge, to V 1 pànduàn 判断 2 (*legal*) shěnpàn 审判

judgment N pànduàn/pànjué 判断/判决

judo N róudào 柔道

jug, pitcher N hú 壶

juice N guǒzhī 果汁

July N Qīyuè 七月

jumbo ADJ jùdà de 巨大的

jump, to V tiào 跳

jump the gun (sports), to V qiǎngpǎo 抢跑

junction N jiāochākǒu 交叉口

June N Liùyuè 六月

jungle N cónglín 丛林

junior N niánshàozhe/niánjì jiàoxiǎo de rén 年少者/年纪较小的人

junior college N dàzhuān 大专

junior college student N dàzhuānshēng 大专生

junk N fèiwù/wúyòng de jiù dōngxī 废物/无用的旧东西

junk bond N lājī zhàiquàn 垃圾债券

junk e-mail N lājī yóujiàn 垃圾邮件

junk food N lājī shípǐn 垃圾食品

junket (trip) N gōngfèi lǚyóu 公费旅游

jury N péishěn tuán 陪审团

just, fair ADJ gōngpíng 公平

just, fair and open ADJ gōngzhèng gōngpíng gōngkāi 公正公平公开

just, only ADV, ADJ zhǐ 只

just now ADV gāngcái 刚才

justice N 1 gōngzhèng/zhèngyì 公正/正义 2 fǎguān 法官

juvenile (age) ADJ dīlíng 低龄

juvenile delinquency N qīngshàonián fànzuì 青少年犯罪

K

kaleidoscope N wànhuātǒng 万花筒

kamikaze N shénfēng 神风

kangaroo N dàishǔ 袋鼠

karaoke N kǎlāOK 卡拉OK

karate N kōngshǒudào 空手道

karez (water system in the desert) N kǎn'érjǐng 坎儿井

karoshi; death from overwork N guòláosǐ 过劳死

karting N kǎdīngchē 卡丁车

Kashmir N Kèshímǐer 克什米尔

kebab N kǎoròuchuàn 烤肉串

keen ADJ rèqiè de 热切的

keep, to V liú 留

keep a low profile, to V tāoguāng yǎnghuì 韬光养晦

kennel N gǒuwō/yǎng gǒu cháng 狗窝/养狗场

kernel N guǒhé 果核

ketch-up N fānqiéjiàng 番茄酱

key (computer) N jiàn 键

key (to room) N yàoshi 钥匙

key enterprise N gǔgàn qǐyè 骨干企业

key link N zhōngxīn huánjié 中心环节

keyboard (of computer) N jiànpán 键盘

KFC N Kěndéjī 肯德基

kg, kilogram N gōngjīn 公斤

KGB N Kègébó 克格勃

khaki N 1 kǎqí huáng 卡其黄 2 kǎqíbù 卡其布

kick scooter N huábǎnchē 滑板车

kickback, rake-off N huíkòu 回扣

kid N 1 xiǎo háizi 小孩子 2 xiǎo shānyáng 小山羊
kidnap, to V bǎngjià 绑架
kidney N shèn 肾
kidney beans N dāodòu 刀豆
kidney transplant N huànshèn 换肾
kill, murder, to V shā 杀
kiln N yáo 窑
kilobyte, KB N qiān zìjié 千字节
kilogram N gōngjīn 公斤
kilometer N gōnglǐ 公里
kimono N héfú 和服
kin N jiārén/qīnshǔ 家人/亲属
kind, good (of persons) ADJ réncí 仁慈
kind, type N zhǒnglèi 种类
kindergarten N yòu'éryuán 幼儿园
kindness N shànliáng/réncí 善良/仁慈
king N guówáng 国王
kingdom N wángguó 王国
kiosk N xiǎo shāngtíng 小商亭
kiss N wěn 吻
kiss, to V qīnzuǐ 亲嘴
kit N chéngtào bāo 工具包
kitchen N chúfáng 厨房
kite N fēngzheng 风筝
kiwi fruit N míhóutáo (qíyìguǒ) 猕猴桃 (奇异果)
knapsack N bēibāo 背包
knead V róu/róu niē 揉/揉捏
knee N xīgài 膝盖
kneel, to V guì 跪
knife N dāozi 刀子
knight N 1 (*British*) (Yīngguó) juéshì 爵士 2 (*ancient times*) qíshì 骑士
knit, to V biānjié/ zhēnzhī 编织/针织
knob N bǎshǒu/ménbǎ 把手/门把
knock, to V qiāomén 敲门
knocker salesman N shàngmén tuīxiāoyuán 上门推销员
knot, to V dǎjié/dǎchéng jié 打结/打成结
know, be acquainted with, to rènshi 认识
know, be informed, to V zhīdao 知道
knowledge N zhīshi 知识
knowledge capital N zhīshí zīběn 知识资本
knowledge economy N zhīshí jīngjì 知识经济
Knowledge is power IDIOM zhīshí jiù shì lìliàng 知识就是力量
knuckle N zhǐjié 指节

koala bear N (Àozhōu) shùdàixióng (澳洲)树袋熊
Koran N Kělánjīng 可兰经
Korea, North N Cháoxiǎn 朝鲜
Korea, South N Hánguó 韩国
Korean (in general) ADJ Hánguóde/Cháoxiǎnde 韩国的/朝鲜的
Korean (language) N Hánwén/Hányǔ/Cháoxiǎnyǔ 韩文/韩语/朝鲜语
Korean (North) N Cháoxiǎnrén 朝鲜人
Korean (South) N Hánguórén 韩国人
kowtow, to V kētóu 磕头
Kremlin N Kèlǐmǔlíngóng 克里姆林宫
kungfu N gōngfū 功夫
Kuomintang N Guómíndǎng 国民党
Kyoto protocol, the N Jīngdū yìdìng shū 京都议定书

L

La Niña phenomenon N Lā nínà xiànxiàng 拉尼娜现象
label N biāojì 标记
labor N 1 láodòng 劳动 2 (*childbirth*) fēnmiǎn 分娩
labor contractor N bāogōng tóu 包工头
labor dispute N láodòng zhēngyì 劳动争议
laboratory N shíyànshì 实验室
laborer N láodòng zhě 劳动者
lace N 1 wǎngyǎn zhīwù 网眼织物 2 xiédài 鞋带
lacking ADJ quēshǎo/bùzú 缺少/不足
lacquerware N qīqì 漆器
lad N nánhái/xiǎohuǒzi 男孩/小伙子
ladder N tīzi 梯子
ladies' room N nǚcèsuǒ 女厕所
ladle, dipper N chángbǐngsháo 长柄勺
lady N nǚshì 女士
ladyboy, transvestite N rényāo 人妖
lag, fall behind, to V luòhòu 落后
lagoon N huánjiāo hú/xièhú 环礁湖/泻湖
laid-off workers N xiàgǎng zhígōng 下岗职工
lake N hú 湖
lamb, mutton N yángròu 羊肉
lame ADJ bǒde 跛的
laminate, to V céngyābǎn 层压板
lamp N dēng 灯
land N dì 地

land, to (plane) v zhuólù 着陆
landing N dēnglù/zhuólù 登陆/着陆
landlady, landlord N nǚ/nan fángdōng 女/男房东
landslide N shānbēng 山崩
lane, alley N xiàng 巷
lane (of a highway) N chēdào 车道
language N yǔyán 语言
Laos N Lǎowō/Liáoguó 老挝/寮国
Laotian (in general) ADJ Lǎowōde/Liáoguóde 老挝的/寮国的
Laotian (people) N Lǎowōrén/Liáoguórén 老挝人/寮国人
lap N 1 (part of body) tuǐ/xī 腿/膝 2 (swimming) yìquān 一圈
lapse N 1 shīwù 失误 2 shíjiān de liúshì 时间的流逝
laptop (notebook) computer N biànxiéshì diànnǎo/bǐjìběn diànnǎo 便携式电脑/笔记本电脑
large ADJ dà 大
large and comprehensive ADJ dà ér quán 大而全
laryngitis N hóuyán 喉炎
laser N jīguāng 激光
laser printer N jīguāng dǎyìnjī 激光打印机
laser surgery N jīguāng shǒushù 激光手术
lash, strike at, to v biāndǎ 鞭打
last (endure), to v chíxù 持续
last (final) ADJ zuìhòu 最后
last night N zuówǎn 昨晚
last week N shàng xīngqī 上星期
last year N qùnián 去年
latch N ménshuān/chuāng shuān 门闩/窗闩
late ADJ chídào 迟到
late at night ADV shēnyè 深夜
late night light-supper N xiāoyè 宵夜
lately ADV zuìjìn 最近
later ADJ, ADV guò yīhuǐr 过一会儿
latest ADJ zuìhòu de/zuìxīn de 最后的/最新的
latitude N wěidù 纬度
latter N hòuzhě 后者
laugh, to v xiào 笑
laugh at, to v qǔxiào 取笑
launch, to v 1 (rocket, missile) fāshè 发射 2 (currency, book) fāxíng 发行
laundry N 1 xǐyīfáng 洗衣房 2 yào xǐ de yīfu 要洗的衣服
lava N yánjiāng 岩浆
lavatory, toilet, WC N cèsuǒ/

xǐshǒujiān 厕所/洗手间
law enforcer N zhífǎ rényuán 执法人员
law of conservation of mass N zhìliàng shǒuhéng dìnglù 质量守恒定律
law of the jungle N ruòròu qiángshí fǎzé 弱肉强食法则
lawyer N lǜshī 律师
lax ADJ sōngxiède 松懈的
laxative N xièyào 泻药
laws, legislation N fǎlù 法律
lay off redundant staff, to v cáijiǎn rǒngyuán 裁减冗员
lay one's card on the table, to v tānpái 摊牌
lay the table, to v bǎi zhuōzi 摆桌子
layer N céng 层
layperson N 1 ménwàihàn 门外汉 2 pǔtōng xìntú普通信徒
lazy ADJ lǎnduò 懒惰
lazy Susan N cānzhuō zhuǎnpán 餐桌转盘
lead N qiānbǐ(xīn) 铅笔（芯）
lead (to be a leader), to v lǐngdǎo 领导
lead (tour guide) N dǎoyóu 导游
leaded petrol N hánqiān qìyóu 含铅汽油
leader N lǐngdǎorén 领导人
leading industries in the national economy N guómín jīngjì zhīzhù chǎnyè 国民经济支柱产业
leaf N yèzi 叶子
leaflet N chuándān 传单
leak, to v lòushuǐ 漏水
leakage N 1 xièlòu/xièlòu 泄漏/泄露 2 shènchū 渗出
lean, to v kào 靠
lean ADJ shòu 瘦
leap N tiàoyuè 跳跃
learn, to v xué/xuéxí 学/学习
learning N zhīshi/xuéwèn 知识/学问
lease, to v 1 chūzū 出租 2 zūyòng 租用
leash N shéngzi 绳子
least (smallest amount) ADJ zuìshǎo 最少
least: at least ADV zhìshǎo 至少
least developed countries N zuìbùfā dá guójiā 最不发达国家
leather N pígé 皮革
leave (train/bus), to v kāichē 开车
leave, depart, to v líkāi 离开

leave behind by accident, to v lāxià 拉下

leave behind for safekeeping, to v liúcún 留存

leave behind on purpose, to v liúxià 留下

leave behind with someone, deposit, to v cúnfàng 存放

lecture N jiǎngzuò 讲座

lecture theater N jiētī jiàoshì 阶梯教室

lecturer (at university) N jiǎngshī 讲师

left, remaining ADJ shèngxiàde 剩下的

left-hand side ADJ zuǒbiān 左边

left-wing (politics) ADJ zuǒqīng 左倾

leg N tuǐ 腿

legacy N yíchǎn/yíchǎnwù 遗产/传代物

legal ADJ héfǎ 合法

legal representative N fǎrén dàibiǎo 法人代表

legal tender N fǎdìng huòbì 法定货币

legend N chuánshuō 传说

leggings N bǎngtuǐ 绑腿

legible ADJ kěyǐ rèn dúde 可以认读的

legitimate ADJ 1 héfǎde 合法的 2 zhèngdàngde 正当的

leisure N xiūxián 休闲

lemon, citrus N níngméng 柠檬

lemonade N níngméngshuǐ 柠檬水

lemongrass N xiāngmáo 香茅

lend, to v jiè 借

length N cháng/chángdù 长/长度

lenient ADJ kuāndà de 宽大的

leper N máfēngbìngrén 麻风病人

lesbian N nǚ tóngxìngliànzhě 女同性恋者

less (smaller amount) ADV gèngshǎode 更少的

less, minus v jiǎnqù 减去

lessen, reduce, to v jiǎnshǎo 减少

lesson N kè 课

lest CONJ yǐmiǎn 以免

let, allow, to v ràng 让

Let bygones be bygones IDIOM jì-wǎng-bú-jiù 既往不咎

let's (suggestion) ... ba ... 吧

let someone know, to v gàosu 告诉

letter N xìn 信

letter of admission N lùqǔ tōngzhīshū 录取通知书

lettuce N shēngcài 生菜

leukemia N báixuèbìng 白血病

level, degree N chéngdù 程度

level, even, flat ADJ píng 平

level, height N gāodù 高度

level, standard N biāozhǔn 标准

levy N zhēngkuǎn 征款

liability of fault N guòshī zérèn 过失责任

liaise, to v liánluò 联络

liar N shuōhuǎng de rén 说谎的人

library N túshūguǎn 图书馆

license (for driving) N jiàshǐ zhízhào 驾驶执照

license, permit N zhízhào 执照

lick, to v tiǎn 舔

lid N gàizi 盖子

lie, tell a falsehood, to v shuō-huǎng/ sāhuǎng 说谎/撒谎

lie down, to v tǎngxià 躺下

life N shēnghuó/shēngmìng 生活/生命

life begins at forty PHR sìshí búhuò 四十不惑

life insurance N rénshòu bǎoxiǎn 人寿保险

lifeboat N jiùshēngtǐng 救生艇

lifeguard N jiùshēngyuán 救生员

life-long tenure N zhōngshēn zhíwùzhì 终身职务制

lifestyle N shēnghuó fāngshì 生活方式

lifetime N yībèizi 一辈子

lift (ride in car) N ràng mǒurén dāchē 让某人搭车

lift, elevator N diàntī 电梯

lift, raise, to v tíqǐ 提起

light (bright) ADJ liàng 亮

light (lamp) N dēng 灯

light (not heavy) ADJ qīng 轻

light rail train N qīng guǐ lièchē 轻轨列车

light rail transport N qīngguǐ 轻轨

light water reactor (LWR) N qīngshuǐ fǎnyìngduī 轻水反应堆

lighter N dǎhuǒjī 打火机

lighthouse N dēngtǎ 灯塔

lighting N zhàomíng 照明

lightning N shǎndiàn 闪电

likable ADJ ràng rén xǐ'àide 让人喜爱的

like, as PREP hǎoxiàng 好象

like, be pleased by v xǐhuan 喜欢

likely ADJ hěn kěnéngde 很可能的

likewise ADV tóngyàngde 同样的

liking N xǐhuan/xǐhào 喜欢/喜好

limb N zhītǐ/sìzhī 肢体/四肢

L

lime, citrus N suānjú 酸桔

limit, to V xiànzhì 限制

limited liability company N gǔfèn yǒuxiàn gōngsī 股份有限公司

limousine N háohuá jiàochē 豪华轿车

limp, to V yì liú yì guǎi dì zǒu 一瘸一拐地走

line (mark) N jièxiàn 界线

line (queue) N páiduì 排队

line up, to V páichéng yīxiàn/páiduì 排成一线/排队

linguistics N yǔyánxué 语言学

link, connect, to V liánjiē/yǔ ... yǒuguān 连接/与 ... 有关

lion N shīzi 狮子

lip N zuǐchún 嘴唇

lip-synch N jiǎchàng 假唱

liquid N yètǐ 液体

liquidate, to V biànxiàn 变现

liquidation company N qīngsuàn gōngsī 清算公司

liquor, alcohol N jiǔ 酒

list N míngdān/mùlù 名单/目录

listen, to V tīng 听

listed companies N shàngshì gōngsī 上市公司

listing of a company N qǐyè shàngshì 企业上市

listless ADJ wújīng dǎcǎi de 无精打采的

liter N gōngshēng 公升

literary federation (of China) N wénlián 文联

literate ADJ shízì de/néng dú huì xiě de 识字的/能读会写的

literature N wénxué 文学

Lithium N lǐ 锂

litigation N sùsòng 诉讼

litter, refuse N lājī 垃圾

litter, to V luànrēng lājī 乱扔垃圾

little (not much) ADJ, ADV yīdiǎnr 一点儿

little (small) ADJ xiǎo 小

live (be alive) ADJ huózhe/shēnghuó 活着/生活

live (stay in a place), to V zhù 住

live broadcast N xiànchǎng zhíbō/zhíbō 现场直播/直播

live on labor insurance allowance, to V chī láobǎo 吃劳保

livelihood N shēngjì 生计

liver N gān 肝

livestock N shēngchù/jiāchù 牲畜/家畜

living standard N shēnghuó shuǐpíng 生活水平

lizard N xīyì 蜥蜴

load N (yī chē) huòwù (一车) 货物

load up, to V zhuānghuò 装货

loan N 1 jièkuǎn/dàikuǎn 借款/贷款 2 jièchū wù 借出物

loan shark N fàng gāolìdàizhě 放高利贷者

lob (sports), to V fànggāoqiú 放高球

lobster N lóngxiā 龙虾

local ADJ běndì de/dāngdìde 本地的/当地的

local area network (LAN) N júyùwǎng 局域网

local calls (telephone) N shìhuà 市话

localization N běntǔhuà 本土化

located, to be V wèiyú 位于

location N wèizhi 位置

lock N suǒ 锁

lock, to V suǒshàng 锁上

locked ADJ suǒzhù 锁住

locker N chūwù guì 储物柜

lodge, small hotel N xiǎo lǚguǎn/kèzhàn 小旅馆/客栈

logic N luójí 逻辑

logistics, distribution (business) N wùliú 物流

lonely ADJ gūdú/jìmò 孤独/寂寞

long (size) ADJ cháng 长

long (time) ADJ jiǔ 久

long-distance running N chángpǎo 长跑

long-term government bonds N chángqī guózhài 长期国债

longing, desire N kěwàng 渴望

look! EXCLAM nǐ kàn 你看

look, seem, appear, to V kànshàngqù 看上去

look after, to V kānguǎn 看管

look at, see, to V kàn 看

look for, to V zhǎo 找

look like, to V xiàng 象

look out! EXCLAM zhùyì 注意

look up (find in book), to V chá 查

looks, appearance N yàngzi/wàimào 样子/外貌

loop N 1 xúnhuán 循环 2 quān/huán 圈/环

loose (not in packet) ADJ sànzhuāngde 散装的

loose (clothes) ADJ kuānsōng de 宽松的

M

loose (wobbly) ADJ sōngdòngde 松动的

lose, be defeated, to V shū 输

lose, mislay, to V diūshī 丢失

lose money, to V shūqián 输钱

loss N 1 sàngshī 丧失 2 sǔnshī 损失

lost (can't find way) ADJ mílù 迷路

lost (missing) ADJ shīzōngle 失踪了

lost property N shīwù zhāolǐngchù 失物招领处

lot PRON, ADJ hěn duō/xǔduō 很多/许多

lots of ADJ xǔduō 许多

lottery N cǎipiào 彩票

lottery industry N bócǎiyè 博彩业

loud ADJ dàshēng 大声

lousy ADJ zāotòulede 糟透了的

love N àiqíng 爱情

love, to V ài 爱

love, care for, to V àihù 爱护

love triangle N sānjiǎo liàn'ài 三角恋爱

lovely ADJ kě'ài 可爱

lover N qíngrén 情人

low ADJ dī 低

low-altitude flying N dīkōng fēixíng 低空飞行

low-cost ADJ dījià 低价

low-cost housing N dījià zhùfáng/jīngjìfáng 经济房/低价住房

low-graded product N cūjiāgōng chǎnpǐn 粗加工产品

low-keyed ADJ dīdiào 低调

loyalty N zhōngchéng/zhōngxīn 忠诚/忠心

lozenge N tángdìng 糖锭

luck N yùnqi 运气

lucky ADJ xìngyùnde/jíxiángde 幸运的/吉祥的

luggage N xíngli 行李

lullaby N yáolánqǔ 摇篮曲

lumber N mùcái 木材

lump N 1 kuài 块 2 zhǒng kuài 肿块

lunar ADJ 1 yuède 月的 2 nónglì 农历

lunar module N dēng yuècāng 登月舱

lunch, midday meal N wǔfàn 午饭

lunch, to eat V chī wǔfàn 吃午饭

lunch box N héfàn/biàndāng 盒饭/便当

lungs N fèi 肺

lure, seduce, to V yǐnyòu/yòuhuò 引诱/诱惑

luxurious ADJ háohuáde 豪华的

luxury N shēchǐ/háohuá 奢侈/豪华

lychee N lìzhī 荔枝

lyric N shūqíngshī 抒情诗

M

macaroni N tōngxīnfěn 通心粉

Macau N àomén 澳门

Macau Special Administration Region (SAR), the N àomén tèbié xíngzhèngqū 澳门特别行政区

machine, machinery N jīxiè 机械

mad ADJ fāfēng 发疯

mad cow disease N fēngniúbìng 疯牛病

madam (term of address) N fūren/tàitai 夫人/太太

madman, lunatic N fēngzi 疯子

Madrid N Mǎdélǐ 马德里

Mafia-style organizations N hēi shèhuì 黑社会

magazine N zázhì 杂志

magician N móshùshī 魔术师

magistrate N fǎguān 法官

magnet N cítiě 磁铁

magnetic card (for telephone) N cíkǎ diànhuà 磁卡电话

magnifying glass N fàng dàjìng 放大镜

magnitude (of an earthquake) N zhènjí 震级

mahjong N májiàng 麻将

maiden voyage (airline) N chǔnǚ háng 处女航

maiden voyage (of an aircraft or ship) N shǒuháng 首航

maiden work, first publication N chǔnǚ zuò 处女作

mail, to V jì 寄

mail, post N xìn 信

mailing list N 1 (*postal*) yóujì míngdān 邮寄名单 2 (*computer*) yóujiàn lièbiǎo 邮件列表

maim, to V shǐ cánfèi 使残废

main, most important ADJ zhǔyào 主要

mainland China N nèidì 内地

mainly ADV zhǔyàode 主要地

mainstay industry N zhīzhùchǎnyè 支柱产业

mainstream ADJ zhǔliú 主流

maintain, to V bǎoyǎng/wéixiū 保养/维修

major, important ADJ zhòngyàode 重要的

M

major cases (legal) N dà'àn yàoàn 大案要案

majority N duōshù 多数

make, to V zuò/zhìzào 做/制造

make a big fuss about nothing, to V dà-jīng-xiǎo-guài 大惊小怪

make a big fuss about something, to N dàzuò wénzhāng 大做文章

make a big markdown, to V dàchū xuè 大出血

make a good start, to V kāimén hóng 开门红

make a phone call, call on the telephone, to V dǎ diànhuà 打电话

make arrangements, to V cāobàn 操办

Make hay while the sun shines IDIOM mò shī liángjī 莫失良机

make love, to V zuò'ài 做爱

make public, to V bàoguāng 曝光

make something out of nothing, to V wú zhōng shēng yǒu 无中生有

make trouble for sb, to V chuān xiǎoxié 穿小鞋

make up, invent, to V xūgòu/biānzào 虚构/编造

makeup, cosmetics N huàzhuāngpǐn 化妆品

Malaysia N Mǎláixīyà 马来西亚

Malaysian (in general) ADJ Mǎláixīyàde 马来西亚的

Malaysian (people) N Mǎláixīyàrén 马来西亚人

male ADJ nánxìng 男性

malicious ADJ èyìde/èdúde 恶意的/恶毒的

malignant ADJ èxìng de 恶性的

mall, shopping center N gòuwù zhōngxīn 购物中心

malnutrition N yíngyǎng bùliáng 营养不良

malpractice N wánhū zhíshǒu 玩忽职守

mama, mommy N māma 妈妈

mammogram N rǔfáng X guāng zhàopiàn 乳房X光照片

Mammonism (the love of money) N xiàng qiánkàn 向钱看

man N nánrén 男人

man-hour N gōngshí 工时

man-made ADJ réngōngde/rénzàode 人工的/人造的

manage, succeed, to V guǎnlǐ 管理

management N guǎnlǐ 管理

manager N jīnglǐ 经理

Mandarin (language) N Pǔtōnghuà/Guóyǔ/Huáyǔ 普通话/国语/华语

mango N mángguǒ 芒果

mangrove N hóngshùlín 红树林

manicure N xiū zhǐjiǎ 修指甲

mankind N rénlèi 人类

manned satellite N zàirén wèixīng 载人卫星

manners N lǐmào 礼貌

manpower N láodònglì/rénlì 劳动力/人力

manual ADJ tǐlìde/shǒugōngde 体力的/手工的

manual, guidebook N shǐyòng shǒucè 使用手册

manufacture, to V zhìzào 制造

manure N fènféi 粪肥

many, much ADJ, ADV hěn duō 很多

map N dìtú 地图

marathon N mǎlāsōng sàipǎo 马拉松赛跑

marble pillar (Chinese) N huábiǎo 华表

march, to V xíngjìn/xíngjūn 行进/行军

March N Sānyuè 三月

margarine N rénzào huángyóu 人造黄油

marijuana N dàmá 大麻

marina N yóutǐng tíngbó gǎng 游艇停泊港

marinate, to V jìn zài tiáowèi jiàng lǐ 浸在调味酱里

marine ADJ hǎiyùn de 海运的

marital ADJ hūnyīn de 婚姻的

mark N 1 (school) fēnshù 分数
2 (scar) hénjì/wūbān 痕迹/污斑
3 (pointer) jìhào 记号

markdown sales N dà jiǎnjià 大减价

market N shìchǎng 市场

market saturation N shìchǎng bǎohé 市场饱和

market share N shìchǎng zhànyǒulǜ 市场占有率

marketing N shìchǎng yíngxiāoxué 市场营销学

marketization N shìchǎnghuà 市场化

marriage N hūnyīn 婚姻

marriage agency, dating agency N hūnjièsuǒ 婚介所

married ADJ yǐhūn 已婚

marry, get married, to V jiéhūn 结婚

Mars N huǒxīng 火星

martial arts novel N wǔxiá xiǎoshuō 武侠小说
martyr N xùndàozhě 殉道者
marvelous ADJ liǎobuqǐde/jíhǎode 了不起的/极好的
mascot N jíxiángwù 吉祥物
masculism N nánquán zhǔyì 男权主义
mash, to V dǎolàn 捣烂
mask N miànjù 面具
mass N dàliàng/dàpī 大量/大批
mass media N dàzhòng chuánméi 大众传媒
massacre, slaughter, to V túshā 屠杀
massage, to V ànmó 按摩
master, expert N gāoshǒu 高手
masterpiece N míngzuò/jiézuò 名作/杰作
mat N dìxí/xiǎodiànzi 地席/小垫子
match, game N bǐsài 比赛
matches N huǒchái 火柴
material, ingredient N cáiliào 材料
maternity leave N chǎnjià 产假
math, mathematics N shùxué 数学
matriarch N nǚ jiācháng/nǚ zúzhǎng 女家长/女族长
matriarchal society N mǔxì shèhuì 母系社会
matter, issue N shìqing 事情
mattress N chuángdiàn 床垫
mature ADJ chéngshúde 成熟的
maximum ADJ zuìdàde/zuìduōde 最大的/最多的
May N Wǔyuè 五月
may V kěnéng 可能
May all your wishes come true EXCLAM xīnxiǎng shìchéng 心想事成
May money and treasures be plentiful! GR zhāocái jìnbǎo 招财进宝
May you be prosperous! (Lunar New Year greeting) GR gōngxǐ fācái 恭喜发财
Mayan civilization N Mǎyǎ wénhuà 玛雅文化
maybe ADV yěxǔ/dàgài 也许/大概
Mazda N Mǎzìdá 马自达
McDonald's N Màidāngláo 麦当劳
me PRON wǒ 我
meal N cān 餐
mean (cruel) ADJ kèbóde 刻薄的
mean, to (intend) V yòngyì 用意
mean, to (word) V biǎoshì ... yìsi 表示 ... 意思
meaning N yìsi 意思

meaningful ADJ yǒu yìyìde 有意义的
means N shǒuduàn/fāngfǎ 手段/方法
meanwhile ADV tóngshí 同时
measles N mázhěn 麻疹
measure N 1 cuòshī 措施 2 liángjù/liángqì 量具/量器
measure, to V liáng 量
measure up, to V fúhé biāozhǔn 符合标准
measurements N chǐcùn/dàxiǎo 尺寸/大小
meat N ròu 肉
meatball N ròuwán 肉丸 **mechanic** N qìchē xiūlǐ gōng/jīxiè gōng 汽车修理工/机械工
medal N jiǎngpái 奖牌
media N chuánméi 传媒
media tycoon N chuánméi dàhēng 传媒大亨
medical ADJ yīliáo de 医疗的
medical insurance N yīliáo bǎoxiǎn 医疗保险
medication N yàowù 药物
medicinal granules N chōngjì 冲剂
medicine N yào 药
medium ADJ zhōngděngde/zhōnghàode 中等的/中号的
meek, gentle ADJ wēnshùn de/róuhé de 温顺的/柔和的
meet, to V jiànmiàn 见面
meeting N huìyì/qiàtánhuì 会议/洽谈会
megabyte, MB N zhàozìjié 兆字节
megastore N chāo dàxíng shāngdiàn 超大型商店
melon N guā 瓜
member N chéngyuán 成员
membership N huìyuán zīgé 会员资格
memoirs N huíyìlù 回忆录
memorial ADJ dàoniàn de 悼念的
memories N huíyì 回忆
memory N jìyì(lì) 记忆(力)
Mencius N Mèngzǐ 孟子
mend, to V xiūbǔ 修补
menopause N gēngniánqī 更年期
menstruate, to V lái yuèjīng 来月经
mental toughness N xīnlǐ sùzhì 心理素质
mention, to V tídào 提到
mentor N dǎoshī 导师
menu N càidān 菜单
merchandise N shāngpǐn/huòwù 商品/货物

merchant N pīfāshāng/shāngrén 批发商/商人

mercy N réncí/kuānshù 仁慈/宽恕

merely ADV jǐnjǐn 仅仅

merit student N sānhǎo xuéshēng 三好学生

mermaid N měirényú 美人鱼

merry ADJ kuàilè de 快乐的

mess, in a ADJ luàn-qī bā-zāo 乱七八糟

message N liúyán/biàntiáo 留言/便条

metal N jīnshǔ 金属

metaphysics N xíngérshàngxué 形而上学

meteor shower N liúxīngyǔ 流星雨

method N fāngfǎ 方法

meter N (yī) mǐ/gōngchǐ (一) 米/公尺

meter (in taxi) N jìchéngqì 计程器

metropolis N dàchéngshì 大城市

Mexico N Mòxīgē 墨西哥

Mickey Mouse N Mǐlǎoshǔ 米老鼠

microchip N wēijīngpiàn 微晶片

microscopic ADJ wēixiǎode 微小的

Microsoft Corporation N Wēiruǎn gōngsī 微软公司

microwave N wēibō lú 微波炉

midday N zhōngwǔ 中午

middle, center ADJ, N zhōngjiān 中间

middle: be in the middle of doing something ADJ dāngzhōng 当中

Middle East peace process, the N Zhōngdōng hépíng jìnchéng 中东和平进程

midnight N wǔyè 午夜

might, could V kěnéng 可能

migraine N piāntóutòng 偏头痛

migrant laborer N míngóng 民工

migration N yíjū/qiānyí 移居/迁移

mild (not cold) ADJ wēnnuǎnde 温暖的

mild (not severe) ADJ wēnróude 温柔的

mild (not spicy) ADJ wèidànde 味淡的

military aircraft N jūnyòng fēijī 军用飞机

milk N niúnǎi 牛奶

Milky Way N Yínhé 银河

millennium N qiānnián 千年

millennium baby N qiānxǐ yīngér 千禧婴儿

millennium bug N qiānniánchóng 千年虫

millet N xiǎomǐ 小米

millimeter N háomǐ 毫米

million N bǎiwàn 百万

millionaire N bǎiwàn fùwēng 百万富翁

mind, brain N nǎozi 脑子

mind, be displeased, to V jièyì 介意

mind relief (tablets) N dìngxīnwán 定心丸

mine PRON wǒde 我的

mine N méikuàng 煤矿

mineral water N kuàngquánshuǐ 矿泉水

mingled with hope and fear ADJ xǐ-yōu-cān-bàn 喜忧参半

mini ADJ wēixíngde 微型的

minibus N xiǎobā 小巴

mini-nuke N xiǎoxíng héwǔqì 小型核武器

mini-skirt N chāoduǎnqún 超短裙

minimum ADJ zuìxiǎo/zuìshǎo 最小/最少

minimum wage N zuìdī gōngzī 最低工资

minister N 1 (government) bùzhǎng 部长 2 (Christian) mùshi 牧师

minor (not important) ADJ cìyào de 次要的

minority N shǎoshù 少数

minus ADJ jiǎn 减

minute N fēn (zhōng) 分 (钟)

miracle N qíjì 奇迹

mirror N jìngzi 镜子

misappropriate, to V nuóyòng/dàoyòng 挪用/盗用

miscarriage N liúchǎn 流产

miscellaneous expenses N záfèi 杂费

mischief N tiáo pí dǎo luàn 调皮捣乱

misconduct N xíngwéi bùduān 行为不端

miserable ADJ bēicǎn de 悲惨的

misfortune N búxìng 不幸

Misfortune may be an actual blessing IDIOM sài wēng shī mǎ yān zhī fēi fú 塞翁失马焉知非福

misinterpret, to V wùjiě 误解

misrepresent, to V xūwěi de miáoshù 虚伪的描述

Miss N xiǎojie 小姐

miss (bus, flight), to V méi gǎnshàng 没赶上

miss (loved one), to V xiǎngniàn 想念

miss, lose an opportunity, to V cuòguò 错过

missing (absent) ADJ quēdiàode 缺掉的

missing (lost person) ADJ shīzōngle 失踪了

missile launching site N dǎo dàn fāshèchǎng 导弹发射场

missionary N chuánjiàoshi 传教士

misspell, to V pīn cuò 拼错

mist N bówù 薄雾

mistake N cuòwù 错误

mistaken ADJ nòngcuò/wùjiě 弄错/误解

mistrust N, V bú xìnrèn 不信任

mistress of a married man N èrnǎi 二奶

misty poetry N ménglóngshī 朦胧诗

misunderstanding N wùhuì 误会

misuse V, N 1 yòngcuò 用错 2 lànyòng 滥用

mix, to V hùnhé 混合

mixed ADJ hùnhéde 混合的

moan, to V bàoyuàn 抱怨

mobile library N liúdòng túshūguǎn 流动图书馆

mobile phone N shǒutí/yídòng diànhuà 手提/移动电话

mobile phone (without a service provider) N luǒjī 裸机

mock, jeer, to V cháoxiào/cháonòng 嘲笑/嘲弄

mock test N mónǐ cèshì 模拟测试

model community N wénmíng jiēdào 文明街道

modem N tiáozhì tiáojiěqì 调制解调器

modern ADJ xiàndàide 现代的

modest, simple ADJ qiānxū / pǔshíde 谦虚/朴实的

moist ADJ shīrùnde/cháoshīde 湿润的/潮湿的

mold, pattern, die N mújù/móshì 模具/模式

mold, mildew N méijūn 霉菌

mom, mommy N māma/māmī 妈妈/妈咪

moment (in a moment) N děng yīxià 等一下

moment (instant) N piànkè 片刻

monarchy N jūnzhǔzhèngtǐ 君主政体

Monday N Xīngqīyī/Lǐbàiyī 星期一/礼拜一

money, cash N xiànkuǎn/qián 现款/钱

money laundering N xǐqián 洗钱

monitor (of computer) N xiǎnshìqì 显示器

monk N héshang/xiūdào shì 和尚/修道士

monkey N hóuzi 猴子

monoculture N dānyī zhǒng zhí 单一种植

monopolize, to V dúzhàn 独占

monsoon N yǔjì 雨季

monster N jùdà de guàiwu/móguǐ 怪物/魔鬼

month N yuè 月

monument N jìniànbēi 纪念碑

mood N qíngxu 情绪, xīnqíng 心情

moon N yuèliang 月亮

moonwalk N tàikōngbù 太空步

moral values N dàodé jiàzhíguān 道德价值观

more ADJ gèngduōde/bǐjiào duōde 更多的/比较多的

more (comparative) ADJ duō yīdiǎnr 多一点儿

more of (things) ADJ gèngduōde 更多的

more or less ADV huò duō huò shǎo 或多或少

moreover ADV érqiě 而且

morgue, mortuary N tíng shī fáng/tàipíngjiān 停尸房/太平间

Mormon Church N Móménjiào 摩门教

morning N zǎoshang 早上

morning exercise N chénliàn 晨练

morning market N zǎoshì 早市

morning meal, breakfast N zǎofàn 早饭

mortality rate N sǐwánglǜ 死亡率

mortgage a house, to V ànjiē gòufáng 按揭购房

mortgage loan N ànjiē dàikuǎn 按揭贷款

Moscow N Mòsīkē 莫斯科

mosque N Qīngzhēnsì 清真寺

mosquito N wénzi 蚊子

most (superlative) ADJ zuì 最

most (the most of) ADJ zuìduō 最多

most favored nation N zuìhuìguó 最惠国

mostly ADV dà bùfèn 大部分

motorway, expressway N gāosù gōnglù 高速公路

moth N é 蛾

mother N māma/mǔqin 妈妈/母亲

Mother's Day N Mǔqīnjié 母亲节

mother-in-law (husband's mother) N pòpo 婆婆

mother-in-law (wife's mother) N yuèmǔ 岳母

M

ENGLISH–CHINESE

motive, objective, purpose N dòngjī/yuányīn 动机/原因
motor, engine N fādòngjī 发动机
motor vehicle N qìchē 汽车
motorcycle N mótuōchē 摩托车
Mount Qomolangma; Mount Everest N Zhūmùlǎngmǎfēng 珠穆朗玛峰
mountain N shān 山
mounted police N qíjǐng 骑警
mourn, to V āidào 哀悼
mouse (animal) N xiǎolǎoshǔ 小老鼠
mouse (computer) N shǔbiāo 鼠标
mouse potato N diànnǎomí 电脑迷
mouth N zuǐ 嘴
move, to V 1 yídòng 移动 2 qiānyí/bānjiā 迁移/搬家
move house, to V bānjiā 搬家
move from one place to another, to V bān 搬
movement, motion N dòngzuò/xíngdòng 动作/行动
movie N diànyǐng 电影
movie house, cinema, theater N diànyǐngyuàn 电影院
Mr ABBREV xiānsheng 先生
Mrs ABBREV tàitai 太太
MSG N wèijīng 味精
much, many ADJ duō 多
mucus N niányè 粘液
mud N ní 泥
mudslide N níshíliú 泥石流
multimedia N duōméitǐ 多媒体
multinational peace-keeping force N duōguó wéichí hépíng bùduì 多国维持和平部队
multiply, to V 1 chéng 乘 2 zēngjia 增加
multipolar world N duōjí shìjiè 多极世界
multipolarization N duōjíhuà 多极化
mummy (wrapped up corpse) N gānshī/mùnǎiyī 干尸/木乃伊
mumps N sāixiànyán 腮腺炎
municipal engineering N shìzhèng gōngchéng 市政工程
municipality directly under the central government N zhíxiáshì 直辖市
murder N móushā 谋杀
muscle N jīròu 肌肉
museum N bówùguǎn 博物馆
mushrooms N mógu 蘑菇
music N yīnyuè 音乐

music fans N gēmí 歌迷
music TV N yīnyuè diànshì 音乐电视
musical N yīnyuè xǐjù 音乐喜剧
musical instrument N yuèqì 乐器
Muslim N Qīngzhēn/Mùsīlín/Huíjiào 清真/穆斯林/回教
must MODAL V bìxū 必须
mustache N xiǎohúzi 小胡子
mute, dumb ADJ yǎbade 哑巴的
mutton N yángròu 羊肉
mutual deception and rivalry ("dog-eat-dog" mentality) IDIOM ěr-yú-wǒ-zhà 尔虞我诈
my, mine PRON wǒde 我的
myopia N jìnshì 近视
mysterious ADJ shénmìde 神秘的
myth N shénhuà 神话

N

nab, to V zhuāhuò 抓获
nagging N ài láodao 爱唠叨
nail (finger, toe) N zhǐjiǎ 指甲
nail (spike) N dīngzi 钉子
naïve ADJ tiānzhēnde/yòuzhìde 天真的/幼稚的
naked ADJ luǒtǐde 裸体的
name N míngzi/xìngmíng 名字/姓名
named, called, to be V míng jiào 名叫
nanometer, nano- N nàmǐ 纳米
nap N báitiān de xiǎoshuì 白天的小睡
napkin N cānjīnzhǐ 餐巾纸
narcotics squad N jīdúduì 缉毒队
narrate, to V xùshù/jiǎngshù 叙述/讲述
narrative N gùshi/xùshì 故事/叙事
narrow ADJ xiázhǎi 狭窄
narrow victory N xiǎnshèng 险胜
nasal ADJ bíde 鼻的
NASDAQ N Nàsīdàkè 纳斯达克
nasty ADJ èliède 恶劣的
nation, country N guójiā 国家
nation state N mínzú guójiā 民族国家
national, citizen N guómín/gōngmín 国民/公民
national ADJ mínzúde 民族的
national day N guóqìng 国庆
National People's Congress (NPC) N quánguó rénmín dàibiǎo dàhuì 全国人民代表大会
National Proficiency Test of Putonghua N guójiā pǔtōnghuà shuǐpíng kǎoshì 国家普通话水平考试
national team N guójiāduì 国家队

national treasure N guóbǎo 国宝
nationality N guójí 国籍
nationwide ADJ quánguó fànwéide 全国范围的
native N 1 běnguó rén 本国人
2 tǔshēng de dòng/zhíwù 土生的动/植物
NATO (North Atlantic Treaty Organization) N běiyuē 北约
natural ADJ zìránde 自然的
natural reserve N zìrán bǎohùqū 自然保护区
natural resource protection zone N zìrán zīyuán bǎohùqū 自然资源保护区
natural rights N tiānfù rénquán 天赋人权
nature N zìránjiè 自然界
naughty ADJ wánpíde 顽皮的
nausea N ǒutù gǎn 呕吐感
navigation N hángxíng 航行
navy N hǎijūn 海军
near ADJ jìnde/bùyuǎnde 近的/不远的
nearby, around ADV fùjìn 附近
nearby, close to ADJ jìn/kàojìn 近/靠近
nearly ADV jīhū 几乎
neat, orderly ADJ zhěngjiéde 整洁的
necessary ADJ bìxū 必需
necessity N 1 bìyàopǐn 必要品
2 bìyàoxìng 必要性
neck N bózi 脖子
necklace N xiàngliàn 项链
necktie N lǐngdài 领带
need N xūyào 需要
need, to V bìxū 必需
needle N zhēn 针
needless ADJ búbìyàode 不必要的
negative ADJ xiāojíde/fǒudìngde 消极的/否定的
negative population growth N rénkǒu fùzēngzhǎng 人口负增长
neglect, to V hūlüè 忽略
negligence N shūhu dàyì 疏忽大意
negligible ADJ kě hūshìde/wēi bùzú dàode 可忽视的/微不足道的
negotiate, to V tánpàn 谈判
neighbor N línjū 邻居
neighborhood committee N jūwěihuì 居委会
neither PRON liǎngzhě dōu bù 两者都不
neither ... nor CONJ jì bù ... yòu bù 既不 ... 又不

Neolithic Age, the N xīn shíqì shídài 新石器时代
nephew (paternal) N zhí'ér/zhízi 侄儿/侄子
nephew (maternal) N wàishēng 外甥
nepotism N qúndài guānxi/qúndàifēng 裙带关系/裙带风
nerve N shénjīng 神经
nest N niǎocháo 鸟巢
net N wǎng 网
net profit N jìnglìrùn 净利润
netball N cāwǎngqiú 擦网球
netizen N wǎngmín 网民
network N guānxìwǎng/wǎngluò 关系网/网络
network administrator N wǎngluò guǎnlǐyuán 网络管理员
neutral ADJ zhōnglì de 中立的
neutral power N zhōnglìguó 中立国
neutron N zhōngzǐ 中子
never ADV cónglái méiyǒu 从来没有
never mind! EXCLAM méiguānxi 没关系
nevertheless ADV rán'ér 然而
new ADJ xīn/xīnde 新/新的
new concepts N chuàngyì 创意
new favorite N xīnchǒng 新宠
new rich; upstart N bàofāhù 暴发户
New Year's film/movie N hèsuìpiàn 贺岁片
New Zealand N Xīnxīlán 新西兰
New Zealander N Xīnxīlánrén 新西兰人
newlyweds N xīnhūn fūfù 新婚夫妇
news N xīnwén/xiāoxi 新闻/消息
news flash N kuàixùn 快讯
newsletter N jiǎnxùn 简讯
newspaper N bàozhǐ 报纸
next (in line, sequence) ADJ xià yī ge 下一个
next to PREP pángbiān 旁边
next week N xiàxīngqī 下星期
next year N míngnián 明年
nibble, to V kěn/yìdiǎn yìdiǎn de chī 啃/一点一点地吃
nice ADJ hǎo 好
nickname N chuòhào/wàihào 绰号/外号
niece (maternal) N wàishēngnǚ 外甥女
niece (paternal) N zhínǚ 侄女
night N yè 夜
nightclothes, nightdress N shuìyī 睡衣

nightly ADJ měi yè de 每夜的
nightmare N èmèng 恶梦
Nikkei Index N Rìjīng zhǐshù 日经指数
nine NUM jiǔ 九
nineteen NUM shíjiǔ 十九
ninety NUM jiǔshí 九十
nip, to V 1 (bite) kěnyǎo 啃咬 2 (break off) qiāduàn 掐断
nirvana N nièpán 涅磐
no, not (with nouns) ADV méiyǒu 没有
no, not (with verbs and adjectives) ADV búshì 不是
no one PRON méiyǒu rén 没有人
Noah's Ark N Nuòyàfāng zhōu 诺亚方舟
Nobel Prize N Nuòbèiěr jiǎng 诺贝尔奖
nobody PRON xiǎorénwù 小人物
nocturnal ADJ yèjiān de 夜间的
nod, to V diǎntóu 点头
noise N cáozáshēng/zàoyīn 嘈杂声/噪音
noisy ADJ cáozáde 嘈杂的
nominate, to V tímíng 提名
non-performing loan N bùliáng dàikuǎn 不良贷款
non-refundable ADJ bùkě tuìkuǎnde 不可退款的
non-renewable resources N bùkě zài shēngzīyuán 不可再生资源
none PRON yí ge yě méiyǒu 一个也没有
nonetheless ADV jǐnguǎn rúcǐ/rán'ér 尽管如此/然而
nonsense N fèihuà 废话
Nonsense! INTERJ húshuō 胡说
noodles N miàntiáo 面条
noon N zhōngwǔ 中午
nor CONJ yěbù 也不
normal, normally ADJ, ADV tōngcháng/zhèngchángde 通常/正常地
north N, ADJ běibiān 北边
northeast N, ADJ dōngběi 东北
northwest N, ADJ xīběi 西北
nose N bízi 鼻子
nostalgia N sīxiāng 思乡
nostril N bíkǒng 鼻孔
nosy, nosey ADJ ài dǎting biéren yǐnsī de 爱打听别人隐私的
not ADV bù 不
not able to understand (by hearing) tīngbudǒng 听不懂

not able to understand (by reading) kànbudǒng 看不懂
not only ... but also CONJ búdàn ... érqiě 不但 ... 而且
not yet ADV hái méi 还没
note, paper money (currency) N chāopiào 钞票
note (written) N biàntiáo 便条
note, to V zhīchū/zhùyì 指出/注意
note down, to V jìxiàlái 记下来
notebook N bǐjìběn 笔记本
nothing PRON méiyǒu shénme 没有什么
notice N tōngzhī 通知
notice, to V zhùyì 注意
notorious ADJ chòumíng yuǎn yáng de 臭名远扬的
novel N xiǎoshuō 小说
November N Shíyīyuè 十一月
now ADV xiànzài 现在
nowadays N dāngjīn 当今
nowhere ADV nǎr dōu bú zài 哪儿都不在
nozzle N pēnzuǐ 喷嘴
nuclear arsenal N héjūn huǒkù 核军火库
nuclear energy N hénéng 核能
nuclear explosion N hébàozhà 核爆炸
nuclear reactor N héfǎn yìngduī 核反应堆
nuclear submarine N héqiántǐng 核潜艇
nuclear warhead N hédàntóu 核弹头
nuclear weapon N héwǔqì 核武器
nucleus N 1 (reactor) hézǐ 核子 2 (cell organism) xìbāohé 细胞核
nude ADJ luǒtǐde 裸体的
numb ADJ mámùde 麻木的
number N hàomǎ/shùzì 号码/数字
number plate N chēpái 车牌
nurse N hùshi/báiyī tiānshǐ 护士/白衣天使
nursery N 1 (children) tuō'érsuǒ 托儿所 2 (plants) miáochuáng 苗床
nursing room N bǔrǔshì 哺乳室
nurture, to V péiyù/péiyǎng 培育/培养
nutrition N yíngyǎng 营养
nylon N nílóng 尼龙

O

o'clock N diǎn (zhōng) (点) 钟
oar, paddle N jiāng 桨
oasis N lǜzhōu 绿洲
oath N shìyán 誓言
obedience N fúcóng 服从
obedient ADJ fúcóngde 服从的
obesity N féipàng zhēng 肥胖症
obey, to V fúcóng 服从
object, protest, to V fǎnduì 反对
object, thing N dōngxi/wùtǐ 东西/物体
objection N fǎnduì/yànwù 反对/厌恶
objective, aim N mùbiāo/mùdì 目标/目的
obligation N yìwù/zhízé 义务/职责
obscene ADJ yínhuìde/xiàliú de 淫秽的/下流的
observation N guānchá 观察
obsolete ADJ guòshíde 过时的
obstinate ADJ gùzhíde/wángùde 固执的/顽固的
obstruction N zǔ'ài 阻碍
obstruction of justice N zǔ'ài sīfǎ 阻碍司法
obtain, to V huòdé/qǔdé 获得/取得
obvious ADJ míngxiǎnde 明显的
occasion N chǎnghé/shíkè 场合/时刻
occasionally ADV ǒuránde 偶然地
occupation N zhíyè 职业
occur, to V fāshēng 发生
ocean N hǎiyáng 海洋
October N Shíyuè 十月
odd ADJ 1 (peculiar) gǔguàide 古怪的 2 (occasional) ǒu'ěrde 偶尔的
odor, bad smell N chòuqì 臭气
of, from PREP shǔyú ... de 属于 ... 的
of course ADV dāngrán 当然
off (gone bad) ADJ huàile 坏了
off (turned off) ADV guānle 关了
off: to turn something off guānshàng 关上
off season N dànjì 淡季
offend, to V dézuì/chùfàn 得罪/触犯
offense N 1 wéifǎ xíngwéi/fànfǎ 违法行为/犯法 2 shānghài gǎnqíng 伤害感情
offer, suggest, to V jiànyì 建议
offer (supply), to V tígōng 提供
office N bàngōngshì 办公室
officer N 1 jūnguān 军官 2 jǐngguān 警官 3 gāojí zhíyuán 高级职员
official, formal ADJ zhèngshìde 正式的

officials (government) N guānyuán 官员
offline ADJ xiàwǎng 下网
offset, to V dǐmiǎn 抵免
offspring, child N háizi 孩子
often ADV jīngcháng 经常
oil N yóu 油
ointment N yóugāo/ruǎngāo 油膏/软膏
okay EXCLAM xíng 行
old (of persons) ADJ lǎo 老
old (of things) ADJ jiù 旧
olden times, in ADV gǔ shíhou 古时候
older brother N gēge 哥哥
older sister N jiějie 姐姐
Olympic Committee N àowěihuì 奥委会
Olympic spirit N àolínpǐkè jīngshén 奥林匹克精神
Olympics N àolínpǐkè Yùndònghuì/àoyùnhuì 奥林匹克运动会/奥运会
omelette N jiāndànjuǎn 煎蛋卷
on (of dates) PREP zài/yú 在/于
on, turned on kāile 开了
on, at PREP zài ... shàng 在 ... 上
on: to turn something on kāi 开
on bail ADV bǎoshì 保释
on fire zháohuǒ 着火
on foot ADV zǒulù 走路
on the way ADV kuàidàole 快到了
on the whole ADV zhěngtǐ lái kàn 整体来看
on time ADV zhǔnshí 准时
On your marks! EXCLAM gè jiù gè wèi 各就各位
on-the-job training N gǎngwèi péixùn 岗位培训
once ADV yī cì 一次
once I ADV 1 yí cì 一次 2 céngjīng 曾经 II CONJ yì/yídàn 一/一旦
one N yī 一
One man's meat is another man's poison IDIOM zhòngkǒu nántiáo 众口难调
one-size-fits-all ADJ jūnmǎ 均码
one-way charge (fees) N dānxiàng shōufèi 单向收费
one-way ticket N dānchéngpiào 单程票
one who, the one which ... yàng de rén? ... 样的人?
onion N yángcōng 洋葱
online ADJ zàixiàn 在线
online bookstore N zàixiàn shūdiàn 在线书店

O

online publishing N wǎngluò chūbǎn 网络出版

online trading platform N wǎngshàng jiāoyì píngtái 网上交易平台

only ADJ zhǐyǒu 只有

only child N dúshēng zǐnǚ 独生子女

onward ADV, ADJ xiàngqiánde 向前地/的

opaque ADJ bùtòumíngde 不透明的

open ADJ kāi 开

open, to V dǎkāi 打开

open car, convertible N chǎngpéngchē 敞蓬车

open-door policy N ménhù kāifàng zhèngcè 门户开放政策

opening N 1 kāizhāng 开张 2 kāiyè 开业 3 kòngquē 空缺 4 kǒng/dòng 孔/洞

opening ceremony N kāimùshì 开幕式

opening speech N kāimùcí/kāití bàogào 开幕词/开题报告

opera N gējù 歌剧

operating system (computer) N cāozuò xìtǒng 操作系统

operation N 1 shǒushù 手术 2 yùnzhuǎn 运转

opinion N yìjiàn 意见

opponent N duìshǒu 对手

opportunist N biànsèlóng 变色龙

opportunity, chance N jīhuì 机会

oppose, to V fǎnduì 反对

opposed, in opposition ADJ duìlìde 对立的

opposite (contrary) ADJ xiāngfǎn 相反

opposite (facing) ADJ duìmiàn 对面

opt, to V xuǎnzé 选择

optical communication N guāngtōngxùn 光通讯

optical valley N guānggǔ 光谷

optional ADJ fēiqiángzhìde 非强制的

or CONJ huòzhě 或者

oracle bone inscriptions N jiǎgǔwén 甲骨文

oral ADJ kǒutóude/kǒuqiāngde 口头的/口腔的

oral defense (thesis) N lùnwén dábiàn 论文答辩

orange, citrus N júzi 桔子

orange (color) N chéngsè 橙色

orchard N guǒyuán 果园

orchestra N guǎnxián yuèduì 管弦乐队

order, command N mìnglìng 命令

order, command, to V mìnglìng 命令

order (placed for food), to V diǎncài 点菜

order (placed for goods), to V dìnggòu 订购

order, sequence N cìxù 次序

order something, to V yùdìng/xià dìngdān 预订/下订单

orderly, organized ADJ yǒu zhìxùde 有秩序地

organ N 1 (body part) qìguān 器官 2 (musical instrument) fēngqín 风琴

organic vegetable N wú gōnghài shūcài 无公害蔬菜

organize, arrange, to V ānpái 安排

organizing committee N zǔwěihuì 组委会

origin N qǐyuán 起源

origin of species N wùzhǒng qǐyuán 物种起源

original ADJ zuìchūde 最初的

originate, come from, to V láiyuán (yú) 来源(于)

ornament N zhuāngshìpǐn 装饰品

orphan N gū'ér 孤儿

Oscar Award N àosīkǎ 奥斯卡

ostrich policy N tuóniǎo zhèngcè 鸵鸟政策

other ADJ, PRON biéde/qítā 别的/其他

other (alternative) ADJ lìngwài 另外

ought to V yīnggāi 应该

our (excludes the one addressed) PRON, PL wǒmen 我们

our (includes the one addressed) PRON, PL zánmen 咱们

out PREP zài ... wài 在 ... 外

out of stock ADJ tuōxiāo 脱销

outbreak N bàofā/tūfā 爆发/突发

outcome, result N jiéguǒ 结果

outer space N wàicéng kōngjiān 外层空间

outline N 1 tígāng 提纲 2 wàixíng 外形

outpatient N ménzhěn bìngrén 门诊病人

output N chūchǎnliàng 出产量

outside N wàimiàn 外面

outside of PREP zài ... wàimiàn 在 ... 外面

outsourcing N jiāng gōngzuò wàibāo 将工作外包

outstanding (unresolved) question N xuán'ér wèijué de wèntí 悬而未决的问题

oval (shape) ADJ tuǒyuánxíngde 椭圆形的

ovation N rèliè de gǔzhǎng 热烈的鼓掌

oven N kǎolú 烤炉

over, finished ADJ wánle 完了

over: to turn over ADV fān'guòlái 翻过来

over there ADV nàbiān 那边

overall renewal of the membership of an organization N dàhuànxuè 大换血

overall situation, the N dà huánjìng 大环境

over-anxious for success ADJ jíyú qiúchéng 急于求成

overcast, cloudy ADJ duōyún/yīntiān 阴天/多云

overcome, to v kèfú 克服

overcome poverty and achieve prosperity, to v tuōpín zhìfù 脱贫致富

overcrowded ADJ tài yōngjǐ/rén tài duō 太拥挤/人太多

overdue ADJ 1 (loans, books) guòqī bùhuánde 过期不还的 2 (payments) guòqī bùfù de 过期不付的 3 (schoolwork) guòqī bùjiāode 过期不交的

overgraze, to v chāozài guòmù 超载过牧

overhear, to v wúyìzhōng tīngdào 无意中听到

overloaded operation N chāofùhè yùnzhuǎn 超负荷运转

overlook, to v hūshì/hūlüè 忽视/忽略

overpopulation N rénkǒu guòshèng 人口过剩

overseas ADJ hǎiwài 海外

overseas Chinese N qiáobāo 侨胞

overseas demand N wài xū 外需

oversleep, to v shuìguòtóu 睡过头

overstaffed ADJ rénfú yú shì 人浮于事

overstaffing in organizations N jīgòu yōngzhǒng 机构臃肿

overstocked products N chǎnpǐn jīyā 产品积压

overtime N 1 (work) jiābān shíjiān 加班时间 2 (games) jiā shí 加时

overturned ADJ dǎfān 打翻

overwhelming ADJ 1 yādǎode 压倒的 2 bùkě kàngjùde 不可抗拒的

owe, to v qiàn 欠

owing to, because PREP yóuyú 由于

own, to v yōngyǒu 拥有

own, on one's ADJ dúlìde 独立的

own, personal ADJ zìjǐde 自己的

owner N wùzhǔ/yèzhǔ 物主/业主

ox N gōngniú 公牛

oxygen N yǎngqì 氧气

oyster N háo 蚝

ozone N chòuyǎngcéng 臭氧层

ozone layer, hole in the ozone N chòuyǎngcéng kōngdòng 臭氧层空洞

P

pace N 1 (speed) sùdù 速度 2 (step) bùfá 步伐

Pacific Fleet (US) N tàipíngyáng jiànduì 太平洋舰队

Pacific Rim N huántàipíngyáng dìqū 环太平洋地区

pack, to v bāozhuāng/shōushí 包装/收拾

package N bāoguǒ 包裹

packet N xiǎobāo/xiǎodài 小包/小袋

paddy, rice paddy N shuǐdào tián 水稻田

padlock N guàsuǒ 挂锁

page N yè 页

paid ADJ yǐ fùkuǎn 已付款

paid holidays N dàixīn jiàqī 带薪假期

pain N tòng 痛

painful ADJ tòng 痛

painkiller N zhǐtòngyào 止痛药

paint N yóuqī 油漆

paint, to (a painting) v huàhuàr 画画儿

paint, to (house) v yóuqī 油漆

painting N huàr/huìhuà 画儿/绘画

pair of, a N yī shuāng 一双

pajamas N shuìyī 睡衣

pal, buddy N hǎo péngyou 好朋友

palace N gōngdiàn 宫殿

pale ADJ cāngbái de 苍白的

pamper, indulge, to v jiāoyǎng/zòngróng 娇养/纵容

pan (for cooking) N guō 锅

panda N xióngmāo 熊猫

panic N jīnghuāng/jīngkǒng 惊慌/惊恐

panic buying N qiǎnggòu 抢购

panorama N quánjǐng 全景

panties N jǐnshēn duǎnchènkù 紧身短衬裤

pants N kùzi 裤子

paparazzi N gǒuzǎiduì 狗仔队
paper N zhǐ 纸
paperwork N wénshū gōngzuò 文书工作
parachute N jiàngluò sǎn 降落伞
parade N yóuxíng duìwǔ 游行队伍
Paralympics Games, the N cán'àohuì 残奥会
paralysis N tānhuàn 瘫痪
paralytic N tānhuànzhe 瘫痪者
parcel N bāoguǒ 包裹
parched ADJ gānhànde/gānkūde 干旱的/干枯的
pardon me? what did you say? shénme? 什么?
parents N fùmǔ 父母
park N gōngyuán 公园
park, to (car) V tíngchē 停车
parliament N guóhuì 国会
parole N, V jiǎshì 假释
parrot N yīngwǔ 鹦鹉
part (not whole) N bùfèn 部分
part (of machine) N língjiàn 零件
participate, to V cānjiā 参加
particularly, especially ADV yóuqíshì 尤其是
particulars, details N xìjié/xiángqíng 细节/详情
partition N 1 (*wall*) géqiáng 隔墙 2 (*divider*) fēnliè 分裂
partly ADV bùfèn 部分
partner (in business) N héhuǒrén 合伙人
partner (spouse) N bànlǚ/huǒbàn 伴侣/伙伴
party (event) N jùhuì 聚会
party (political) N zhèngdǎng 政党
pass, go past V jīngguò 经过
pass, to (exam) V jígé 及格
pass N 1 (*permit*) tōngxíng zhèng 通行证 2 (*exam*) jígé 及格
pass the ball, to V tī píqiú 踢皮球
pass the buck, to V chěpí 扯皮
passage N 1 (*traffic*) tōngdào 通道 2 (*music/reading material*) yí duàn 一段
passenger N chéngkè 乘客
passenger transport around the Chinese lunar new year N chūnyùn 春运
passive radar N wúyuán léidá 无源雷达
passive smoking; second-hand smoking N bèidòng xīyān 被动吸烟

passport N hùzhào 护照
password N kǒulìng/tōngxíng zì 口令/通行字
past, former ADJ guòqùde 过去的
past: go past ADV yuèguò 越过
past is past, the PHR wǎng shì rú fēng 往事如风
pastime N xiāoqiǎn 消遣
pastor, Christian minister N mùshi 牧师
pastry, cake N dàn'gāo 蛋糕
pasture N mùchǎng 牧场
patent medicine N chéngyào 成药
patented product N zhuānlì chǎnpǐn 专利产品
patient, calm ADJ nàixīn 耐心
patient (doctor's) N bìngrén 病人
patriarch N nán jiāzhǎng/zúzhǎng 男家长/族长
patriotism N àiguó zhǔyì 爱国主义
patron N 1 (*sponsor*) zīzhùrén 资助人 2 (*customer*) gùkè 顾客
pattern, design N shìyàng 式样
patterned ADJ fǎngzàode 仿造的
pause N zàntíng 暂停
pavement, sidewalk N 1 lùmiàn 路面 2 rénxíngdào 人行道
pay, to V fùqián 付钱
pay a New Year call, to V bàinián 拜年
pay attention, to liúyì/zhùyì 留意/注意
pay-cut N gōngzī xuējiǎn 工资削减
payroll tax N gōngzī shuì 工资税
payment N zhīfù 支付
PDA N zhǎngshàng diànnǎo 掌上电脑
peace N hépíng 和平
Peace all year round! GR suìsuì píng'ān 岁岁平安
Peace is the best option yǐhé wéi guì 以合为贵
peaceful ADJ hépíngde 和平的
peach N táozi 桃子
peak, summit N shāndǐng/ dǐngfēng 山顶/顶峰
peak hours N gāofēng 高峰
peanut N huāshēngmǐ 花生米
pear N lí 梨
pearl N zhēnzhū 珍珠
peas N wāndòu 豌豆
peculiar, odd, weird ADJ guàiyìde/búzhèngchángde 怪异的/不正常的
peddler N hútòng chuànzǐ 胡同串子

pedestrian overpass N bùxíng tiānqiáo 步行天桥

pedestrian street N bùxíngjiē 步行街

pediatrician N érkēyīshēng 儿科 医生

peek, peep, to V tōukàn 偷看

peel, to V bāopí 剥皮

Peking Opera N jīngjù 京剧

pen N gāngbǐ 钢笔

penalty kick N diǎnqiú 点球

pencil N qiānbǐ 铅笔

penis N yīnjīng 阴茎

people N rén 人

people afflicted by a natural disaster N shòuzāi qúnzhòng 受灾群众

people living in absolute poverty N chìpín rénkǒu 赤贫人口

people of Chinese origin N yánhuáng zǐsūn 炎黄子孙

people-based management N rénxìnghuà guǎnlǐ 人性化管理

pepper (black) N hēi hújiāo 黑胡椒

pepper (chilli) N làjiāo 辣椒

Pepsi N bǎishìkělè 百事可乐

per-capita housing N rénjūn zhùfáng 人均住房

percent ADJ, ADV bǎifēn zhī ... 百分 之 ...

percentage N bǎifēnbǐ 百分比

perfect ADJ wánměi de 完美的

performance (show) N yǎnchū 演出

perfume N xiāngshuǐ 香水

perhaps ADV yěxǔ 也许

perhaps, probably ADV kěnéng 可能

period (end of a sentence) N jùhào 句号

period (menstrual) N yuèjīngqī 月经期

period (of time) N shíqī 时期

periodic employment N jiēduànxìng jiùyè 阶段性就业

permanent ADJ yǒngjiǔde 永久的

permanent envoy N chángzhù shǐjié 常驻使节

permanent international tribunal N chángshè guójì fǎtíng 常设 国际法庭

permanent representative N chángzhù dàibiǎo 常驻代表

permanent representative to the United Nations permit N Liánhéguó chángzhù dàibiǎo 联合国 常驻代表

permission N xǔkě/zhǔnxǔ 许可/准许

permit N xǔkězhèng 许可证

permit, to allow, to V yǔnxǔ/zhǔnxǔ 允许/准许

persistent vegetative state N zhíwùzhuàngtài 植物状态

person N rén 人

person in charge, authority N quánwēi 权威

personal ADJ gèrén de/sīrén de 个人 的/私人的

personal attack N rén shēn gōng jī 人身攻击

personal income tax N gèrén suǒdé shuì 个人所得税

personality N xìnggé 性格

perspire, to V chūhàn 出汗

persuade, convince, to V shuōfú/ quànfú 说服/劝服

pest N hàichóng 害虫

pesticide residue N nóngyào cánliúwu 农药残留物

pet (animal) N chǒngwù 宠物

pet clinic N chǒngwù yīyuàn 宠物 医院

pet craze N chǒngwùrè 宠物热

pet food N chǒngwù shípǐn 宠物食品

pet shop N chǒngwùdiàn 宠物店

petrol N qìyóu 汽油

petrol station N jiāyóuzhàn 加油站

Ph.D. candidate N bóshìshēng 博士生

Ph.D. supervisor N bódǎo 博导

pharmacy, drugstore N yàodiàn 药店

philanthropist N císhànjiā 慈善家

Philippines, the N Fēilǜbīn 菲律宾

phobia N kǒngjù 恐惧

photo album N xiězhēnjí 写真集

photocopy N fùyìnjiàn 复印件

photocopy, to V fùyìn 复印

photograph N zhàopiàn 照片

photograph, to V zhàoxiàng 照相

physical constitution N shēntǐ sùzhì 身体素质

physician N nèikēyīshēng 内科 医生

pick, choose, to V tiāoxuǎn 挑选

pick up, to (someone) V jiē 接

pick up, lift, to (something) V jiǎnqǐ 捡起

pickpocket N páshǒu/xiǎotōu 扒手/ 小偷

pickpocket, to V tōu qiánbāo 偷钱包

picnic N yěcān 野餐

picture N huàr 画儿

P

piece, item N jiàn/kuài 件/块
piece, portion, section N suìpiàn 碎片
pie N xiànbǐng 馅饼
pierce, penetrate, to V cìchuān 刺穿
pig N zhū 猪
pillow N zhěntou 枕头
pills N yàowǎn/yàopiàn 药丸/药片
pilot project N shìdiǎn gōngchéng/shìdiǎn xiàngmù 试点工程/试点项目
PIN (personal identity number) N gèrén mìmǎ 个人密码
pin N dàtóuzhēn 大头针
pineapple N bōluó 菠萝
ping-pong, table tennis N (game) pīngpāngqiú 乒乓球
pink ADJ fěnhóngsè 粉红色
pink-collar N fěnlǐng 粉领
pirated (copy illegally) ADJ dàobǎn 盗版
pitcher, jug N dà shuǐguàn 大水罐
pitcher (baseball) N tóushǒu 投手
pity N, V kělián 可怜
pity: what a pity! EXCLAM kěxī 可惜
pizza N bǐsà bǐng 比萨饼
place N dìfang 地方
place, put, to V fàng 放
plain (level ground) N píngyuán 平原
plain (not fancy) ADJ pǔsù 朴素
plan N jìhuà 计划
plan, to V dǎsuàn 打算
plane N 1 fēijī 飞机 2 (flat land) píngmiàn 平面
planet N xíngxīng 行星
planned economy N jìhuà jīngjì 计划经济
planning, arrangements N ānpái 安排
plant N zhíwù 植物
plant, to V zhòng 种
plant community N zhíwù qúnluò 植物群落
plantation N zhòngzhíyè 种植业
plasma TV N děnglízǐ diànshì 等离子电视
plastic N sùliào 塑料
plate N pánzi 盘子
platform ticket N zhàntái piào 站台票
platinum N báijīn 白金
platinum record N báijīn chàngpiān 白金唱片
play, to V wánr 玩儿

play around, to zhuīqiú xiǎngshòu 追求享受
play mah-jong, to V dǎ májiàng 打麻将
play one's trump card, to dǎchū wángpái 打出王牌
player of the national football team N guójiǎo 国脚
playground N cāochǎng/yóuxìchǎng 操场/游戏场
plead, to V biànhù/kěnqiú 辩护/恳求
pleasant ADJ lìng rén yúkuàide 令人愉快的
please (request for help) qǐng 请
pleased ADJ gāoxìng/mǎnyì 高兴/满意
pledge, to V shìyán/bǎozhèng 誓言/保证
plenary meeting N quántǐ huìyì 全体会议
plug (bath) N sāizi 塞子
plug (electric) N chātóu 插头
plum N lǐzi 李子
plumber N shuǐnuǎngōng 水暖工
pluralistic ADJ duōyuánhuà 多元化
pluralistic society N duōyuán shèhuì 多元社会
plus PREP jiāshàng 加上
pocket N kǒudài 口袋
point (in time) N shíkè 时刻
point, dot N jiānduān 尖端
point out, to V zhǐchū 指出
poison N dúyào 毒药
poisonous ADJ yǒudúde 有毒的
pole N gǎn/gān 杆/竿
police N gōng'ānjú/jǐngchájú 公安局/警察局
police officer N jǐngchá 警察
polish, to V cāliàng 擦亮
politburo N zhèngzhìjú 政治局
polite ADJ yǒu lǐmào 有礼貌
political persecution N zhèngzhì pòhài 政治迫害
political restructuring N zhèngzhì tǐzhì gǎigé 政治体制改革
politics N zhèngzhì 政治
poll tax N réntóushuì 人头税
pollution N wūrǎn 污染
pollution index N wūrǎn zhǐshù 污染指数
pool N chí/shuǐ chí 池/水池
poor (not rich) ADJ qióng 穷
poor-selling goods N zhìxiāo shāngpǐn 滞销商品
pop art N bōpǔ yìshù 波普艺术

pop culture N bōpǔ wénhuà 波普文化

popular ADJ liúxíng 流行

popularity N rénqì 人气

population N rénkǒu 人口

pork N zhūròu 猪肉

port N hǎigǎng 海港

portion, serving N yī fèn 一份

position N 1 wèizhì 位置 2 dìwèi 地位

possess, to V zhànyǒu 占有

possessions N suǒyǒu 所有

possible ADJ kěnéng 可能

possibly ADV kěnéngde 可能的

post, column N zhù 柱

post, mail, to V jì 寄

post-doctoral N bóshì hòu 博士后

post office N yóujú 邮局

postcard N míngxìnpiàn 明信片

poster N hǎibào/zhāotiē 海报/招贴

postpone, to V yánqī 延期

postponed, delayed ADJ tuīchí 推迟

pot N hú 壶

potato N tǔdòu/mǎlíngshǔ 土豆/马铃薯

poultry N jiāqín 家禽

pour, to V dào 倒

poverty relief N fúpín 扶贫

powder N fěnmò 粉末

power N lìliang 力量

power, authority N quánlì 权力

power shot (soccer) N jìngshè 劲射

Powerball (lottery) N qiánglìqiú 强力球

powerful ADJ qiángdàde 强大的

practice N, V liànxí 练习

praise N zànyáng 赞扬

praise, to V biǎoyáng 表扬

prawn N xiā 虾

pray, to V qídǎo 祈祷

prayer N qídǎo 祈祷

precaution N yùfáng 预防

precedent N xiānlì/pànlì 先例/判例

preconceived idea ADJ xiānrù wéi zhǔ 先入为主

predict, forecast, to V yùyán/yùcè 预言/预测

prefer, to V xǐ'ài 喜爱

pregnant ADJ huáiyùn 怀孕

pre-job training N jiùyè qián péixùn 就业前培训

prejudice, bias N piānjiàn 偏见

premarital sex N hūnqián xìngxíng-wéi 婚前性行为

premiere N (movie) shǒuyìng 首映, (show/performance) shǒuyǎn 首演

preparatory committee N chóu bèi wěiyuánhuì 筹备委员会

prepare, make ready, to V zhǔnbèi 准备

prepare for the worst, to V zuò zuìhuài de dǎsuàn 做最坏的打算

prepared, ready ADJ zhǔnbèihǎole 准备好了

preschool N yòu'éryuán 幼儿园

prescription N yàofāng 药方

present (here) ADJ xiànzài 现在

present (gift) N lǐwù 礼物

present, to V jǐyǔ/zéngyǔ 给予/赠与

present moment, at the ADJ mùqiánde 目前的

presenter; host N sīyí/zhǔchírén 司仪/主持人

presently, nowadays ADV xiànzài 现在

preservative N fángfǔjì 防腐剂

preserved, cured ADJ bèi jiāgōng chǔlǐ 被加工处理

president N zǒngtǒng 总统

press, journalism N xīnwénjiè 新闻界

press, to V yā 压

press box N jìzhěxí 记者席

press conference N jìzhěhuì 记者会

pressure N yālì 压力

pretend, to V jiǎzhuāng 假装

pretty (of places, things) ADJ měilì/měihǎo 美丽/美好

pretty (of women) ADJ qiào/piàoliang 俏/漂亮

pretty, very ADV xiāngdāng 相当

prevent, to V zǔzhǐ 阻止

previously ADV yǐqián/xiānqián 以前/先前

price, cost N jiàqián/jiàgé 价钱/价格

Price Bureau N wùjiàjú 物价局

price hike N tíjià 提价

price/performance ratio N xìngjià bǐ 性价比

priceless ADJ wújiàde 无价的

pride N zìháo/jiāo'ào 自豪/骄傲

priest N shénfù/mùshī 神父/牧师

prime minister N zǒnglǐ 总理

prime time N huángjīn shíduàn 黄金时段

Prince Charming N báimǎ wángzǐ 白马王子

principal N xiàozhǎng 校长

principle N yuánzé 原则

P

print, to (from computer) v dǎyìn 打印

priority N 1 yōuxiān(quán) 优先（权）2 zuìzhòngyào de shì 最重要的事

prison N jiānyù 监狱

prisoner of war (POW) N zhànfú 战俘

private ADJ sīrénde 私人的

private (secret) coffer N xiǎo jīnkù 小金库

private capital N mínjiān zīběn 民间资本

private economy N gètǐ jīngjì 个体经济

private enterprise N sīqǐ/sīrén qǐyè 私企/私人企业

private investor N sànhù 散户

privately owned enterprise N sīyíng qǐyè 私营企业

privilege N tèquán 特权

prize N jiǎng/jiǎngshǎng/jiǎngjīn 奖/奖赏/奖金

probably ADV dàgài 大概

problem N wèntí 问题

process N guòchéng 过程

produce, to v shēngchǎn 生产

product N chǎnpǐn/zhìpǐn 产品/制品

profession N zhíyè 职业

professional dedication N jìngyè jīngshén 敬业精神

professional manager N zhíyè jīnglǐrén 职业经理人

professional talent N zhuānmén réncái 专门人才

professional title N zhíchèn 职称

profit N lìrùn 利润

profit at others' expense, to v zhàn biànyí 占便宜

profit-before-everything ADJ wéilì shìtú 唯利是图

profiteer N dǎoyé 倒爷

profiteering N dǎomǎi dǎomài/bàolì 倒买倒卖/暴利

program, broadcast N guǎngbō 广播

program, schedule N jiémù 节目

programming (computer) N biānchéng 编程

project N xiàngmù 项目

projector N huàndēngjī/diànyǐng fàngyìngjī 幻灯机/电影放映机

prolonged political stability N chángzhì jiǔ'ān 长治久安

promise, to v dāyìng 答应

promotion (sale) N cùxiāo 促销

pronounce, to v fāyīn 发音

proof N zhèngjù 证据

proper ADJ shìdàngde/qiàdàngde 适当的/恰当的

property N cáichǎn 财产

property exhibition N fángzhǎn 房展

property management N wùyè guǎnlǐ 物业管理

property management company N wùyè gōngsī 物业公司

property owner N yèzhǔ 业主

property tax N cáichǎnshuì 财产税

proposal N 1 (suggestion) tíyì 提议 2 (marriage) qiúhūn 求婚

propose a toast, to v jǔbēi 举杯

prospects N qiánjǐng 前景

prostitute N sānpéi/jìnǚ 三陪/妓女

protective duty/tariff N bǎohù guānshuì 保护关税

protective umbrella N bǎohùsǎn 保护伞

protection N bǎohù 保护

protest, to v kàngyì 抗议

proud N jiāo'ào 骄傲

prove, to v zhèngmíng 证明

provincial capital N shěnghuì 省会

provisions N liángshi/shíwù 粮食/食物

provoke, arouse, to v jīnù/jīqǐ 激怒/激起

proxy server (Internet) N dàilǐ fúwùqì 代理服务器

prune N xīméigān 西梅干

pseudonym N bǐmíng 笔名

pub N jiǔbā 酒吧

public ADJ gōnggòng 公共

public holidays N gōngxiū/gōngzhòng jiàqī 公休/公众假期

public institution N shìyè dānwèi 事业单位

public price hearings N jiàgé tīngzhènghuì 价格听证会

public relations (PR) N gōngguān 公关

public reserve funds N gōngjījīn 公积金

public toilet N gōngcè 公厕

public welfare activities N gōngyì huódòng 公益活动

publish, to v chūbǎn 出版

pull, to v lā 拉

pulse N màibó 脉搏

pump N bèng 泵
pumpkin N nánguā 南瓜
punch machine N dǎkǎjī 打卡机
punching bag N chūqìtǒng 出气筒
punctual ADJ zhǔnshí 准时
pupil N xuésheng 学生
puppy love N zǎoliàn 早恋
purchase, buy, to V gòumǎi 购买
purchasing power N gòumǎilì 购买力
pure ADJ chúnde 纯的
purified water N chúnjìngshuǐ 纯净水
purple ADJ zǐsè 紫色
purpose N mùdì 目的
purse (for money) N qiánbāo 钱包
pursue, to V zhuīqiú 追求
push, to V tuī 推
pushcart N shǒutuīchē 手推车
put, place, to V fàng 放
put a label on, to V kòumàozi 扣帽子
put money in the bank, deposit, to N cúnkuǎn 存款
put off, delay, to V tuīchí 推迟
put on, to (clothes) V chuān 穿
put together, assemble, to V zhuāngpèi/zǔzhuāng 装配/组装
puzzle, riddle N mítí 谜题
puzzled ADJ shòu míhuò 受迷惑
pyjamas, pajamas N shuìyī 睡衣
pyramid N jīnzìtǎ 金字塔
pyramid sales; multi-level marketing (MLM) N chuánxiāo 传销

Q

Qi Gong (martial) N qìgōng 气功
Qingming Festival (Chinese All Souls Day) N qīngmíngjié 清明节
quadruple, to V fānliǎngfān 翻两番
quail N ānchún 鹌鹑
quake, tremble, to V chàndǒu 颤抖
qualification N zīgé 资格
quality of population N rénkǒu sùzhì 人口素质
quarantine N gélí jiǎnyì 隔离检疫
quark N kuākè 夸克
quarry N 1 cǎishíchǎng 采石场
  2 lièwù 猎物
quarter N sìfēnzhīyī 四分之一
quash, suppress, to V zhènyā 镇压
quay N mǎtóu 码头
queasy ADJ èxīnde/xiǎng ǒutù 恶心的/想呕吐
queen N nǚwáng 女王

queer, eccentric ADJ qíguài de 奇怪的
query N yíwèn/wèntí 疑问/问题
question N wèntí 问题
questionnaire N diàochá wènjuàn 调查问卷
queue, line up, to V páiduì 排队
quick ADJ kuài 快
quickly ADV hěnkuàide 很快地
quiet ADJ ānjìng 安静
quill N yǔmáo guǎn 羽毛管
quilt N bèizi 被子
quit, to V 1 (*activity*) fàngqì 放弃
  2 (*habit*) tíngzhǐ 停止
quite (fairly) ADV xiāngdāng 相当
quite (very) ADV díquè 的确
quiz N xiǎo cèyàn 小测验
Quran, Koran N Kělánjīng 可兰经

R

race N 1 (*contest*) bǐsài 比赛 2 (*ethnic*) zhǒngzú 种族
racquet N qiúpāi 球拍
radar N léidá 雷达
radiation N fúshè 辐射
radio N shōuyīnjī 收音机
radioactive ADJ fàngshèxìng 放射性
radioactive waste N fàngshèxìng fèiliào 放射性废料
radiology N fàngshè yīxué 放射医学
rage N dà nù/fènnù 大怒/愤怒
rail: by rail N zuò huǒchē 坐火车
railroad, railway N tiělù 铁路
rain N yǔ 雨
rain, to V xiàyǔ 下雨
rainbow N cǎihóng 彩虹
raincoat N yǔyī 雨衣
rainforest N yǔlín 雨林
raise, lift, to V tígāo 提高
raise, to (children) V fǔyǎng 抚养
raise fund, to V chóuzī 筹资
RAM (computer) N nèicún 内存
Ramadan (Muslim fasting month) N zhāiyuè 斋月
rank, station in life N dìwèi 地位
ranking N jíbié 级别
rape V, N qiángjiān 强奸
rapid response force N kuàisù fǎnyìng bùduì 快速反应部队
rare (scarce) ADJ xīyǒude 稀有的
rare (uncooked) ADJ bànshúde 半熟的
rare or endangered species N zhēnxī bīnwēi zhíwù 珍稀濒危植物

rarely, seldom ADV nándé/ǒu'ěr 难得/偶尔

rat N hàozi/lǎoshǔ 耗子/老鼠

rate, tariff N jiàgé/shuìzé 价格/税则

rate of exchange N duìhuànlǜ 兑换率

rather, fairly ADV bǐjiào 比较

rather than ADV nìngkě 宁可

raw, uncooked, rare ADJ shēngde 生的

ray N guāngxiàn 光线

reach, get to, to V dádào 达到

reach a new level, to V toshàngxīn táijiē 上新台阶

react to, to V qǐ fǎnyìng 起反应

reaction, response N fǎnyìng 反应

read, to V kànshū 看书

read-only-memory (ROM) N zhīdú cúnchǔqì 只读存储器

ready ADJ zhǔnbèihǎole 准备 好了

ready, to get ADV zhǔnbèi 准备

ready, to make zhǔnbèihǎo 准备好

real economy N shítǐ jīngjì 实体经济

real estate N fángdìchǎn 房地产

real estate management N fángguǎn 房管

realize, be aware of, to V yìshídào 意识到

really (in fact) ADV shíjì 实际

really, very ADV fēicháng 非常

really? EXCLAM zhēnde ma? 真的吗?

rear, tail N hòumiàn 后面

rear projection (TV) N bèitóu 背投

reason N yuányīn/qínglǐ 原因/情理

reasonable (price) ADJ gōngdào 公道

reasonable (sensible) ADJ héqínghélǐde 合情合理的

rebate N tuìkuǎn/huíkòu 退款/回扣

rebel N fǎnpàn 反叛

reboot, to V chóngxīn qǐdòng 重新 启动

recall, to V 1 xiǎngqǐ/huíyì 想起/回忆 2 (*goods*) shōuhuí 收回

receipt N shōujù 收据

receive, to V shōudào 收到

receive salary from the government, to V chī huángliáng 吃皇粮

recession N jīngjì shuāituì 经济衰退

recharge batteries, to V chōngdiàn 充电

rechargeable (phone) card N chōngzhíkǎ 充值卡

recipe N shípǔ 食谱

reclaim land from marshes, to V wéikēn zàotián 围垦造田

recognize, to V rènde 认得

recommend, to V tuījiàn 推荐

reconsider, think over, to V chóngxīn kǎolǜ 重新考虑

record N 1 jìlù 记录 2 chàngpiàn 唱片

recover (cured), to V kāngfú 康复

recreation N xiāoqiǎn/yúlè 消遣/娱乐

recycled paper N zàishēngzhǐ 再生纸

rectangle N chángfāngxíng 长方形

red N, ADJ hóngsè (de) 红色(的)

red chip stocks N hóngchóugǔ 红筹股

Red Cross, the N hóngshí zìhuì 红十字会

red paper containing money as a gift, bribe N hóngbāo 红包

red tides (in the ocean) N chìcháo 赤潮

reduce, to V jiàngjià 降价

reduce interest (finance), to V jiàngxī 降息

reduction N jiǎnshǎo 减少

re-employment N zàijiùyè 再就业

re-employment service center N zàijiùyè fúwù zhōngxīn 再就业服务中心

reflect, to V fǎnyìng 反映

refreshment, drink N yǐnliào 饮料

refrigerator N bīngxiāng 冰箱

refuse, to V jùjué 拒绝

refuse, trash, rubbish N fèiwù/lājī 废物/垃圾

regarding, about ADV yǒuguān 有关

regent N, ADJ shèzhèng 摄政

region N dìqū 地区

regional autonomy of ethnic minorities N mínzú qūyù zìzhì 民族区域自治

regional disparity N dìqū chāyì 地区差异

regional protectionism N dìfāng bǎohù zhǔyì 地方保护主义

register, to V guàhào 挂号

registered post N guàhàoxìn 挂号信

regret, to V yíhàn/hòuhuǐ 遗憾/后悔

regrettably ADV lìng rén yíhànde 令人遗憾的

regular, normal ADJ dìngqī/zhèngcháng 定期/正常

regular customer N huítóukè 回头客

rehearsal N páiliàn 排练

reigning world champion N wèimiǎn shìjiè guànjūn 卫冕世界冠军

reimburse, to V fùhuán/chánghuán 付还/偿还

reincarnation N zhuǎnshì 转世

relapse N fùfā/gùtàifùméng 复发/故态复萌

relatively well-off family N xiǎokāng zhī jiā 小康之家

relatives, family N qīnqi 亲戚

relax, to V fàngsōng 放松

release, to V shìfàng 释放

relief N 1 jiětòng 解痛 2 jiùjì 救济

religion N zōngjiào 宗教

remainder, leftover ADJ shèngxiàde 剩下的

remains (historical) N gǔjì 古迹

remarriage N zàihūn 再婚

remedy N 1 bǔjiù bànfǎ 补救办法 2 yàowù/zhìliáo 药物/治疗

remember, to V jìde 记得

remind, to V tíxǐng 提醒

reminiscences N huíyì 回忆

remittance N huìkuǎn 汇款

remorse N huǐhèn 悔恨

remote ADJ 1 yáoyuǎnde 遥远的 2 lěngdànde 冷淡的

remove, to V 1 nádiao 拿掉 2 páichú 排除

renewable ADJ kě zàishēngde 可再生的

renounce, to V pāoqì/fàngqì 抛弃/放弃

renovation N zhuāngxiū 装修

rent, to V zū 租

reorder, to V 1 chóngxīn dìnggòu 重新订购 2 chóngxīn ānpái 重新安排

reorganize, reform, to V gǎizǔ/gǎibiān 改组/改编

repair, to V xiū/xiūlǐ 修/修理

repay, to V 1 fùhuán/chánghuán 付还/偿还 2 bàodá 报答

repeat, to V 1 chóngfù 重复 2 chóngbō 重播

repeated offender N guànfàn 惯犯

repentance N chànhuǐ/àohuǐ 忏悔/懊悔

repellent N chúchóngjì 除虫剂

replace, to V dàitì 代替

replicate, to V fùzhì/zhòngzuò 复制/重做

reply, response N dáfù 答复

reply, to (in speech) V huídá 回答

reply, to (in writing) V fùxìn/dáfù 信信/答复

report N bàogào 报告

report, to V huìbào 汇报

report only the good but not the bad, to V bàoxǐ bù bàoyōu 报喜不报忧

reporter N jìzhě 记者

represent V 1 (*take sb's place*) dàibiǎo 代表 2 (*symbolize*) xiàngzhēng 象征

representative N dàibiǎo 代表

reprimand N, V qiǎnzé/chìzé 谴责/斥责

reprint N chóngyìn shū 重印书

republic N gònghéguó 共和国

request, to (formally) V yāoqiú 要求

request, to (informally) V qǐngqiú 请求

requirement N 1 tiáojiàn 条件 2 yāoqiú 要求 3 xūyàopǐn 需要品

reroute, to V gǎibiàn lùxiàn 改变路线

rescue, to V qiǎngjiù 抢救

rescue worker N jiùyuán rényuán 救援人员

research N yánjiū 研究

research, to V diàochá/yánjiū 调查/研究

resemble, to V xiàng/lèisì yú 象/类似于

resentment N yuànhèn/fènmèn 怨恨/愤懑

reservation N 1 bǎoliú 保留 2 (*tickets, room, etc*) yùdìng 预定

reserve (for animals) N bǎoliúdì 保留地

reserve, to (ask for in advance) V yùdìng 预订

reserve funds N bèiyòng zījīn/chǔbèi jījīn 备用资金/储备基金

residence community N zhùzhái xiǎoqū 住宅小区

resident, inhabitant N jūmín 居民

resident correspondent N chángzhù jìzhě 常驻记者

residue, remainder N shèngyú (wù) 剩余（物）

resign, quit work, to V cízhí 辞职

resist, to V 1 (*endure*) rěnzhù/dǐngzhù 忍住/顶住 2 (*defy*) dǐkàng 抵抗

resolution N 1 (*decision*) juéyì 决议 2 (*determination*) juédìng/juéxīn 决定/决心 3 (*settlement*) jiějué bànfǎ 解决办法

resolve, to (a problem) V jiějué 解决

resort N dùjià dì 度假地

resort, means N shǒuduàn 手段

resounding ADJ jí xiǎngliàngde 极
响亮的
resource N 1 zīyuán 资源 2 zīliào 资料
respect N zūnzhòng 尊重
respect, to V zūnjìng 尊敬
respirator N réngōng hūxīqì 人工
呼吸器
respite N chuǎnxī jīhuì 喘息机会
respond, react, to V fǎnyìng 反应
response, reaction N dáfù 答复
responsibility, duty N zérèn 责任
responsible, to be ADJ fùzé 负责
responsive ADJ 1 fǎnyìng kuàide 反应
快的 2 xiǎngyìngde 响应的
rest, remainder ADJ shèngyúde
剩余的
rest, relax, to V xiūxi 休息
restaurant N fànguǎn 饭馆
restless ADJ zuòwò búníngde 坐卧
不宁的
restore, to V 1 huīfù 恢复 2 xiūfù 修复
restrict, limit, to V xiànzhì 限制
restriction N xiànzhì 限制
restrain, to V yìzhì 抑制
restroom N xǐshǒujiān 洗手间
result N jiéguǒ/xiàoguǒ 结果/效果
resulting from, as a result ADV
jiéguǒ 结果
resurface, reappear, to V chóngxīn
chūxiàn 重新出现
resume, to V huīfù 恢复
résumé, CV N gèrén jiǎnlì 个人简历
resume secular life, to V huánsú
还俗
resuscitation N qiǎngjiù/fùsū 抢救/
复苏
retail N língshòu 零售
retaliate, to V dǎjī bàofù 打击报复
retarded ADJ ruòzhì de 弱智的
retch, puke, to V èxīn/zuò'ǒu 恶心/
作呕
reticent ADJ chénmòde/bù ài
shuōhuàde 沉默的/不爱说话的
retired ADJ tuìxiū 退休
retirement home N jìnglǎoyuàn
敬老院
retirement pension N tuìxiūjīn
退休金
retreat, to V 1 chètuì 撤退 2 wǎng-
hòu tuì 往后退
retribution N bàoyìng 报应
return, go back, to V huíqù 回去
return, give back, to V guīhuán 归还
return home, to V huíjiā 回家

return ticket N láihuípiào/wǎngfǎn
jīpiào 来回票/往返机票
reunion N tuánjù 团聚
revaluation (currency) tōnghuò
shēngzhí 通货升值
revalue, to V chóngxīn gūjià 重新
估价
reveal, make known, to V jiēshì/
tòulù 揭示/透露
reveal, make visible, to V zhǎnxiàn
展现
revenge N bàochóu/fùchóu 报仇/复仇
revenue tax; fiscal levy N cáizhèng
shuìshōu 财政税收
reverence N zūnjìng/chóngjìng 尊敬/
崇敬
reverse, back up, to V shǐ dǎotuì
使倒退
reversed, backwards ADJ
fǎnxiàngde 反向的
review, to V 1 (*evaluate*) fùchá/
jiǎnchá 复查/检查 2 (*revise*) fùxí
gōngkè 复习功课 3 (*write a review*)
pínglùn 评论
revolution N gémìng 革命
reward N bàochou/jiǎnglì 报酬/奖励
rewind, to V dǎo huí 倒回
rework, to V gǎibiān 改编
rheumatism N fēngshībìng 风湿病
rhinoceros, rhino N xīniú 犀牛
rhythm and blues (R&B) N jiézòu
bùlǔsī 节奏布鲁斯
rib N lèigǔ 肋骨
ribbon N sīdài 丝带
**ribbon cutting ceremony, to cut
the ribbon** N, V jiǎncǎi 剪彩
rice (cooked) N mǐfàn 米饭
rice (plant) N dàozi 稻子
rice (uncooked grains) N dàmǐ 大米
rice fields N dàotián 稻田
rich ADJ fùyùde 富裕的
rich man, tycoon N dàkuǎn 大款
rid: get rid of V jiěchú/bǎituō 解除/
摆脱
ride (in car), to V zuòchē 坐车
ride (bicycle), to V qí zìxíngchē 骑
自行车
ride (horse), to V qímǎ 骑马
ride (motorcycle), to V qí mótuōchē
骑摩托车
ride (transport), to V chéngchē 乘车
ridiculous ADJ kěxiàode/huāng-
tángde 可笑的/荒唐的
rifle N qiāng/bùqiāng 枪/步枪

right, correct ADJ zhèngquè 正确
right now ADV lìkè/mǎshàng 立刻/马上
right of silence N chénmòquán 沉默权
right-hand side N yòubiān 右边
righteousness N zhèngyì 正义
rights N quánlì 权利
rigorous ADJ yángéde 严格的
rind N guǒpí 果皮
ring (jewelry) N jièzhǐ 戒指
ring (bell), to V ànlíng 按铃
ring (on the telephone), to V dǎ diànhuà 打电话
rink N liūbīngchǎng 溜冰场
Rio de Janeiro N lǐyuērè'nèilú 里约热内卢
rip, tear, to V sīliè 撕裂
rip off, to V zǎi rén 宰人
rip off customers, to V zǎi kè 宰客
rip open, to V sīkāi 撕开
ripe ADJ shúde/shóude 熟的
ripples N wēibō 微波
rise, ascend, to V shàngshēng 上升
rise, increase, to V zēngjiā 增加
rising star, rookie (sports) N xīnxiù 新秀
risk N fēngxiǎn 风险
risk prevention mechanism N fēngxiǎn fángfàn jīzhì 风险防范机制
ritual N 1 lǐyí 礼仪 2 guànlì 惯例
rival N duìshǒu 对手
river N hé 河
riverbank N hé'àn 河岸
roach, cockroach N zhāngláng 蟑螂
road N lù 路
roadblock N lùzhàng 路障
road show N lùyǎn 路演
roam, wander about, to V xiánguàng 闲逛
roar V, N hǒujiào/páoxiào 吼叫/咆哮
roast, grill, to V kǎo 烤
roasted, grilled, toasted ADJ hōngkǎo 烘烤
rob Peter to pay Paul IDIOM chāi dōngqiáng bǔ xīqiáng 拆东墙补西墙
robbery N qiǎngjié 抢劫
robot N jīqì rén 机器人
rock N shítou 石头
rock, shake, to V yáodòng/zhèndòng 摇动/震动
rocket N huǒjiàn 火箭
rocking horse N yáodòng mùmǎ 摇动木马

rodent N nièchǐ dòngwù 啮齿动物
role N juésè 角色
roll, to V 1 gǔn/gǔndòng 滚/滚动 2 zhuàndòng 转动 3 juǎnqǐ 卷起
roll book N diǎnmíng cè 点名册
roller coaster N guòshānchē 过山车
romantic ADJ làngmàn de 浪漫的
roof N wūdǐng 屋顶
roof garden N wūdǐng huāyuán 屋顶花园
rookie, green hand N càiniǎo 菜鸟
room (in hotel) N fángjiān 房间
room (in house) N wū 屋
room, space N kōngjiān 空间
roommate N shì yǒu 室友
root (of plant) N gēn 根
rope N shéngzi 绳子
rosary N niànzhū 念珠
rose N méiguīhuā 玫瑰花
roster N zhíqínbiǎo 值勤表
rotation N 1 xuánzhuǎn 选转 2 lúnhuàn 轮换
rotten ADJ fǔlànde 腐烂的
rouge N yānzhi 胭脂
rough (not gentle) ADJ cūlǔde 粗鲁的
roughly, approximately ADV cūlüède 粗略的
roulette N lúnpándǔ 轮盘赌
round (shape) ADJ yuánxíngde 圆形的
round, around PREP huánrǎo 环绕
round-trip ADJ wǎngfǎn de 往返的
route N lùxiàn 线路
routine ADJ guànlì de/lìxíng de 惯例的/例行的
row, to V huá/huáchuán 划/划船
row, quarrel N, V chǎojià 吵架
rub, to V cā/mócā 擦/摩擦
rubber (eraser) N xiàngpícā 橡皮擦
rubber (material) N xiàngjiāo 橡胶
ruby N hóngbǎoshí 红宝石
rude ADJ wúlǐde 无礼的
rug N xiǎo dìtǎn 小地毯
rugby N gǎnlǎnqiú 橄榄球
ruin one's reputation, to V zá páizi/huǐdiào yī ge rén de míngyù 砸牌子/毁掉一个人的名誉
ruined, destroyed ADJ cuīhuǐ 摧毁
rules N guījù 规矩
rumor N yáochuán/yáoyán 谣传/谣言
run, to V pǎo 跑
run away, to V táopǎo 逃跑
run-up N zhùpǎo 助跑

runaway N líjiā chūzǒu de rén 离家出走的人

runway N jīchǎng de pǎodào 机场的跑道

rural area, country N xiāngxià 乡下

rural and small town enterprises N xiāngzhèn qǐyè 乡镇企业

rust N tiěxiù 铁锈

S

sack N yìng zhǐdài/cū yīdài 硬纸袋/粗衣袋

sack, to V jiěgù/kāichú 解雇/开除

sacred ADJ shénshèngde 神圣的

sacrifice N jìpǐn 祭品

sacrifice, to V xīshēng 牺牲

sacrifice sth minor to save sth major, to IDIOM diū-jū-bǎo-shuài 丢车保帅

sad ADJ nánguò 难过

saddle N 1 mǎ'ān 马鞍 2 chēzuò 车座

safari N yěwài guān shòu lǚxíng 野外观兽旅行

safe ADJ ānquán 安全

safe period N ānquánqī 安全期

Safe trip wherever you go! chūrù píng'ān 出入平安

safety N ānquán 安全

sail, to V hángxíng/kāichuán 航行/开船

sailor N shuǐshǒu/hǎiyuán 水手/海员

saint N shèngrén 圣人

salaried group; those who are paid wages N gōngxīn jiēcéng 工薪阶层

salary N gōngzī/xīnshuǐ 工资/薪水

sale (reduced prices) N dà jiànmài 大贱卖

sale, for ADJ chūshòu 出售

sales assistant N shòuhuòyuán 售货员

sales commission N tíchéng 提成

sales tax N xiāofèishuì 消费税

salt N yán 盐

salty ADJ xián 咸

salty biscuit, cracker N xián bǐnggān 咸饼干

salute N jìnglǐ 敬礼

same ADJ yīyàng 一样

sample N yàngběn 样本

sanction, to V zhìcái 制裁

sand N shāzi 沙子

sandals N liángxié 凉鞋

sandstorm N shāchénbào 沙尘暴

Santa Claus N Shèngdàn Lǎorén 圣诞老人

SARS (Severe Acute Respiratory Syndrome) N fēidiǎn 非典

satellite navigation N wèixīng dǎohang 卫星导航

satellite town N wèixīngchéng 卫星城

satisfied ADJ mǎnyìde 满意的

satisfy, to V mǎnzú 满足

Saturday N Xīngqīliù 星期六

sauce N tiáowèizhī 调味汁

sauce (chilli) N làjiāojiàng 辣椒酱

sauna N sāngná(yù) 桑拿(浴)

save, keep, to V cún 存

savings for purchases N chǔbì dàigòu 储币待购

say, to V shuō 说

say goodbye, to V dàobié 道别

say hello, to V dài wènhǎo 代问好

say sorry, to V dàoqiàn 道歉

say thank you, to V dàoxiè 道谢

scales N chèng/tiānpíng 秤/天平

scanner N sǎomiáo zhuāngzhì 扫描装置

scar N shāngbā/bāhén 伤疤/疤痕

scarce ADJ bùzúde/quēfáde 不足的/缺乏的

scare, fright N jīngxià/kǒnghuāng 惊吓/恐慌

scared ADJ hàipà 害怕

scenery N zìrán fēngjǐng 自然风景

schedule N shíkèbiǎo/rìchéngbiǎo 时刻表/日程表

scholarship N jiǎngxuéjīn 奖学金

school N xuéxiào 学校

school motto N xiàoxùn 校训

schoolchild N zhōng/ xiǎoxuéshēng 中/小学生

science N kēxué 科学

science fiction N kēhuàn 科幻

scissors N jiǎndāo 剪刀

score N 1 (*exam*) fēnshù 分数
2 (*games*) bǐfēn/défēn 比分/得分
3 (*music*) yuèpǔ 乐谱

Scotland N Sūgélán 苏格兰

Scots N Sūgélánrén 苏格兰人

Scottish (in general) ADJ Sūgélánde 苏格兰的

scout N tóngzǐjūn 童子军

scratch, to V 1 sāo 搔 2 zhuā/huáshāng 抓/划伤

scream, to V jiānjiào/jiàohǎn 尖叫/叫喊

screen (of computer) N píngmù 屏幕

screwdriver N qǐzi/luósīdāo 起子/螺丝刀

scrub, to V cāxǐ 擦洗

sculpt, to V diāo/kè/sù 雕/刻/塑

sculpture N diāosù 雕塑

sea N hǎi 海

seafood N hǎixiān 海鲜

seal N hǎibào 海豹

seal, to V fēngbì/mìfēng 封闭/密封

seam N xiànfèng 线缝

seamless network N wú fèng wǎngluò 无缝网络

search for, to V xúnzhǎo 寻找

search engine N sōusuǒ yǐnqíng 搜索引擎

season N jìjié 季节

seat N zuòwèi 座位

second (in sequence) ADJ dì'èr 第二

second (instant) N miǎo 秒

second-hand goods N èrshǒu shāngpǐn 二手商品

second-hand house N èrshǒufáng 二手房

second-hand smoking N èrshǒuyān 二手烟

secondary industry N dì-èr chǎnyè 第二产业

section N 1 bùfen/duàn 部分/段 2 bùmén 部门

secret N mìmì 秘密

secret, to keep a V bǎomì 保密

secretary N mìshū 秘书

secure, safe ADJ ānquán 安全

securities trader N quànshāng 券商

security N 1 ānquán 安全 2 bǎozhàng 保障

Security Council N ānlǐhuì 安理会

security door N fángdàomén 防盗门

see, to V kànjiàn 看见

see you later! EXCLAM huítóu jiàn 回头见

seed N zhǒngzi 种子

Seeing is believing IDIOM bǎiwén bùrú yījiàn 百闻不如一见

seek, to V zhǎo/zhuīqiú 找/追求

seek truth from facts, to V shí shì qiú shì 实事求是

seem, to V sìhū 似乎

seismic zone N zhènqū 震区

seize, to V zhuāzhù 抓住

seize the opportunity, to V zhuāzhù jīyù 抓住机遇

seldom ADV hěn shǎo 很少

select, to V tiāoxuǎn 挑选

self N zìjǐ 自己

self-deception N āQ jīngshén 阿Q精神

self-governance; self-governing N, ADJ zìzhì 自治

selfish ADJ zìsī de 自私的

self-protection N zìwǒ bǎohù 自我保护

self-respect, self-esteem N zìzūn 自尊

self-run, self-operated ADJ zìyíng 自营

self-service ADJ zìzhù 自助

self-service ticketing N wúrén shòupiào 无人售票

self-sufficient ADJ zìzú 自足

self-sufficient economy N zìzú jīngjì 自足经济

sell, to V mài 卖

sell-off N chǔlǐ cúnhuò 处理存货

seller's market màifāng shìchǎng 卖方市场

selling point N fúwù tèsè 服务特色

semi-literate N, ADJ bànwénmáng 半文盲

semifinals N bànjuésài 半决赛

seminar N yántǎohuì 研讨会

Senate, the N cānyìyuàn 参议院

senator N cānyìyuán 参议员

send, to V sòng 送

senior N niánzhǎngzhe/qiánbèi 年长者/前辈

sensationalize, to V shānqíng 煽情

sense N 1 gǎnjué 感觉 2 lǐjiě 理解

sensible ADJ héqínglǐde/míngzhì 合情理的/明智

sentence N jùzi 句子

separate ADJ fēnlíde 分离的

separate, to V fēnkāi 分开

September N Jiǔyuè 九月

sequel N xùjí 续集

sequence, order N cìxù 次序

serfdom N nóngnúzhì 农奴制

serial (on TV) N diànshì liánxùjù 电视连续剧

series N xìliè 系列

serious (not funny) ADJ yánsù 严肃

serious, severe ADJ yánzhòng 严重

servant N yòngrén 佣人

serve, to V wèi ... fúwù 为 ... 服务

server N fúwù qì 服务器

service N fúwù 服务

service industry N fúwù hángyè 服务行业

S

service sector N dì-sān chǎnyè
第三产业

serving, portion N yī fèn shíwù
一份食物

sesame oil N máyóu 麻油

sesame seeds N zhīmá 芝麻

set N tào 套

set a good example, to V zuò hǎo
bǎngyang 做好榜样

set the tone, to V dìngdiàozi 定调子

**settle disputes and bring about
peace, to** V xīshì níngrén 息事宁人

settlement N 1 jiézhàng/chánghuán
结账/偿还 2 dìngjū 定居 3 xiéyì 协议

settling-in allowance N ānjiāfèi
安家费

seven NUM qī 七

seventeen NUM shíqī 十七

seventy NUM qīshí 七十

sever, to V qiēduàn/duànjué 切断/
断绝

several PRON, ADJ jǐ 几

severe ADJ yánlì 严厉

sew, to V féng 缝

sewage treatment N wūshuǐ chǔlǐ
污水处理

sex, gender N xìngbié 性别

sex, sexual activity N xìng xíngwéi
性行为

sexual discrimination N xìngbié
qíshì 性别歧视

sexual harassment N xìngsāorǎo
性骚扰

shack N péngliáo 棚寮

shade N yīnliángchù 阴凉处

shadow N yǐngzi 影子

shadow play N píyǐngxì 皮影戏

shake, to V yáo 摇

shake something, to V yáohuǎng
摇晃

shall, will V jiāngyào 将要

shallow ADJ qiǎn 浅

shame, disgrace N xiūchǐ 羞耻

shame: what a shame! N, EXCLAM
zhēn diūliǎn! 真丢脸

shampoo N xǐfàjì 洗发剂

Shanghai N Shànghǎi 上海

Shangri-La N shìwài táoyuán 世外桃
源; Xiānggélǐlā 香格里拉

shape N xíngzhuàng 形状

shape, to form V xíngchéng 形成

share capital N gǔběn 股本

**shareholding system; joint-stock
system** N gǔfènzhì 股份制

sharing costs N chéngběn fèntān
成本分摊

shark N shāyú 鲨鱼

sharp ADJ jiānruì 尖锐

shatter, break, to V nònghuài 弄坏

shattered, broken ADJ dǎpòle 打破

shave, to V guā húzi 刮胡子

shawl N pījiān dà wéijīn 披肩大围巾

she, her PRON tā 她

shed N gōngjùfáng/kùfáng 工具房/
库房

sheep N yáng 羊

sheet (for bed) N chuángdān 床单

sheet (of paper) N zhǐzhāng 纸张

shelf (storage) life N bǎozhìqī
保质期

shift N 1 (change) 转变 zhuǎnbiàn
2 (work roster) 班 bān

shin N lèibù/xiǎotuǐ 肋部/小腿

shine, to V shǎnyào/zhàoshè 闪耀/
照射

Shinkansen, bullet train N
xīn'gànxiàn 新干线

Shinto N Shéndào 神道

shiny ADJ fāliàng 发亮

ship N chuán 船

shipping service company N
chuánwù gōngsī 船务公司

shirt N chènshān 衬衫

shit N shǐ 屎

shiver, to V fādǒu 发抖

shock N 1 zhènjīng 震惊 2 zhèndòng
震动

shoes N xié 鞋

shoot, to (with a gun) V kāiqiāng
开枪

shop, go shopping, to V gòuwù/mǎi
dōngxi 购物/买东西

shop, store N shāngdiàn 商店

shopkeeper N diànzhǔ

shoplifting N shāngdiàn huòwù
páqiè 商店货物扒窃

shore N hǎi'àn/húpàn 海岸/湖畔

short, concise ADJ duǎn 短

short (not tall) ADJ ǎi 矮

short time, a moment N duǎnzàn
短暂

short in size ADJ duànmǎ 断码

shorthanded ADJ rénshǒu bùgòude
人手不够的

shortlist, to V rùwéi míngdān 入围
名单

shorts (short trousers) N duǎnkù
短裤

shorts (underpants) N duǎnnèikù/hànkù 短内裤/汗裤

short-sighted ADJ jìnshì de 近视的

should V yīnggāi 应该

shoulder N jiānbǎng 肩膀

shout, to V hūhǎn 呼喊

show, live performance N biǎoyǎn 表演

show, to V gěi ... kàn 给 ... 看

show off, to V chū fēngtou 出风头

show special preference, to V qíngyǒudú zhōng 情有独钟

shower (for washing) N línyù 淋浴

shower (of rain) N zhènyǔ 阵雨

shower, to take a V xǐ ge línyù 洗个淋浴

shrimp, prawn N xiǎoxiā 小虾

shrink, to V suō/suōxiǎo 缩/缩小

shut ADJ guānbì 关闭

shut, to V guānshàng 关上

shuttle bus N bānchē 班车

shuttle diplomacy N chuānsuō wàijiāo 穿梭外交

shy ADJ hàixiū de 害羞的

sibling N xiōngdìjiěmèi 兄弟姐妹

sick, ill ADJ bìngle 病了

sick, to be (vomit) ADJ ǒutù 呕吐

side N pángbiān 旁边

sidelights N cèjì 侧记

sigh, to V tànqì/tànxī 叹气/叹息

sightseeing N guān'guāng 观光

sightseeing lift N guānguāng diàntī 观光电梯

sign, road N lùbiāo 路标

sign, symbol N biāojì 标记

sign, to V qiānmíng 签名

signal N xìnhào 信号

signature N qiānmíng 签名

signature dishes N zhāopáicài 招牌菜

signboard N zhāopái 招牌

signing ceremony N qiānyuē yíshì 签约仪式

silent ADJ chénmòde 沉默的

Silicon Valley N guīgǔ 硅谷

silk N sīchóu 丝绸

silly ADJ yúchǔnde/shǎde 愚蠢的/傻的

silver N, ADJ yín 银

similar ADJ xiāngsìde 相似的

similar product N tónglèi chǎnpǐn 同类产品

simple, easy ADJ róngyì 容易

simple, uncomplicated ADJ jiǎndān 简单

simultaneous interpretation N tóngshēng chuányì 同声传译

sin N zuì/zuìniè 罪/罪孽

since PREP, CONJ zìcóng 自从

sincere ADJ zhēnchéngde 真诚的

sing, to V chànggē 唱歌

Singapore N Xīnjiāpō 新加坡

Singaporean (in general) ADJ Xīnjiāpōde 新加坡的

Singaporean (people) N Xīnjiāpōrén 新加坡人

single (only one) ADJ dānyī 单一

single (not married) N dānshēn guìzú 单身贵族

single market N tǒngyī shìchǎng 统一市场

single mother N dānshēn mǔqīn 单身母亲

single product economy N dānyī jīngjì 单一经济

single-parent family N dānqīng jiātíng 单亲家庭

sink, to V xiàchén 下沉

sink N xǐdí chí 洗涤池

sip, to V xiǎokǒu hē/chuòyǐn 小口喝/啜饮

sir (term of address) N xiānsheng 先生

sister (older) N jiějie 姐姐

sister (younger) N mèimei 妹妹

sister-in-law (wife of husband's older brother) N sǎozi 嫂子

sister-in-law (wife of husband's younger brother) N dìxí/dìmèi 弟媳/弟妹

sister-in-law (wife of one's older/younger brother) N jiùsǎo 舅嫂

sister-in-law (wife's older sister) N yíjiě 姨姐

sister-in-law (wife's sister) N yízi 姨子

sister-in-law (wife's younger sister) N yímèi 姨妹

sit down, to V zuòxiàlái 坐下来

sit for postgraduate entrance exams, to V kǎoyán 考研

sit idle, to V zuòshì bù guǎn 坐视不管

sit on the fence, to IDIOM cǎiqǔ wú shuāngfāng 采取无双方

site N dìfang/dìdiǎn 地方/地点

situated, to be ADV wèiyú 位于

situation, how things are N qíngkuàng 情况

six NUM liù 六
sixteen NUM shíliù 十六
sixty NUM liùshí 六十
size N dàxiǎo 大小
size up the situation, to V shěnshí duóshì 审时度势
skateboard N huábǎn 滑板
skeleton N gǔjià/gǔgé 骨架/骨骼
sketch N sùmiáo/sùxiě 素描/速写
sketchy ADJ cūlüè de 粗略的
skewer N chuànròuqiān 串肉扦
skid, to V dǎhuá 打滑
skillful ADJ shúliànde 熟练的
skin N pífū 皮肤
skirt N qúnzi 裙子
skive on the job, dawdle along, to V móyánggōng 磨洋工
sky N tiānkōng 天空
slack ADJ 1 qīngdànde 清淡的 2 sōngde 松的
slam, to V 1 shǐjìn guānmén 使劲关门 2 pēng de diūxià 砰的丢下
slap N yībāzhǎng/jièrguāng 一巴掌/记耳光
sled N xuěqiāo 雪橇
sleep, to V shuìjiào 睡觉
sleepless city, ever-bright city N búyèchéng 不夜城
sleepy ADJ kùn 困
sleeve N yīxiù 衣袖
slender ADJ miáotiáode 苗条的
slice, piece N piàn 片
slice, to V qiēpiàn/gē 切片/割
slide, to V 1 huá 滑 2 xiàhuá/xiàjiàng 下滑/下降
slight ADJ shǎoxǔ/xiēwēi 少许/些微
slightly, bit ADV yīdiǎnr/shāowēi 一点儿/稍微
slim ADJ xìchángde 细长的
slippers N tuōxié 拖鞋
slippery ADJ huáde/guānghuáde 滑的/光滑的
slogan N biāoyǔ/kǒuhào 标语/口号
slope N shānpō 山坡
slow ADJ màn 慢
slowly ADV mànmānde 慢慢地
sluggish in working ADJ tuōlā zuòfēng 拖拉作风
sluggish market N shìchǎng píruǎn 市场疲软
slump, to V 1 bàodiē/jíjù xiàjiàng 暴跌/急剧下降 2 tūrán dǎoxià 突然倒下
sly ADJ jiǎohuá de 狡猾的

small ADJ xiǎo 小
smart ADJ cōngmíng 聪明
smartphone N zhìnéng shǒujī 智能手机
smash (a ball), to V dàlì kòushā 大力扣杀
smell, bad odor N chòuwèi 臭味
smell, to V wén 闻
smile, to V xiào 笑
smoke N yān 烟
smoke (tobacco), to V chōuyān 抽烟
smooth (of surfaces) ADJ pínghuáde 平滑的
smooth (unproblematic) ADJ shùnlì 顺利
SMS, Short Message Service N duǎnxìn (fúwù) 短信(服务)
smuggle (illegal goods), to V zǒuzī 走私
smuggled goods N shuǐhuò 水货
snack N diǎnxin 点心
snag N xiǎo gùzhàng 小故障
snake N shé 蛇
snakehead (criminal) N shétóu 蛇头
snapped (of bones, etc.), broken ADJ zhéduànle 折断了
sneeze N pēntì 喷嚏
sneeze, to V dǎ pēntì 打喷嚏
snitch, telltale N dǎxiǎo bàogào de rén 打小报告的人
snow N xuě 雪
snow, to V xiàxuě 下雪
Snow White N báixuě gōngzhǔ 白雪公主
snowpeas N hélándòu 荷兰豆
so (degree) ADV zhème/nàme 这么/那么
so, therefore CONJ suǒyǐ 所以
so that CONJ yǐzhì 以致
soak, to V jìn/jìnpào 浸/浸泡
soap N féizào 肥皂
sober ADJ qīngxǐngde 清醒的
soccer N zúqiú 足球
soccer fraud N jiǎqiú 假球
soccer team N zúqiúduì 足球队
social ADJ shèjiāo de 社交的
social network N shèjiāowǎng 社交网
social security system N shèhuì bǎozhàng zhìdù 社会保障制度
social welfare lotteries N shèhuì fúlì cǎipiào 社会福利彩票
socket (electric) N chāzuò 插座
socks N wàzi 袜子
sofa, couch N shāfā 沙发

soft ADJ ruǎn 软

soft drink N qìshuǐ 汽水

soft landing (economics) N ruǎnzhuólù 软着陆

soft news N ruǎnxīnwén 软新闻

software (computer) N ruǎnjiàn 软件

soil acidification N tǔdìsuānhuà 土地酸化

soil erosion N shuǐtǔ liúshī 水土流失

soil-less cultivation N wútǔ zāipéi 无土栽培

solar ADJ tàiyáng de 太阳的

sold ADJ màidiào 卖掉

sold out ADJ màiwán 卖完

soldier N shìbīng 士兵

sole, only ADJ zhǐshì/wéiyī 只是/唯一

solicitor N fǎwùguān 法务官

solid ADJ gùtǐde 固体的

Solidarity is strength IDIOM tuánjié jiù shì lìliàng 团结就是力量

solo concert N gèrén yǎnchànghuì 个人演唱会

solution N 1 (*method*) jiějué 解决 2 (*key to questions*) jiědá/dá'àn 解答/答案 3 (*liquid*) róngyè/róngjiě 溶液/溶解

solve, to (a problem) V jiějué 解决

solvency N chángfù nénglì 偿付能力

some PRON, ADJ yīxiē/jǐge 一些/几个

somebody, someone PRON yǒurén 有人

something PRON shénme 什么

sometimes ADV yǒushí 有时

somewhere ADV shénme dìfang/ mǒuchù 什么地方/某处

son N érzi 儿子

son-in-law N nǚxu 女婿

song N gē 歌

soon ADV bùjiǔ 不久

Sooner or later, the truth will out IDIOM zhǐ bāobúzhù huǒ 纸包不住火

sore, painful ADJ tòng/suāntòng 痛/酸痛

sorrow N bēi'āi 悲哀

sorry, to feel regretful ADJ hòuhuǐ 后悔

sorry! EXCLAM duìbùqǐ/bàoqiàn 对不起/抱歉

sort, type N zhǒnglèi 种类

sort out, deal with, to V jiějué 解决

SOS N jǐnjí qiújiù xìnhào 紧急求救信号

sound ADJ 1 jiànquánde 健全的 2 hélǐde 合理的

sound, noise N shēngyīn 声音

soup (clear) N qīngtāng 清汤

soup (spicy stew) N tāng/chóutāng 汤/稠汤

sour ADJ suān 酸

source N chūchù/láiyuán 出处/来源

south N, ADJ nánbiān 南边

South Korea N Hánguó 韩国

southeast N, ADJ dōngnán 东南

southwest N, ADJ xī'nán 西南

souvenir N jìniànpǐn 纪念品

soy, soya N huángdòu 黄豆

soy sauce (salty) N xián jiàngyóu 咸酱油

soy sauce (sweet) N tián jiàngyóu 甜酱油

spa N kuàngquán liáoyǎngdì 矿泉疗养地

space N kōngjiān/dìfang 空间/地方

space station N kōngjiān zhàn 空间站

space trash N tàikōng lājī 太空垃圾

spacecraft N hángtiān fēijī 航天飞机

spacious ADJ kuānchang 宽敞

spanking N dǎ pigu 打屁股

spare parts N líng pèijiàn/bèijiàn 零配件/备件

speak, to V jiǎng/shuō 讲/说

speak frankly, to V dǎkāi tiānchuāng shuō liànghuà 打开天窗说亮话

Speak of the devil and he does appear IDIOM shuō cáocāo cáocāo dào 说曹操曹操到

speak the plain truth, to V shíhuà shíshuō 实话实说

special ADJ tèbié 特别

special administrative region (SAR) N tèbié xíngzhèngqū 特别行政区

special coverage N zhuāntí bàodào 专题报道

special state allowance N guójiā jítèshū jīntiē 国家级特殊津贴

species N zhǒng/wùzhǒng 种/物种

spectacles, eye-glasses N yǎnjìng 眼镜

speculate in foreign exchange, to V chǎohuì 炒汇

speech N jiǎnghuà 讲话

speech, to make a V yǎnjiǎng 演讲

speed N sùdù 速度

spell, to V yòng zìmǔ pīnxiě 用字母拼写

spend, to v huāqián 花钱

spices N xiāngliào 香料

spicy ADJ jiā xiāngliàode/xīnglàde 加香料的/辛辣的

spider N zhīzhū 蜘蛛

spinach N bōcài 菠菜

spine N jílianggǔ 脊梁骨

spiral ADJ luóxuánxíngde 螺旋形的

spirits, hard liquor N lièjiǔ 烈酒

splash, to v jiàn/pō 溅/泼

split up, divide, to v fēnkāi 分开

spoiled, broken, does not work ADJ huàile 坏了

spoiled (of children) ADJ chǒnghuàide 宠坏的

spoiled (of food) ADJ biànwèide 变味的

spokesperson N hóushé 喉舌

sponge N hǎimián 海棉

sponsorship N 1 zànzhù 赞助 2 chàngyì 倡议

spontaneous ADJ zìfā 自发

spoon N sháozi 勺子

sports N yùndòng 运动

sports drink N yùndòng yǐnliào 运动饮料

sports lotteries N tǐyù cǎipiào 体育彩票

spot check N chōujiǎn 抽检

spotted (pattern) ADJ yǒu bāndiǎnde 有斑点的

spouse N pèi'ǒu 配偶

sprain N niǔshāng 扭伤

spray N pēnwùqì 喷雾器

spread, to v 1 tú 涂 2 chuánkāi/chuánbō 传开/传播 3 pūkāi/tānkāi 铺开/摊开

spring (metal part) N tánhuáng 弹簧

spring (water) N kuàngquánshuǐ 矿泉水

spring (season) N chūntiān 春天

spy N jiàndié/mìtàn 间谍/密探

square (shape) N zhèngfāngxíng 正方形

square, town square N guǎngchǎng 广场

squeeze, to v jǐ/jǐyā 挤/挤压

squid N yóuyú 鱿鱼

stab, to v cìshāng/tǒng 刺伤/捅

stabilize prices, to v wěndìng wùjià 稳定物价

stable ADJ wěndìng de 稳定的

stable N mǎjiù 马厩

stadium N tǐyùchǎng/yùndòngchǎng 体育场/运动场

staff N gōngzuò rényuán 工作人员

stain N wūdiǎn 污点

stairs N lóutī 楼梯

stale ADJ bù xīnxiande 不新鲜的

stall (of vendor) N tānzi 摊子

stall (car), to v xīhuǒ 熄火

stamp (ink), to v gàizhāng 盖章

stamp (postage) N yóupiào 邮票

stand, to v zhàn 站

stand up to v miànduì 面对

standard N biāozhǔn/shuǐzhǔn 标准/水准

standing committee N chángwěihuì 常委会

standing-room-only ticket N zhàn-piào 站票

staple, main crop N zhǔshí 主食

star N xīngxīng 星星

Star Wars N xīngqiú dàzhàn 星球大战

stare, to v dīngzhe kàn/zhùshì 盯着看/注视

start, beginning N kāishǐ 开始

start (machine), to v qǐdòng 起动

start a solo run, to v dāndāo fùhuì 单刀赴会

start from scratch, to v cónglíng kāishǐ 从零开始

starting blocks (sports) N qǐpǎoqì 起跑器

starting lineup (sports) N shǒufā zhènróng 首发阵容

starve, to v shǐ jī'è 使饥饿

state N 1 (situation) zhuàngtài/qíngkuàng 状态/情况 2 (part of country) zhōu/bāng 州/邦

state-controlled company N guójiā kònggǔ gōngsī 国家控股公司

state-operated commerce N guān shāng 官商

state-owned shares N guóyǒugǔ 国有股

station N 1 zhàn/chēzhàn 站/车站 2 diànshìtái/píndào 电视台/频道

stationery N wénjù 文具

statue N diāoxiàng 雕像

status, condition N zhuàngtài/qíngkuàng 状态/情况

stay, remain, to v liúxià 留下

stay idle, to v chī xiánfàn 吃闲饭

stay out of trouble, to v bùrě shìfēi 不惹是非

stay overnight, to v liúsù/guòyè 留宿/过夜

steak N niúròupái 牛肉排

steal, to v tōu 偷

steam N zhēngqì 蒸汽

steamed ADJ zhēngde 蒸的

steel N gāngtiě 钢铁

steep ADJ dǒu/dǒuqiàode 陡/陡峭的

steer, to v jiàshǐ 驾驶

stem cell N gànxìbāo 干细胞

step N bù 步

step by step ADJ xúnxù jiànjìn 循序渐进

steps, stairs N táijiē 台阶

stern ADJ yánlìde/kēkède 严厉的/苛刻的

stew in one's own juice PHR zìzuò zìshòu 自作自受

stick, pole N gùn 棍

stick out, to v tūchū 突出

stick to, to v jiānchí 坚持

sticky ADJ niánxìngde 粘性的

sticky rice N nuòmǐ 糯米

stiff ADJ yìngde 硬的

still, even now ADV réngrán 仍然

still, quiet ADJ píngjìngde 平静的

sting N dīng/cì 叮/刺

stingy ADJ lìnsè 吝啬

stink, to v fāchòu 发臭

stitch, to v féng/fénghé 缝/缝合

stockholder N gǔmín 股民

stomach, belly N dùzi 肚子

stone N shítou 石头

stool N dèngzi 凳子

stoop, to v wānyāo/fǔshēn 弯腰/俯身

stop (bus, train) N zhàn 站

stop, to cease v tíng 停

stop, halt, to v tíngzhǐ 停止

stop by, pay a visit, to v shùnlù bàifǎng 顺路拜访

stop it! EXCLAM bié zài zhèyàng 别再这样

storage and transport N chǔyùn 储运

storage capacity N cúnchǔ nénglì 存储能力

store, shop N shāngdiàn 商店

store, to v chǔzáng 储藏

storm N fēngbào 风暴

story (of a building) N céng/lóu 层/楼

story (tale) N gùshi 故事

stout ADJ zhuàngshí 壮实

stove, cooker N lúzi 炉子

straight (not crooked) ADJ zhíde 直的

straight ahead ADV yīzhí zǒu 一直走

strain N 1 lālì/zhānglì 拉力/张力 2 yālì/jiāolù 压力/焦虑

strait N hǎixiá 海峡

strange ADJ qíguài 奇怪

stranger N mòshēngrén 陌生人

strategic partnership N zhànlüè huǒbàn guānxì 战略伙伴关系

strawberry N cǎoméi 草莓

stray, to v 1 (be lost) mílù 迷路 2 (digress) piānlí huàtí 偏离话题

stream N xiǎo hé/xīliú 小河/溪流

street N jiē 街

strength N lìliang 力量

stressful ADJ hěn jǐnzhāngde/yālì hěn dàde 很紧张的/压力很大的

stretch, to v 1 lācháng 拉长 2 shēnzhǎn/miányán 伸展/绵延 3 shēn lǎnyāo 伸懒腰

strict ADJ yán'gé 严格

stride N dàbù/kuòbù 大步/阔步

strike, hit, to v dǎjī 打击

strike, beat, to v qiāodǎ 敲打

strike, to go on v bàgōng 罢工

strike (baseball) N hǎoqiú 好球

strike a balance (accounting), to v chōngzhàng 冲帐

strike first to gain an advantage; catch the ball before the bound IDIOM xiān xiàshǒu wéi qiáng 先下手为强

Strike while the iron is hot IDIOM chèn-rè-dǎ-tiě 趁热打铁

string N shéngzi 绳子

strip, to v tuō 脱

strip N yìtiáo 一条

striped ADJ yǒutiáowéndé 有条纹的

strive for a relatively comfortable life, to v bēnxiǎokāng 奔小康

stroke N 1 (heart attack) zhòngfēng/xuèguǎn pòliè 中风/血管破裂 2 (games) jīqiú 击球 3 (writing) yì bǐ 一笔 4 (clock) yì xiǎng 一响

stroke, to v 1 (hit) jīqiú 击球 2 (caress) qīngqīng fǔmō 轻轻抚摸

stroll N, v sànbù 散步

strong ADJ qiángzhuàng 强壮

struggle N fèndòu 奋斗

stubborn, determined ADJ wángù/jiānjué 顽固/坚决

stuck, won't move ADJ xiànzhù 陷住

student N xuésheng 学生

S

student loan N dàixuéjīn 贷学金

studio apartment N dān jiān gōngyù 单间公寓

study, learn, to V xué/xuéxí 学/学习

study abroad at one's own expense, to V zìfèi liúxué 自费留学

stuffy ADJ kōngqì bù liútōngde/mènde 空气不流通的/闷的

stumble, to V 1 (trip over) bànjiǎo 绊脚 2 (fall) bànjiāo 绊跤

stun, to V 1 shǐ... dàchīyījīng 使 ... 大吃一惊 2 shǐ... shīqù zhījué 使 ... 失去知觉

stunt N gāonándù dòngzuò 高难度动作

stuntman N tèjì yǎnyuán 特技演员

stupid ADJ bèn/chǔn 笨/蠢

style N fēnggé 风格

subcommittee N xiǎozǔ 小组

subcontinent N cìdàlù 次大陆

subdivision N fēnzhī 分支

subject N 1 (school subject) kè/kēmù 课/科目 2 (topic) tímù/zhǔtí 题目/主题 3 (grammar) zhǔyǔ 主语

submarine N qiánshuǐtǐng 潜水艇

subscriber N dìnghù 订户

subsistence allowances for laid-off workers N xiàgǎng zhígōng jīběn shēnghuófèi 下岗职工基本生活费

Subway (food) N sàibǎiwèi 赛百味

subway station N dìtiězhàn 地铁站

succeed, to V jìchéng/chénggōng 继承/成功

success N chénggōng 成功

such CONJ zhèyàng/rúcǐ 这样/如此

such as, for example PRON lìrú 例如

suck, to V xī 吸

suddenly ADV tūrán 突然

suffer, to V shòu tòngkǔ 受痛苦

suffering N tòngkǔ 痛苦

sufficient ADJ zúgòu de 足够的

sugar N táng 糖

sugar-coated bullets (sth used as a sweetener/carrot) N tángyī pàodàn 糖衣炮弹

sugarcane N gānzhè 甘蔗

suggest, to V jiànyì 建议

suggestion N jiànyì 建议

suit, business N yī tào xīfú 一套西服

suitable, fitting ADJ héshìde 合适的

suitcase N xiāngzi 箱子

summer N xiàtiān 夏天

summer solstice N xiàzhì 夏至

summit, peak N shāndǐng 山顶

summit (forum) N gāofēng lùntán 高峰论坛

summon, call N zhàojiàn/chuánxùn 召见/传讯

sun N tàiyáng 太阳

sunbath N tàiyángyù 太阳浴

sunbathe, to V mù rìguāngyù 沐日光浴

Sunday N Xīngqī'tiān/rì, Lǐbài'tiān 星期天/日, 礼拜天

sunk cost N chénmò chéngběn 沉没成本

sunlight N yángguāng 阳光

sunny ADJ qínglǎng 晴朗

sunrise N rìchū 日出

sunrise industry N zhāoyáng chǎnyè 朝阳产业

sunscreen lotion N fángshàiyóu 防晒油

sunset N rìluò 日落

sunset industry N xīyáng chǎnyè 夕阳产业

superb ADJ hǎo jíle 好极了

superconducting elements N chāodǎo yuánsù 超导元素

superficial ADJ biǎomiàn shàngde 表面上的

superior consciousness N chāoqián yìshí 超前意识

supermarket N chāojí shìchǎng/chāoshì 超级市场/超市

supervisor N 1 guǎnlǐrén 管理人 2 jiāndū 监督

supplement N bǔchōng/zēngbǔ 补充/增补

suppose, to V jiǎdìng 假定

sure ADJ, ADV kěndìng/quèdìng 肯定/确定

surf, to V chōnglàng 冲浪

surf the Internet, to V shàngwǎng/wǎngshàng chōnglàng 上网/网上冲浪

surface N biǎomiàn 表面

surface mail N hǎi-lù yóujì 海陆邮寄

surfboard N chōnglàngbǎn 冲浪板

surfboat N chōnglàngtǐng 冲浪艇

surfing N chōnglàng 冲浪

surname N xìng 姓

surprised ADJ jīngqí 惊奇

surprising ADJ shǐ rén jīngqí de 使人惊奇的

surrogate mother N dàiyùn mǔqīn 代孕母亲

surroundings N huánjìng 环境

surveillance aircraft N zhēnchá fēijī 侦察飞机

survival of the fittest N shìzhě shēngcún 适者生存

survival rate N chénghuólǜ 成活率

survive, to V huóxiàlái 活下来

sushi N shòusī 寿司

suspect, to V huáiyí 怀疑

suspense N xuánniàn 悬念

suspicion N yíxīn 疑心

sustainable development N kěchíxù fāzhǎn 可持续发展

swab N miánhuaqiú/yàoqiān 棉花球/药签

swallow, to V tūn 吞

swan N tiān'é 天鹅

swear, to V 1 zǔzhòu 诅咒 2 bǎozhèng 保证

sweat N hàn 汗

sweat, to V chūhàn 出汗

swell, to V 1 zhǒng/hóngzhǒng 肿/红肿 2 shàngzhǎng 上涨

swell ADJ bàng jíle 棒极了

sweep, to V sǎo 扫

sweet (taste) ADJ tián 甜

sweet, dessert N tiánshí 甜食

sweet and sour ADJ tángcù/suāntián 糖醋/酸甜

sweet biscuit, cookie N xiǎotiánbǐng 小甜饼

sweetcorn N yùmǐ 玉米

sweets, candy N tángguǒ 糖果

swim, to V yóuyǒng 游泳

swimming costume N yóuyǒngyī 游泳衣

swimming pool N yóuyǒngchí 游泳池

swindler, conman N zhàpiànfàn/piànzi 诈骗犯/骗子

swing, to V yáobǎi 摇摆

swipe, to V 1 (hit out) měngjī 猛击 2 (steal) tōuqiè 偷窃 3 (a card) shuā 刷

switch N kāiguān 开关

switch, change, to V zhuǎn 转

switch on, turn on, to V kāi 开

Switzerland N Ruìshì 瑞士

swoop N, V xiàngxià měngchōng 向下猛冲

sworn brothers N bàibǎ xiōngdì 拜把兄弟

sworn friend N tiěgēmen 铁哥们

symbol N xiàngzhēng/biāozhì 象征/标志

sympathy N tóngqíng 同情

symptom N 1 zhēngzhuàng 症状 2 zhēngzhào 征兆

synchronized swimming N huāyàng yóuyǒng 花样游泳

syndrome N zōnghézhēng 综合症

synthetic ADJ héchéngde 合成的

system N xìtǒng 系统

T

24/7 (service, etc.) N quántiānhòu 全天候

T-shirt N hànshān 汗衫

table N zhuōzi 桌子

tablecloth N zhuōbù 桌布

tablemat N diànzi 垫子

table tennis N pīngpāngqiú 乒乓球

tablet PC N píngbǎn diànnǎo 平板电脑

tablets N yàopiàn 药片

tabloid N xiǎobào 小报

taboo N jìnjì 禁忌

tackle, manage, to V 1 jiějué 解决 2 chǔlǐ/duìfu 处理/对付

tactful ADJ jīzhì de/détǐ de 机智的/得体的

Taekwondo N táiquándào 跆拳道

tag, label N biāoqiān 标签

tag-along; flatterer N gēnpìchóng 跟屁虫

tail N wěiba 尾巴

tailor N cáifeng 裁缝

taint, to V 1 shǐ zhānwū de/shǐ zhuìluòde 使沾污/使坠落的 2 shǐ fǔbài 使腐败

Taipei N Táiběi 台北

Taiwan N Táiwān 台湾

take, remove, to V názǒu 拿走

take a bath, to V xǐzǎo 洗澡

take care of, to V zhàoguǎn 照管

take off, to (clothes) V tuō 脱

take small losses for the sake of big gains IDIOM chī xiǎokuī zhàn dàpiányi 吃小亏占大便宜

take-home pay N shí fā gōngzī 实发工资

take-out; takeaway N wàimài 外卖

take-out restaurant N wàmài diàn 外卖店

tale, story N gùshi 故事

talent N tiāncái 天才

talented female scholar N cáinǚ 才女

talk, to V tánhuà 谈话

talk about, to v tánlùn 谈论
talk over with, consult, to v gēn ... shāngliang 跟 ... 商量
talk show ADJ tuōkǒuxiù 脱口秀
tall ADJ gāo 高
tame ADJ xúnfúde 驯服的
tan ADJ shàihēi de 晒黑的
tangerine N júzi/hóngjú 橘子/红橘
tank N 1 (*container*) shuǐxiāng 水箱 2 (*army vehicle*) tǎnkè chē 坦克车
tank-top N diàodàishān 吊带衫
Taoism N Dàojiào 道教
tap N 1 (*water*) lóngtóu 龙头 2 (*on window*) qīng qiāo shēng 轻敲声
tap, to v qīngdǎ/qīngqiāo 轻打/轻敲
tape, adhesive N jiāodàizhǐ 胶带纸
tape recording N lùyīn 录音
target of public criticism N zhòngshǐ zhī dì 众矢之的
tariff barrier N guānshuì bìlěi 关税壁垒
tariff quota N guānshuì pèié 关税配额
tarnish, to v zhānwū 沾污
task N rènwu/zhíwù 任务/职务
taste N wèidào 味道
taste, sample, to v cháng 尝
taste (salty, spicy), to v chángwèi 尝味
tasty ADJ hǎochī 好吃
tatters N pòlàn yīfu 破烂衣服
tattoo N wénshēn/cìqīng 纹身/刺青
taut ADJ lājǐn de/bēngjǐn de 拉紧的/绷紧的
tax N shuì/shuìshōu 税/税收
tax accountant N shuìwùshī 税务师
tax evasion N tōu shuì lòushuì 偷税漏税
taxpayer N nàshuìrén 纳税人
taxi N chūzūchē 出租车
taximeter N jìjiàqì 计价器
tea N chá 茶
tea party N cháhuàhuì 茶话会
tea with milk N nǎichá 奶茶
teach, to v jiāo 教
teacher N jiàoshī/lǎoshī 教师/老师
teahouse N cháshì 茶室
teak N yóumù 柚木
team N duì 队
team spirit N tuánduì jīngshén 团队精神
teamwork N tuánduì xiézuò 团队协作
tear, rip, to v sīkāi 撕开
tear N 1 (*from eyes*) yǎnlèi 眼泪

2 (*rip in clothes*) pòdòng 破洞
tear gas N cuīlèidàn 催泪弹
tease, to v xìnòng/tiáokǎn 戏弄/调侃
technician N jìshù gōngrén 技术工人
technology N jìshù/kējì 技术/科技
technology transfer N jìshù zhuǎnràng 技术转让
teddy bear N wánjù xióng 玩具熊
teenager N qīngshàonián 青少年
teens N qīng shàonián shíqī 青少年时期
teeth N yá 牙
telecommunications N diànxìn 电信
telecommunications cable N tōngxìn guānglǎn 通信光缆
telephone N diànhuà 电话
telephone, dial, to v bō diànhuà 拨电话
telephone number N diànhuà hàomǎ 电话号码
telescope N wàngyuǎnjìng 望远镜
television N diànshì 电视
tell a story, to v jiǎng 讲
tell, let know, to v gàosu 告诉
temp N 1 (*person*) línshí gùyuán 临时雇员 2 (*work*) línshí gōngzuò 临时工作
temper N píqi 脾气
temperature (body) N tǐwēn 体温
temperature (heat) N wēndù 温度
tempest N bàofēngyǔ 暴风雨
temple (Chinese) N sìyuàn/miào 寺院/庙
temporary ADJ zànshí 暂时
temporary transfer N jièdiào 借调
tempt (someone with something), to v diàowèikǒu 吊胃口
ten NUM shí 十
ten million NUM qiānwàn 千万
ten thousand NUM wàn 万
tendon N jīn 筋
tennis N wǎngqiú 网球
tenor N nán gāoyīn 男高音
tens of, multiples of ten NUM jǐ shí 几十
tense ADJ jǐnzhāngde 紧张的
terminal N 1 (*transport*) qìchē zǒngzhàn 汽车总站 2 (*computer*) zhōngduān 终端
terminal server N zhōngduān fúwùqì 终端服务器
terracotta warriors and horses N bīngmǎyǒng 兵马俑
terrible ADJ kěpà 可怕

territorial waters N lǐnghǎi 领海

terrorist mastermind N kǒngbù dàhēng 恐怖大亨

tertiary industry N dì-sān chǎnyè/sānchǎn 第三产业/三产

test N shìyàn 试验

test, to V cèyàn 测验

Test of English as a Foreign Language (TOEFL) N tuōfú kǎoshì 托福考试

test-tube baby N shìguǎn yīngér 试管婴儿

testicles N gāowán 睾丸

textbook N kèběn/jiàokēshū 课本/教科书

Thai (in general) ADJ Tàiguóde 泰国的

Thai (language) N Tàiyǔ 泰语

Thai (people) N Tàiguórén 泰国人

Thailand N Tàiguó 泰国

than CONJ bǐ 比

thank, to V gǎnxiè 感谢

thank you PHR xièxie 谢谢

that CONJ (linking word) nà 那

that, those PRON nà/nàxiē 那/那些

the ART zhè/nà 这/那

theater (drama) N jùyuàn 剧院

their, theirs PRON, PL tāmende 他们的

then CONJ ránhòu 然后

therapeutic massage N bǎojiàn ànmó 保健按摩

there ADV nàbiān/nàli/nàr 那边/那里/那儿

there is, there are V yǒu 有

There's no smoke without fire IDIOM wúfēng bùqǐ làng 无风不起浪

therefore CONJ yīncǐ 因此

thermal pollution N rèwūrǎn 热污染

thermonuclear warhead N rèhédàntóu 热核弹头

they, them PRON, PL tāmen 他们

thick (of liquids) ADJ nóng 浓

thick (of things) ADJ hòu 厚

thief N zéi 贼

thigh N dàtuǐ 大腿

thin (of liquids) ADJ xī 稀

thin (of persons) ADJ shòu 瘦

thing N dōngxi/shìwù 东西/事务

think, have an opinion, to V rènwéi 认为

think, ponder, to V xiǎng/kǎolǜ 想/考虑

think over, consider, to V kǎolǜ 考虑

think tank N zhìnángtuán 智囊团

third (⅓) NUM sānfēn zhī yī 三分之一

third (in a series) ORD NUM dìsān 第三

thirsty ADJ kě 渴

thirty NUM sānshí 三十

this, these PRON zhè/zhèxiē 这/这些

thorn N 1 cì 刺 2 jīng jí 荆棘

thorough, complete ADJ chèdǐ 彻底

though PREP suīrán 虽然

thoughts N xiǎngfa/sīxiǎng 想法/思想

thousand NUM qiān 千

thread N xiàn 线

threaten, to V kǒnghè 恐吓

three NUM sān 三

Three Gorges Dam Project N sānxiá gōngchéng 三峡工程

three successive championships N sānlián guàn 三连冠

three-character classic (book) N sānzìjīng 三字经

three-dimensional animation N sānwéi dònghuàpiān 三维动画片

three-dimensional movie N sānwéi diànyǐng 三维电影

throat N hóulóng 喉咙

throne N wángwèi/huángwèi 王位/皇位

through, past PREP, ADV tōngguò 通过

through ticket N tōngpiào 通票

throughout ADV, PREP dàochù 到处

throw, to V rēng 扔

throw away, throw out, to V rēngdiào 扔掉

throw in, to V dāsòng 搭送

thunder N dǎléi 打雷

Thursday N Xīngqīsì 星期四

thus, so CONJ zhèyàng/yúshì 这样/于是

Tibet N xīzàng 西藏

Tibetan Plateau N Qīngzàng gāoyuán 青藏高原

ticket N piào 票

tidal power station N cháoxī diànzhàn 潮汐电站

tidy ADJ zhěngjié 整洁

tidy up, to V shōushí 收拾

tie, necktie N lǐngdài 领带

tie, to V jì 系

tie-in sale N dāshòu 搭售

tiger N lǎohǔ 老虎

tight ADJ jǐn 紧

tight, close together ADJ kàojǐn 靠紧

T

time N shíjiān 时间

time: from time to time N yǒushí 有时

Time and tide wait for no man IDIOM shí bù wǒ dài 时不我待

time-honored brand N lǎozìhào 老字号

times (multiplying) ADJ chéng 乘

timetable N shíkèbiǎo 时刻表

tiny ADJ jíxiǎode 极小的

tip (end) N jiānduān 尖端

tip, gratuity N xiǎofèi 小费

tired, sleepy ADJ kùn 困

tired, worn out ADJ lèi 累

title (of book, film) N biāotí 标题

title (of person) N tóuxián 头衔

to, toward (a person) PREP xiàng/duì 向/对

to, toward (a place) PREP wǎng/cháo 往/朝

today N jīntiān 今天

toe N jiǎozhǐ 脚趾

tofu N dòufu 豆腐

together ADV yīqǐ 一起

toilet N cèsuǒ/xǐshǒujiān 厕所/洗手间

tomato N xīhóngshì 西红柿

tomboy N jiǎxiǎozi 假小子

tomorrow N míngtiān 明天

tongue N shétou 舌头

tonight N jīnwǎn 今晚

too (also) ADV yě 也

too (excessive) ADV tài 太

too much ADV tài duō/guòfèn 太多/过分

tool N gōngjù 工具

tooth N yá 牙

toothbrush N yáshuā 牙刷

toothpaste N yágāo 牙膏

top N dǐng 顶

top seed (player) N tóuhào zhǒngzi xuǎnshǒu 头号种子选手

top up cell phone, to V shǒujī chōngzhí 手机充值

topic N tímù 题目

topless guy N bǎngyé 膀爷

torch, flashlight N shǒudiàntǒng 手电筒

total N, ADJ yīgòng 一共

touch, to V mō/chù 摸/触

touchscreen N chùmōpíng 触摸屏

tough ADJ 1 jiānrènde 坚韧的 2 jiānqiángde 坚强的 3 jiānnánde 艰难的

tour bus N guānguāng bāshì 观光巴士

tourist N lǚyóuzhě/yóukè 旅游者/游客

toward (people/place) PREP xiàng 向

towel N máojīn 毛巾

tower N tǎ 塔

town N shìzhèn 市镇

townscape N chéngshì jǐngguān 城市景观

toxic ADJ yǒudúde 有毒的

toy N wánjù 玩具

trace, to V 1 gēnzōng 跟踪 2 zhuīxún ... de gēnyuán 追寻 ... 的根源

trace N 1 zōngjì 踪迹 2 wēiliàng 微量

track and field N tiánjìng 田径

trade N màoyì 贸易

trade, exchange, to V jiāoyì 交易

trade barriers N màoyì bìlěi 贸易壁垒

trade deficit N màoyì nìchà 贸易逆差

trade sanction N màoyì zhìcái 贸易制裁

trade surplus N màoyì shùnchā 贸易顺差

tradition, custom N xísú/chuántǒng 习俗/传统

traditional ADJ chuántǒngde 传统的

traditional Chinese medicine (TCM) N zhōngyào 中药

traditional culture N chuántǒng wénhuà 传统文化

traffic N jiāotōng 交通

traffic jam N jiāotōng dǔsè 交通堵塞

traffic police N jiāojǐng 交警

trafficking N fēifǎ mǎimài 非法买卖

tragedy N cǎnjù 惨剧

train N huǒchē 火车

train for specific posts, to V dìngxiàng péixùn 定向培训

train station N huǒchēzhàn 火车站

training N xùnliàn 训练

trample, to V jiàntà/cǎi huài 践踏/踩坏

trampoline N bèngchuáng 蹦床

tranquil ADJ níngjìngde/píngjìngde 宁静的/平静的

transfer, to V 1 zhuǎnxué 转学 2 diàodòng 调动

transfer N diàodòng 调动

transfer to civilian work (from military), to V zhuǎnyè 转业

transformer N biànyāqì 变压器

transfusion N (blood) shūxuè 输血

transition economy N zhuǎnguǐ jīngjì 转轨经济

translate, to V fānyì/bǐyì 翻译/笔译

transmit, to v 1 (*broadcast*) bōsòng 播送 2 (*message*) chuánbō 传播 3 (*diseases*) chuánrǎn 传染

transparency N tòumíngdù 透明度

transport, to v yùnshū/yùnsòng 运输/运送

transsexual N biànxìngrén 变性人

trap N xiànjǐng 陷阱

trapeze N gāokōng qiūqiān 高空秋千

trash, rubbish, garbage N lājī/fèiwù 垃圾/废物

trauma N 1 tòngkǔ jīnglì 痛苦经历 2 chuāngshāng 创伤

travel, to v lǚxíng 旅行

traveler N lǚyóuzhě/lǚkè 旅游者/旅客

trawler N 拖网渔轮 tuōwǎngyúlún

tray N tuōpán 托盘

tread, to v 1 cǎi /tà 踩/踏 2 cǎisuì 踩碎

treadmill N tàbù jī 踏步机

treason N pànguózuì/tōngdízuì 叛国罪/通敌罪

treasure N zhēnbǎo/bǎozàng 珍宝/宝藏

treasury bonds N guókùquàn 国库券

treat (something special) N lèshì 乐事

treat, behave towards, to v duìdài 对待

treat (medically), to v zhìliáo 治疗

tree N shù 树

trek N chángtú báshè 长途跋涉

tremble N, v fādǒu/chàndǒu 发抖/颤抖

tremor N 1 zhèndòng 震动 2 fādǒu 发抖

trend N qūxiàng/qūshì 趋向/趋势

trespass, to v fēifǎ jìnrù 非法进入

trial period (work) N shìyòngqī 试用期

triangle N sānjiǎoxíng 三角形

tribe N bùluò 部落

trick N 1 juéqiào 诀窍 2 huāzhāo 花招

trim, to v xiūjiǎn 修剪

trip, journey N lǚxíng/lǚchéng 旅行/旅程

triumph, victory, success N shènglì/chénggōng 胜利/成功

trivial ADJ wēi bùzú dàode/bùzhí yìtíde 微不足道的/不值一提的

Trojan horse (legend) N tèluòyī mùmǎ 特洛伊木马

troops N bùduì 部队

tropical rainforest N rèdài yǔlín 热带雨林

tropical storm N rèdài fēngbào 热带风暴

tropics, the N rèdài 热带

trouble N máfan 麻烦

troublesome ADJ fánnǎode/máfande 烦恼的/麻烦的

trough N dīgǔ 低谷

troupe N gēwǔtuán/jùtuán 歌舞团/剧团

trousers N kùzi 裤子

trout N zūnyú 鳟鱼

truant ADJ táoxué de 逃学的

truck N kǎchē 卡车

true ADJ zhēnde 真的

truly ADV zhēnchéngde 真诚的

trumpet N lǎba 喇叭

trunk N 1 (*tree*) shùgàn 树干 2 (*elephant's*) bízi 鼻子 3 (*case*) dà xiāngzi 大箱子

trunks, swimming trunks N nánshì yóuyǒngkù 男式游泳裤

trust, to v xìnrèn 信任

truth, goodness and beauty N zhēnshànměi 真善美

try, to v shì 试

try on, to (clothes) v shìchuān 试穿

try to curry favor with, to v lā guānxì 拉关系

try to help but causing more trouble in the process, to v bāngdàománg 帮倒忙

tub N 1 (*for showers*) yùgāng/zǎopén 浴缸/澡盆 2 (*for margarine*) pén 盆

tube-shaped apartment (low-income apartment w/out ensuite) N tǒngzǐ lóu 筒子楼

tuck, to v sāijìn 塞进

Tuesday N Xīngqī'èr 星期二

tug-of-war N báhé 拔河

tumble, to v 1 (*fall*) dǎoxià/diēdǎo 倒下/跌倒 2 (*drastic slide*) měngdiē 猛跌

tummy, belly N dùzi 肚子

tumor N zhǒngliú 肿瘤

tuna N jīnqiāngyú 金枪鱼

tune N qǔdiào 曲调

tune, to v 1 (*sounds*) tiáoyīn 调音 2 (*radio channels*) tiáozhěng píndào 调整频道 3 (*machines*) tiáozhěng 调整

tunnel N suìdào/dìdao 隧道/地道

turf N 1 dìpán 地盘 2 cǎopí 草皮

turkey N huǒjī 火鸡

T

turn a deaf ear to something, to v
dàngzuò ěrbiān fēng 当作耳边风
turn around, to v zhuǎn 转
turn off, to v guānshang 关上
turn on, to v kāi 开
turn the table, to v niǔzhuǎn
júmiàn/fǎnbài wéishèng 扭转局面/
反败为胜
turnip N báiluóbo 白萝卜
turtle (land) N wūguī 乌龟
turtle (sea) N hǎiguī 海龟
tusk N xiàngyá 象牙
tutor N sīrén jiàoshī/jiātíng jiàoshī
私人教师/家庭教师
TV N diànshì 电视
TV home shopping N diànshì zhíxiāo
电视直销
TV ratings N shōushìlǜ 收视率
TV series N liánxùjù 连续剧
twelve NUM shí'èr 十二
twenty NUM èrshí 二十
twice ADV liǎng cì 两次
twinkle, to v shǎnshuò/shǎnyào
闪烁/闪耀
twins N shuāngbāotāi 双胞胎
twist v 1 (*movement*) niǔ/nǐng 扭/拧
2 (*bottle*) zhuàndòng 转动
two (measure) NUM liǎng 两
two (numeral) NUM èr 二
two-way charge system N
shuāngxiàng shōufèi 双向收费
tycoon N jùtóu/dàhēng 巨头/大亨
type, sort N zhǒnglèi 种类
type, to v dǎzì 打字
typhoid fever N shānghánbìng
伤寒病
typhoon N táifēng 台风
typical ADJ diǎnxíngde 典型的
tyrant N bàojūn 暴君

U

ubiquitous ADJ dàochù dōu shìde
到处都是的
UFO N bùmíng fēixíngwù 不明飞行物
ugly ADJ nánkàn/chǒu 难看/丑
ulterior ADJ yīnmì/yǒu bié
yòngxīnde 隐秘/有别用心的
ultimate ADJ zuìzhōng de 最终的
ultimatum N zuìhòu tōngdié 最后通牒
ultrashort wave N chāoduǎnbō
超短波
ultraviolet rays ADJ zǐ wàixiàn 紫外线
umbrella N sǎn 伞

umpire N cáipàn 裁判
U.N., United Nations N Liánhéguó
联合国
unabated ADJ bǎojiāntuìde 不减退的
unable ADJ bù néng 不能
unacceptable ADJ bùnéng róngrěnde/
bùkě jiēshòude 不能容忍的/不可
接受的
unanimous ADJ yízhìde/quántǐde
一致的/全体的
unauthorized ADJ wèijīng pīzhǔn de
未经批准的
unavailable ADJ débùdàode/
mǎibudàode 得不到的/买不到的
unaware ADJ wèi chájué dàode
未察觉到的
unbearable ADJ bùkě róngrěnde
不可容忍的
uncanny ADJ shénmìde 神秘的
uncle (father's older brother) N
bófù/bóbo 伯父/伯伯
uncle (father's younger brother) N
shūfù/shūshu 叔父/叔叔
uncle (husband of father's sister)
N gūzhàng 姑丈
uncle (husband of mother's sister)
N yífu 姨夫
uncle (mother's brother) N jiùfù/
jiùjiu 舅父/舅舅
unconditional ADJ wútiáojiàn de
无条件的
unconventional ADJ fēi chángguīde
非常规的
uncountable ADJ bùkě shùde 不可
数的
uncouth ADJ cūlǔde 粗鲁的
uncover, to v fāxiàn/jiēkāi 发现/揭开
uncut ADJ wèi jiǎnjíde/wèi shānjiéde
未剪辑的/未删节的
under PREP, ADV zài ... dǐxià 在 ... 底
下
under construction ADJ zàijiàn 在建
underage ADJ wèichéngniánde
未成年的
undercover ADJ ànzhōng jìnxíngde/
mìmìde 暗中进行的/秘密的
undergo, to v jīngguò 经过
undergraduate N dàxuéshēng 大学生
underhanded activity N māonì'ér
猫腻儿
underline, to v zài ... xià huàxiàn
在 ... 下划线
**undermine the foundation of sth,
to** v wā qiángjiǎo 挖墙脚

underneath PREP, ADV zài ... xiàmiàn 在 ... 下面

undernourished ADJ yíngyǎng bùliáng de 营养不良的

underpants N nèikù 内裤

underprivileged ADJ pínkùnde/xiàchén shèhuìde 贫困的/下层社会的

undershirt N nèiyī 内衣

understand, to V dǒng/míngbai 懂/明白

understand (by hearing), to V tīngdǒng/tīngmíngbai 听懂/听明白

understand (by reading), to V kàndǒng/kànmíngbai 看懂/看明白

understanding N 1 lǐjiě 理解 2 tǐliang/liàngjiě 体谅/谅解

understanding ADJ néng tǐliang biérénde 能体谅别人的

understudy N yùbèi yǎnyuán/tìshēn 预备演员/替身

undertaker N sāngzàng chéngbànrén 丧葬承办人

underwater missile N shuǐxià dǎodàn 水下导弹

underwear N nèiyī 内衣

undisguised ADJ gōngkāide/bù yǎnshìde 公开的/不掩饰的

undisturbed ADJ bùshòu gānrǎode 不受干扰的

undivided ADJ bù fēnkāide/zhuānxīnde 不分开的/专心的

undo, to V jiěkāi/dǎkāi 解开/打开

undressed, to get V tuō yīfu 脱衣服

undue ADJ bù yīngyǒude/guòfènde 不应有的/过分的

unearth, to V 1 wājué 挖掘 2 pīlù 披露

uneasy ADJ yōulǜ bù'ānde 忧虑不安的

uneducated person N dà lǎocū 大老粗

unemployed ADJ shīyè 失业

unemployment compensation N shīyèjīn 失业金

unequal, unfair ADJ bùpíngděngde 不平等的

unerring ADJ búhuì chūcuòde 不会出错的

unethical ADJ bú dàodéde 不道德的

unexpected ADJ méi xiǎngdàode/yìwàide 没想到的/意外的

unfair ADJ bù gōngpíngde/bù gōngzhèngde 不公平的/不公正的

unfasten, untie, to V jiěkāi 解开

unfavorable comments N èpíng 恶评

unfit ADJ 1 bù shìhéde 不适合的 2 shēntǐ bùhǎode 身体不好的

unfortunately ADV yíhànde 遗憾地

unhappy ADJ bù gāoxìng 不高兴

unilateralism N dānbiān zhǔyì 单边主义

uninstall, to V (computer) xièzài 卸载

uninsured ADJ wú bǎoxiǎnde 无保险的

union N gōnghuì 工会

united front N tǒngyī zhànxiàn 统一战线

United Kingdom N Yīngguó 英国

United States N Měiguó 美国

universal ADJ pǔbiànde/quántǐde 普遍的/全体的

universe N yǔzhòu 宇宙

university N dàxué 大学

university entrance examination N gāokǎo 高考

unleaded petrol N hánqiān qìyóu 含铅汽油

unless CONJ chúfēi 除非

unlike I PREP búxiàng 不像 II ADJ bù yīyàngde 不一样的

unload, to V 1 (responsibility/burden) tuīxiè/bǎituō 推卸/摆脱 2 (goods/shares) pāoshòu 抛售

unlock, to V jiesuǒ 解锁

unlucky ADJ dǎoméide 倒霉的

unmistakable ADJ búhuì nòngcuòde 不会弄错的

unnecessary ADJ duōyúde 多余的

unoccupied ADJ kòngzhede 空着的

unpack, to V (package) dǎkāi 打开, (clothes) ba ... náchū lái 把 ... 拿出来

unpaid ADJ wèifùde 未付的

unplug, to V báxià diàyuánxiàn 拔下电源线

unqualified ADJ bù hégéde 不合格的

unrealistic ADJ bú xiànshíde 不现实的

unreasonable ADJ bù hélǐde/bù gōngpíngde 不合理的/不公平的

unrelated ADJ 1 bù xiāngguānde 不相关的 2 méiyǒu qīnqi guānxide 没有亲戚关系的

unrequited love N ànliàn 暗恋

unrestrained gambling N háodǔ 豪赌

unripe ADJ wèichéngshúde 未成熟的

unruly ADJ rènxìngde 任性的

unsettle, to V shǐ ... xīnxù bùdìng 使 ... 心绪不定

unthinkable ADJ nányǐ zhìxìnde 难以置信的

untie, to V jiěkāi 解开

unused ADJ wèi yòngguode 未用过的

until CONJ zhídào 直到

up, upward PREP, ADJ xiàngshàng 向上

upbeat ADJ lèguānde/kuàilède 乐观的/快乐的

update, to V gēngxīn 更新

uprightness, integrity N zhèngqì 正气

upset, unhappy ADJ fánmèn 烦闷

upside down ADJ diāndǎo 颠倒

upstairs N, ADV, ADJ lóushàng 楼上

upstream ADV xiàngshàng yóu 向上游

uptight ADJ jǐnzhāng 紧张

up-to-date ADJ zuìxīnde 最新的

urban ADJ chéngshìde 城市的

urban construction N chéngshì jiànshè 城市建设

urban landscaping chéngshì lǜhuà 城市绿化

urban planning N chéngshì guīhuà 城市规划

urban social security system N chéngzhèn shèhuì bǎozhàng tǐxì 城镇社会保障体系

urge, push for, to V cuīcù 催促

urgent ADJ jǐnjí 紧急

urinate, to V xiǎobiàn/jiě xiǎobiàn 小便/解小便

us PRON, PL wǒmen 我们

us (includes the one addressed) PRON, PL zánmen 咱们

use, to V yòng 用

use doggy bags to take food home, to V dǎbāo 打包

used batteries N fèidiànchí 废电池

used to ADJ xíguàn 习惯

useful ADJ yǒuyòngde 有用的

useless ADJ wúyòngde 无用的

user N shǐyòngzhě/shǐyòngrén 使用者/使用人

username N shǐyòngrén xìngmíng 使用人姓名

usual ADJ wǎngcháng 往常

usually ADV tōngcháng 通常

utensil N yòngjù/qìmǐn 用具/器皿

uterus N zǐgōng 子宫

utopia N Wūtuōbāng 乌托邦

V

vacation N jiàqī 假期

vaccination N dǎ fángyìzhēn 打防疫针

vacuum packing N zhēnkōng bāozhuāng 真空包装

vagina N yīndào 阴道

vague ADJ hánhúde 含糊的

vain ADJ 1 báifèide/wú mùdìde 白费的/无目的的 2 xūróng 虚荣

Valentine's Day N qíngrénjié 情人节

valid ADJ yǒuxiào 有效

validate, to V yànzhèng 验证

valley N shāngǔ 山谷

valuable ADJ 1 fēicháng yǒu jiàzhíde 非常有价值的 2 zhēnguìde 珍贵的

valuables N guìzhòng wùpǐn 贵重物品

value, cost N jiàzhí 价值

value, to V zhòngshì 重视

value, to be worth the V zhíde 值得

value added tax (VAT) N zēngzhíshuì 增值税

values N jiàzhíguān 价值观

valve N fá/huómén 阀/活门

van N miànbāo chē 面包车

vanilla N xiāngcǎo 香草

vanish, to V xiāoshī/bújiàn 消失/不见

vapor N zhēngqì 蒸汽

vaporize, to V zhēngfā 蒸发

variable ADJ duōbiànde 多变的

variety show N zōngyì jiémù 综艺节目

various ADJ bù tóngde/gèzhǒng gèyàngde 不同的/各种各样的

varnish N qīngqī/zhàoguāngqī 清漆/罩光漆

vase N huāpíng 花瓶

vast ADJ jùdà de 巨大的

VCR N lùxiàngjī 录象机

vegetable N shūcài 蔬菜

vegetarian ADJ chīsùde 吃素的

vehicle N chē 车

vehicle test N chējiǎn 车检

vehicular attendant N chéngwùyuán 乘务员

veil N miànshā 面纱

vein N jìngmài 静脉

vending machine N zìdòng shòuhuòjī 自动售货机

veneer N shìmiàn 饰面

vengeance N bàochóu/fùchóu 报仇/复仇

Venice N Wēi nísī 威尼斯

venison N lùròu 鹿肉

venom N dúyè 毒液

vent N tōng fēngkǒng 通风孔

vent, to V fāxiè/fā láosāo 发泄/发牢骚

ventilation N tōngfēng zhuāngzhi 通风装置

venture capital, VC N fēngxiǎn tóuzī 风险投资

venue N dìdiǎn/huìzhǐ 地点/会址

verdict N pànjué 判决

verify, check, to V jiǎnchá 检查

versatile ADJ duōmiànshǒude/duōcái duōyìde 多面手的/多才多艺的

version N bǎn 版

versus PREP yǔ ... xiāngbǐ/yǔ ... xiāngduì 与 ... 相比/与 ... 相对

vertical ADJ chuízhíde 垂直的

vertical management N chuízhí guǎnlǐ 垂直管理

very, extremely ADV hěn 很

vest, undershirt N bèixīn 背心

vet, veterinarian N shòuyī 兽医

veto, to V fǒujué/fǎnduì 否决/反对

via PREP jīngyóu 经由

Viagra N wěigē 伟哥

vibe N gǎnjué 感觉

vibrate, to V shǐ ... chàndòng/ fánxiǎng 使 ... 颤动/反响

vicar, priest N mùshi 牧师

vice N fànzuì/huài xíguàn 犯罪/坏习惯

vicious circle N èxìng xúnhuán 恶性循环

victims of natural disaster N zāimín 灾民

victory N shènglì/yíng 胜利/赢

video N diànshì lùxiàng 电视录像

video cassette N lùxiàngdài 录象带

video conference N diànshì huìyì 电视会议

video-on-demand (VOD) N shìpín diǎnbō 视频点播

video recorder N lùxiàngjī 录象机

videotape, to V shèxiàng 摄像

vie, to V jìngzhēng 竞争

Vietnam N Yuènán 越南

Vietnamese (in general) ADJ Yuènánde 越南的

Vietnamese (language) N Yuènányǔ 越南语

Vietnamese (people) N Yuènánrén 越南人

view, look at, to V guānkàn 观看

view, panorama N fēngjǐng 风景

vigilance N jǐngtì/jǐngjiè 警惕/警戒

vigorous ADJ chōngmǎn huólì de 充满活力的

vile ADJ lìngrén tǎoyànde/bēiliède 令人讨厌的/卑劣的

village N cūnzhuāng 村庄

vine N pútao téng 葡萄藤

vinegar N cù 醋

vineyard N pútao yuán 葡萄园

violence N bàolì 暴力

violent movie N bàolì piàn 暴力片

violet N zǐsè 紫色

violin N xiǎotíqín 小提琴

VIP (Very Important Person) N guìbīn/dàrénwù 贵宾/大人物

virtual world N xūnǐ shìjiè 虚拟世界

virtue N 1 měidé 美德 2 yōudiǎn 优点

virus N bìngdú 病毒

visa N qiānzhèng 签证

visible ADJ néng kàndejiànde 能看得见的

vision N shìlì 视力

visit N cānguān 参观

visit, to pay a V fǎngwèn 访问

visitor N fǎngkè/cānguānzhě 访客/参观者

visual ADJ shìjué de/shìlì de 视觉的/视力的

vitality N huólì 活力

vitamins N wéishēngsù/wéitāmìng 维生素/维他命

vivid ADJ 1 (*details*) shēngdòng 生动的 2 (*colors*) xiānyàn míngliàngde 鲜艳明亮的

vocabulary N cíhuì 词汇

vocal ADJ sǎngyīnde 嗓音的

vocational high school N zhígāo/ zhíyè gāozhōng 职高/职业高中

vogue, trendy ADJ liúxíng de 流行的

voice N shēngyīn 声音

Voice of America (VOA) N Měiguó zhī yīn 美国之音

voicemail N diànhuà liúyán 电话留言

void ADJ wúxiàode 无效的

volatile ADJ dòngdàng búdìngde 动荡不定的

volcano N huǒshān 火山

voltage N diànyā 电压

volume N róngliàng 容量

volunteer N yìgōng 义工

vomit, to V ǒutù 呕吐

vote, to V tóupiào 投票

vouch for somebody, to v dǎbǎo piào 打保票

voucher N dàijīnquàn/píngzhèng 代金券/凭证

vow N shìyán 誓言

vow, to v fāshì 发誓

voyage, trip N hángxíng 航行

vulgar ADJ dīsúde/cūsúde 低俗的/粗俗的

W

wad N yī dié 一叠

waffle N nǎidàn hōngbǐng 奶蛋烘饼

waft, to v piāodàng 飘荡

wag, to v yáo wěibā 摇尾巴

wage, pay N gōngzi 工资

wage arrears N tuōqiàn gōngzī 拖欠工资

wagon N kèhuò chē 客货车

wail, to v dàshēng kūjiào 大声哭叫

waist N yāo 腰

wait for, to v děng 等

wait to buy with cash in hand, to v chíbì dàigòu 持币待购

waiter, waitress N fúwùyuán 服务员

waiting for job/employment ADJ dàigǎng 待岗

waive, to v fàngqì/diūqì 放弃/丢弃

wake, to v xǐng/jiàoxǐng 醒/叫醒

wake someone up (awaken), to v jiàoxǐng 叫醒

wake up (awake), to v xǐnglái 醒来

Wales N Wēi'ěrsī 威尔斯

walk, to v zǒu 走

walkie talkie N duìjiǎngjī 对讲机

walking distance N zǒudé dàode jùlí 走得到的距离

walking stick N guǎizhàng 拐杖

wall N qiáng 墙

wall paper N bìzhǐ 壁纸

wallet N qiánbāo/qiándài 钱包/钱袋

wallop, to v jīkuì 击溃

walnut N hétao 核桃

waltz N huá'ěrzī 华尔兹

wand N zhǐhuībàng/quánzhàng 指挥棒/权杖

wander, to v yóudàng/mànyóu 游荡/漫游

want, to v yào 要

WAP (wireless application protocol) N wúxiàn yìngyòng xiéyì 无线应用协议

war N zhànzhēng 战争

war, to make v dǎzhàng 打仗

ward N 1 (*hospital*) bìngfáng 病房 2 (*child under guardianship*) shòu jiānhùrén 受监护人

wardrobe N dàyīguì 大衣柜

ware, merchandise, goods N shangpǐn 商品

warehouse N huòzhàn/cāngkù 货栈/仓库

warm ADJ wēnnuǎnde 温暖的

warmth N wēnnuǎn 温暖

warning N jǐnggào 警告

warranty N bǎoxiūdān/bǎozhèngshū 保修单/保证书

warrior N zhànshì 战士

wash, to v xǐ 洗

wash the dishes, to v xǐwǎn 洗碗

washing machine N xǐyījī 洗衣机

washroom N xǐshǒujiān/cèsuǒ 洗手间/厕所

wasp N huángfēng 黄蜂

waste, to v làngfèi 浪费

waste N 1 làngfèi 浪费 2 (*useless things*) fèiliào/lājī 废料/垃圾 3 (*deserted land*) huāngdì 荒地

watch (wristwatch) N biǎo 表

watch, to v kàn/guānkàn 看/观看

watch over, guard, to v kānguǎn 看管

watchdog N jiāndū bùmén 监督部门

water N shuǐ 水

water buffalo N shuǐniú 水牛

watercolor N 1 shuǐcǎihuà 水彩画 2 shuǐcǎi yánliào 水彩颜料

waterfall N pùbù 瀑布

watermelon N xīguā 西瓜

water-saving taps N jiéshuǐ lóngtóu 节水龙头

waterway N shuǐlù/hángdào 水路/航道

wave (in sea) N bōlàng 波浪

wave, to v zhāoshǒu 招

waver, to v dòngyáo/yóuyù 动摇/犹豫

wax N là 蜡

way, method N fāngfǎ 方法

way: by way of N jīngyóu 经由

way in N jìnlù 进路

way out N chūlù 出路

wayward ADJ zǒu rù qílùde 走入歧路的

we PRON, PL wǒmen 我们

we (includes the one addressed) PRON, PL zánmen 咱们

weak ADJ ruò 弱

weakness N 1 xūruò 虚弱 2 ruòdiǎn 弱点

wealthy ADJ yǒuqián/fùyǒude 有钱/富有的

weapon N wǔqì 武器

weapon of mass destruction N dàguī móshā shāngxìng wǔqì 大规模杀伤性武器

wear, to V chuān 穿

weary ADJ píjuànde 疲倦的

weather N tiānqì 天气

weave, to V biānzhī 编制

web N wǎng/wǎngzhàn 网/网站

web portal N ménhù wǎngzhàn 门户网站

webcam N wǎngluò shèxiàngjī 网络摄像机

web-footed ADJ yǒu pǔzúde 有蹼足的

website N wǎngzhàn 网站

wedding N hūnlǐ 婚礼

wedding and funeral N hóngbái xǐshì 红白喜事

wedding photo N hūnshā shèyǐng 婚纱摄影

Wednesday N Xīngqīsān 星期三

weed N zácǎo 杂草

weed killer N chúcǎojì 除草剂

week N xīngqī 星期

weekday N gōngzuòrì 工作日

weekend N zhōumò 周末

weekly ADJ měi zhōu/měi ge xīngqī 每周/每个星期

weep, to V kūqì 哭泣

weigh, to V chēng 称

weigh out, to V chēngchū 称出

weight N zhòngliàng 重量

weight (body) N tǐzhòng 体重

weight, to gain V zēngjiā tǐzhòng 增加体重

weight, to lose V jiǎnféi 减肥

weird, odd ADJ guàiyìde/gǔguàide 怪异的/古怪的

welcome!, welcome, to EXCLAM, V huānyíng 欢迎

welfare N fúlì/fúzhǐ 福利/福祉

welfare lotteries N fúlì cǎipiào 福利彩票

well (for water) N jǐng 井

well (good) ADJ hǎo 好

well-behaved ADJ guījùde 规矩的

well-being N gǎnjué liánghǎo/jiànkāng 感觉良好/健康

well-cooked, well-done ADJ zhǔdetòude 煮得透的

well done! EXCLAM zuòde hǎo 做得好

well-known ADJ zhùmíngde 著名的

well-mannered ADJ yǒu lǐmàode 有礼貌的

well-meaning ADJ běnyì liánghǎode 本意良好的

well off, wealthy ADJ fùyù/xiǎokāng 富裕/小康

Welsh (in general) ADJ Wēi'ěrsīde 威尔斯的

Welsh (language) N Wēi'ěrsīyǔ 威尔斯语

Welsh (people) N Wēi'ěrsīrén 威尔斯人

welt N 1 zhǒngkuài 肿块 2 shānghén/biānhén 伤痕/鞭痕

west N, ADJ xībiān 西边

Westerner N Xīfāngrén 西方人

westernization N xīhuà 西化

wet ADJ shīde 湿的

whack, to V měngjī 猛击, zhòngchuāng 重创

whale N jīngyú 鲸鱼

what PRON shénme 什么

what for wèishénme 为什么

what kind nǎ yī zhǒng 哪一种

what time shénme shíhou 什么时候

whatever PRON 1 rènhé ... de shìwù/suíbiàn shénme 任何 ... 的事物/随便什么 2 wúlùn rúhé 无论如何

wheat N xiǎomài 小麦

wheel N lúnzi 轮子

wheelchair N lúnyǐ 轮椅

when ADV, CONJ shénme shíhou/héshí/jǐshí 什么时候/何时/几时

when, at the time ADV ... de shíhou ... 的时候

When in Rome do as the Romans do IDIOM rù xiāng suí sú 入乡随俗

whenever CONJ, ADV wúlùn héshí 无论何时

where ADV, CONJ zài nǎli/nǎr 在哪里/哪儿

Where there is a will, there is a way IDIOM shìshàng wú nánshì zhǐ yào kěn pāndēng 世上无难事只要肯攀登

Where there is life, there is hope IDIOM liú de qīngshān zài bùpà méi cháishāo 留得青山在不怕没柴烧

where to qù nǎli/nǎr 去哪里/哪儿

whereabouts N qùxiàng/xiàluò 去向/下落

W

ENGLISH–CHINESE

whether CONJ shìbushì ... /háishì ... 是不是 .../还是 ...

which PRON nǎ (ge) 哪 (个)

whichever ADJ, PRON búlùn nǎge/ búlùn nǎli 不论哪个/不论哪里

while, during CONJ zài ... qījiān 在 ... 期间

whim N yìshí de xìngzhì 一时的兴致

whine, to V āijiào/kūkū títí 哀叫/哭哭 啼啼

whip N biānzi 鞭子

whip, to V biāndǎ 鞭打

whirlpool N xuánwō 漩涡

whisker N māo de húxū 猫的胡须

whisper N 1 ěryǔ/qiāoqiāo huà 耳语/ 悄悄话 2 shāshāshēng 沙沙声

white N báisè 白色

white-collar N báilíng 白领

whiz kid N shéntóng 神童

WHO (World Health Organization) N Shìjiè Wèishēng Zǔzhī 世界 卫生组织

who PRON shéi/shuí 谁

whole, all of N, ADJ quánbù 全部

whole, complete ADJ quánbù 全部

whole (to be complete) N zhěng ge 整个

wholesaler N pīfāshāng 批发商

whom PRON shéi/shuí 谁

why? EXCLAM wèishénme 为什么

wick N làzhú xīn 蜡烛芯

wicked ADJ xié'ède 邪恶的

wide ADJ kuān 宽

wide area network (WAN) N guǎngyùwǎng 广域网

widescreen (of a TV, projector, etc) N quánjǐng diànyǐng 全景电影

widow N guǎfù 寡妇

widowed ADJ sàngfū/sàngqī 丧夫/ 丧妻

widower N guānfū 鳏夫

width N kuāndù 宽度

wife N qīzi 妻子

wig N jiǎfà 假发

wiggle, to V niǔdòng/bǎidòng 扭动/ 摆动

wild ADJ yěshēngde 野生的

wildcat strikes N zìfā bàgōng 自发 罢工

wilderness N huāngyuán 荒原

will, testament N yízhǔ 遗嘱

will, shall V jiāngyào 将要

willing ADJ yuànyì 愿意

willow N liǔshù 柳树

wily old bird N lǎoyóutiáo 老油条

win, to V yíng 赢

win the championship, to V duóbiāo/duóguàn 夺标/夺冠

win-win situation N shuāngyíng júmiàn 双赢局面

wince, to V zhòu méitou 皱眉头

wind, breeze N fēng 风

wind, to V 1 chánrǎo 缠绕 2 gěi ... shàng fātiáo 给 ... 上发条 3 qūzhé 曲折

windmill N fēngchē 风车

window (for paying, buying tickets) N chuāngkǒu 窗口

window (in house) N chuānghu 窗户

windshield N dǎngfēng bōli 挡风玻璃

wine N pútaojiǔ 葡萄酒

wing N chìbǎng 翅膀

wink, to V 1 zhǎyǎn 眨眼 2 shǎnshuò 闪烁

winner N huòshèngzhě 获胜者

winter N dōngtiān 冬天

wipe, to V kāi/cāchú 揩/擦除

wire N jīnshǔxiàn 金属线

wire-pulling; backstage manipulations N mùhòu cāozòng 幕后操纵

wisdom N zhìhuì 智慧

wise ADJ cōngmíng/míngzhì 聪明/明智

wish, to V xīwàng 希望

wit N 1 fēngqù 风趣 2 jīzhì 机智

with PREP gēn 跟

wither, to V gānkū 干枯

within reason ADV zài qínglǐ zhī nèi 在情理之内

without ADV, PREP méiyǒu 没有

witness N zhèngrén 证人

witness, to V qīnyǎn mùdǔ 亲眼目睹

wobbly ADJ chàndòng de 颤动的

woman N nǚrén 女人

womb N zǐgōng 子宫

wonder N jīngqí 惊奇

wonderful ADJ 1 jí hǎode/jí miàode 极好的/极妙的 2 jīngcǎi de 精彩的

wood N mùtou 木头

wooden ADJ mùzhìde 木制的

wool N máoxiàn/yángmáo 毛线/羊毛

word N cí 词

work N gōngzuò 工作

work, to V zuò 做

work, function, to V qǐ zuòyòng 起作用

work as seasonal labor, to V dǎ yóujī 打游击

work for others, to V dǎgōng 打工**

work overnight, to v kāiyèchē
开夜车

work overseas N, v jìngwài jiùyè
境外就业

work overtime N, v jiābān 加班

work permit N shànggǎng zhèng
上岗证

work while studying, to v qíngōng
jiǎnxué 勤工俭学

workaholic N gōngzuòkuáng 工作狂

working couples N huāngzhígōng
双职工

workmanship N gōngyì/shǒuyì
工艺/手艺

workplace N gōngzuòcháng suǒ
工作场所

worksheet N gōngzuò dān 工作单

workstation N gōngzuò qū 工作区

world N shìjiè 世界

World of Warcraft (game) N
móshòu shìjiè 魔兽世界

World War II N èrzhàn 二战

World Wide Web (www) N wànwéi
wǎng 万维网

worldly possessions N shēnwài zhī
wù 身外之物

worm N 1 rúchóng 蠕虫 2 jìshēng-
chóng 寄生虫

worry, to v dānxīn 担心

worse ADJ, ADV gènghuàide/geng-
chàde 更坏的/更差的

worship, to v chóngbài 崇拜

**worship and blind faith in things
foreign** N chóngyáng mèiwài 崇洋
媚外

worst ADJ, ADV zuìhuàide/zuìchàde
最坏的/最差的

worth, to be ADJ zhíde 值得

worthless ADJ méiyǒu jiàzhíde/méi-
yòngde 没有价值的/没用的

worthwhile ADJ zhíde/hésuànde
值得/合算的

wound N shāngkǒu 伤口

wow EXCLAM wā/yā 哇/呀

wrap, to v bāo 包

wrapper N bāozhuāng 包装

wreath N huāquān 花圈

wreck, smash, to v huǐhuài/huǐdiào
毁坏/毁掉

wriggle, to v niǔdòng shēntǐ 扭动
身体

wrist N shǒuwàn 手腕

write, to v xiě 写

write letters, correspond, to v
tōngxìn 通信

writer N zuòjiā 作家

writings, composition N zuòwén/
xiězuò 作文/写作

written proposal N chàngyìshū
倡议书

wrong, false ADJ búzhèngquède
不正确的

wrong, mistaken ADJ cuòde 错的

wrong (morally) ADJ búdàodéde
不道德的

wrongdoing N búdàng xíngwéi/fēifǎ
xíngwéi 不当行为/非法行为

WTO, World Trade Organization
N Shìjiè Màoyì Zǔzhī 世界贸易组织

X

X-chromosome N X rǎnsètǐ X染色体

xenophobia N duì wàiguórén,
wàiguówù yǒu shēnshēn de wèijù
hè zēngwù 对外国人, 外国物有深深
的畏惧和憎恶

xerox, photocopy, to v fùyìn/yǐngyìn
复印/影印

X-game N jíxiàn yùndòng 极限运动

X-mas N 圣诞节 Shèngdànjié

x-ray N X shèxiàn/X guāng/X guāng
jiǎnchá X射线/X 光/X 光检查

xylophone N mùqín 木琴

Y

yacht N yóutǐng 游艇

yachting N fānchuán bǐsài 帆船比赛

Yahoo N Yǎhǔ 雅虎

yam N shānyao 山药

yank, to v měnglā 猛拉

Yangtze River delta N chángjiāng
sānjiǎozhōu 长江三角洲

yap, to v luàn jiào/kuángfèi 乱叫/狂吠

yard N yuànzi 院子

yard N mǎ 码 (3ft = 91.44cm)

yarn N 1 gùshi 故事 2 shāxiàn 纱线

Yasukuni Shrine N Jìngguó shén-
shè 靖国神社

yawn, to v dǎ hēqiàn 打呵欠

Y-chromosome N Y rǎnsètǐ Y染色体

year N nián 年

yearly ADJ měi niánde/niándùde
每年的/年度的

Y

yearning, longing N huáiniàn 怀念

years old ADJ suì 岁

yell, to V jiàohǎn 叫喊

yellow N huángsè 黄色

yelp, to V jiānjiào/hǎnjiào 尖叫/喊叫

yen N Rìyuán 日元

yen, strong interest N kěwàng/yǐn 渴望/瘾

yes ADV shìde 是的

yesterday N zuótiān 昨天

yet: not yet ADV, CONJ shàngwèi/hái méiyǒu 尚未/还没有

yew N zǐshānshù 紫衫树

yield, to V 1 (*produce*) chǎnshēng/chūchǎn 产生/出产 **2** (*submit*) qūcóng/fúcóng 屈从/服从

Yippee! INTERJ Hǎowā! Miào! 好哇！妙！

yodel N yuèdéér chàngfǎ 岳得尔唱法

yoga N yújiā 瑜伽

yogurt N suānnǎi 酸奶

yoke N è 轭

yokel N xiāngxiàlǎo 乡下佬

yolk N dànhuáng 蛋黄

you PRON nǐ 你

you PRON, PL nǐmen 你们

you (polite) PRON nín 您

you're welcome! EXCLAM bú kèqi 不客气

young ADJ niánqīng 年轻

young and talented ADJ qīngnián cáijùn 青年才俊

young person, child N xiǎohái 小孩

younger brother N dìdi 弟弟

younger sister N mèimei 妹妹

your, yours ADJ, PRON nǐ de/nǐmen de 你的/你们的

youth (state of being young) N niánqīng shídài 年轻时代

youth (young person) N qīngnián 青年

yo-yo N lāxiàn pán 拉线盘

yuppie N yāpíshì 雅皮士

yurt (Mongolian) N měnggǔbāo 蒙古包

Z

zap, to V 1 gōngjī 攻击 **2** (*computer*) chuánsòng 传送

zeal N rèqíng 热情

zebra N bānmǎ 斑马

zebra crossing N bānmǎxiàn 斑马线

Zen N chán 禅

zenith N jídiǎn 极点

zero N líng 零

zero hour N juézhàn shíkè 决战时刻

zero-sum game N línghé bóyì 零和博奕

zest N rèxīn 热心

zip, fastener N lāliàn 拉链

zip code N yóuzhèng biānhào 邮政编号

zigzag, to V qūzhé xíngjìn 曲折行进

zodiac N huángdào shí'èr gōng tú 黄道十二宫图

zone N qūyù 区域

zoo N dòngwùyuán 动物园

zoom lens N kěbiàn jiāojù jìngtóu 可变焦距镜头

zucchini N xī húlu 西葫芦